Heute singe ich mein Leben

Dawn Prince-Hughes

Heute singe ich mein Leben

Eine Autistin begreift sich und ihre Welt

Aus dem Amerikanischen
von Barbara Röhl

Marion von Schröder Verlag

Die Originalausgabe erschien unter dem Titel
Songs of the Gorilla Nation: My Journey Through Autism
by Harmony Books, New York

Der Marion von Schröder Verlag ist ein Verlag der
Ullstein Buchverlage GmbH
This translation published by arrangement with
Crown Publishing Group, a division of Random House, Inc.
Redaktion: Heike Krüger
Gesetzt aus der Sabon bei
Franzis print & media GmbH, München
Druck und Bindung: GGP Media GmbH, Pößneck

Printed in Germany

ISBN 3-547-71049-9

Wie sollte ich nicht singen?

Mein Leben ist ein endlos Lied
hoch über Erdenklagen.
Von fern, doch wahr, hör ich Gesang
von neuer Schöpfung sagen.

Über allem Lärm und Zwist
hör die Musik ich schwingen.
Sie hallt in meiner Seele nach.
Wie sollte ich nicht singen?

Wenn Tyrannen ängstlich beben,
weil ihnen Totenglocken klingen,
wenn Freunde jubeln fern und nah,
wie sollte ich nicht singen?

Aus Kerkerzellen und Verlies
wird mein Vers zu ihnen dringen.
Wenn Freunde aufrecht zu mir stehn,
wie sollte ich nicht singen?

TRADITIONELLES GEISTLICHES LIED DER SHAKER

Inhalt

Vorwort 9

Ein Leben ohne Lieder

1 Eine Kultur für eine Person 19
2 Ein lärmendes Chaos oder:
Was ist Autismus wirklich? 34
3 Die Stille vor der Morgendämmerung 41
4 Missklänge 68

Die Lieder des Gorillavolks

5 Musik hinter dem Trennglas 95
6 Eine fremde Poesie 114
7 Requiem 159

Wie sollte ich nicht singen

8 Die Gesänge der Ahnen:
eine Familiengeschichte 167
9 Erfolge 180
10 Gemeinsame Lieder 199

Nachwort 211
Danksagung 223
Literaturhinweise 224

Vorwort

Dies ist ein Buch über Autismus. Genauer gesagt, über meine spezielle Ausprägung dieses Syndroms, die dem Autismus anderer Menschen in vielem ähnelt und sich doch in vielen Punkten davon unterscheidet. Aber genauso geht die Geschichte darum, wie ich aus der dunklen Seite des Syndroms in seine Schönheit hinausgetreten bin. Ich will davon erzählen, wie ich den Kreis geschlossen habe und, nachdem ich als Kind ein unzivilisiertes Wesen ohne Orientierung war, zu einem wilden Wesen im Umfeld einer Familie von Gorillas wurde, die mich lehrten, zivilisiert zu sein. Sie zeigten mir, wie schön es ist, gemeinsam und zusammen wild und sanft zu sein.

Was bedeutet es, autistisch zu sein? Man kennt heute zwei Typen von Autismus, die ich im zweiten Kapitel genauer schildern werde. Meine Form des Autismus jedenfalls nennt sich Asperger-Syndrom und zeichnet sich durch Probleme bei der Verarbeitung von Reizen aus, eine sensorische Überempfindlichkeit sowie Schwierigkeiten auf dem Gebiet der sozialen Beziehungen. Ich weiß jetzt, was ich bin, und glaube zu wissen, wie ich dazu geworden bin, denn bei mir wurde offiziell Autismus diagnostiziert, und diese Information habe ich als Hilfestellung genutzt und Bewältigungsstrategien gefunden, die mir und den Menschen meiner Umgebung ein gewisses Maß an Frieden schenken. Aber trotzdem werde ich immer autistisch bleiben, und das wird immer merkbar sein. Wenn mir jemand sagt: »Sie sind autistisch? Du meine Güte! Das hätte ich nie erraten …«, dann fühle ich mich stolz und niedergeschlagen zugleich. Ich bin stolz, weil es mir so erfolgreich gelingt, normal zu wirken – was immer das heißen mag –, aber ich wünschte mir manchmal, andere Menschen wüssten, wie viel Mühe mich das kostet. In mir geht so vieles vor, das andere nicht einmal bemerken.

Während ich mich mit jemandem unterhalte, sage ich im Kopf Zahlenreihen auf oder krümme ein ums andere Mal meine Zehen. Wenn das Thema, das der andere sich ausgesucht hat, mir nichts bedeutet, schweife ich oft ab und denke an etwas, das mich mehr interessiert. Dann höre ich nicht mehr, was mein Gesprächspartner sagt. Symmetrien versetzen mich in körperliche Erregung: Ich liebe die Linien und die Farbe von Tennisplätzen und liebe es, auf ihnen entlangzulaufen; ich liebe es, durch Tunnel zu fahren und mich von ihren gerundeten Wänden umschlossen zu fühlen. Wenn ich Heimweh bekomme und weine, dann, weil ich vergangene Zeiten und Orte vermisse und nicht unbedingt bestimmte Personen. Ich bin immer noch süchtig nach bestimmten Sinneseindrücken. Wenn ich spazieren gehe, rieche ich an so vielen lilafarbenen Schwertlilien wie möglich; ich schnüffle immer noch schrecklich gern an den Blechdöschen, in denen Heftpflaster verpackt sind. Mehr als traditionelle Formen des Körperkontakts liebe ich das Gefühl, wenn mir jemand die Kopfhaut massiert oder mich leicht auf den Armen kitzelt. In stressigen Zeiten falle ich in alte Gewohnheiten zurück und esse wochenlang das Gleiche, um immer dieselbe Tageszeit. Aus demselben Grund trage ich eine getönte Brille und Ohrstöpsel. Wenn mich jemand unerwartet berührt, erschrecke ich und muss meinen Zorn niederkämpfen, und es fällt mir immer noch sehr schwer, mich in Gruppen zu bewegen. Ich habe meine soziale Unbeholfenheit jetzt zwar unter Kontrolle, aber sie wird mir den Umgang mit anderen immer erschweren.

Trotzdem bin ich überzeugt davon, dass Autismus eine wunderbare Art sein kann, die Welt zu sehen. Ich glaube, dass es nicht *den* Autismus schlechthin gibt – das Etikett, das man uns aufdrückt –, sondern auch das Individuum; darin liegt Kraft und eine erschreckende Macht. Wenn ich sage, dass ich aus der Dunkelheit des Autismus aufgetaucht bin, dann meine ich damit nicht, dass ich auf den folgenden Seiten eine hübsch verpackte Erfolgsgeschichte liefere, die mit einer »Heilung« endet. Ich und die anderen Autisten wollen gar nicht geheilt werden. Wenn ich von »auftauchen« rede, dann meine ich damit, dass meine Seele aus dem Kontext meines früheren Autismus trat und autistisch in einem anderen wurde, einem Umfeld voller Staunen und Entdeckungen und erfüllt von Gefühlen, wie sie auf ungeheuer poetische Weise jedes menschliche Leben prägen. Als ich diesen Schritt tat, hatte ich – und zwar von den Gorillas – gelernt, all dies weit besser zu erreichen.

Ich schritt voran, indem ich rückwärts ging. Durch die Zeit kehrte ich zurück zum urtümlichsten und ältesten Teil meines Selbst, in die stillen Nischen des Bewusstseins, wo die Evolution eine Atempause eingelegt und ihr Volk mitgebracht hat. Dies gelang mir zusammen mit den ersten und besten Freunden, die ich je hatte: einer Familie in Gefangenschaft lebender Gorillas, Vertretern eines uralten Volkes. Die Gorillas, diese empfindsamen, gefesselten Wesen, waren ein Spiegel meiner Seele, die, angestarrt von den verzerrten Gesichtern meiner Welt und herausgerissen aus ihrem sinnvollen, behütenden Umfeld, hinter Gitterstäben um ihr Leben kämpften. Sie lehrten mich Lieder über sich selbst, über Bedeutung und Beziehungen, über die Welt und über mich.

Gorillas sind sanfte, harmlose Wesen, daher konnte ich sie auf eine Weise ansehen und beobachten, wie ich das bei Menschen nie fertig gebracht hatte. Im Verlauf dieses Prozesses lernte ich, dass Persönlichkeiten mehr darstellen als eine chaotische Mischung willkürlicher Handlungen; ich lernte, dass Menschen Gefühle haben, ein Bedürfnis nacheinander, wertvolle Perspektiven, und dass wir uns als Personen ineinander spiegeln. Weil die Gorillas mir in so vielerlei Hinsicht glichen, war ich in der Lage, mich in ihnen zu sehen, und umgekehrt entdeckte ich sie – und schließlich mich selbst – in anderen Menschen.

Genau wie Autisten werden Gorillas missverstanden. Man betrachtet sie als hässlich, als Karikaturen »richtiger« Menschen, als unfertige Wesen, die in einer anachronistischen, wertlosen Welt feststecken. Die vorgefasste Meinung darüber, was eine Persönlichkeit ausmacht, schließt zwangsläufig jene aus, die sich nicht bei gemeinschaftlichen Unternehmungen hervortun; jene, die sich vom Gleißen strahlenden Lächelns geblendet fühlen und nicht die Ohren spitzen, um das Dröhnen und Gewirr geschriener Worte zu vernehmen. Sie grenzt alle aus, die sich nicht verstümmeln und Körper und Geist nicht so verbiegen wollen, dass sie für den schmalen, steil aufwärts strebenden Pfad einer Menschheit taugen, die nie zurückblickt. Autistische Menschen kann man getrost an einem Ort verlassen, wo man sie jagt und hetzt und sie durch oft trübes Glas schauen.

Ich erinnere mich, einmal gehört zu haben, Glas sei in Wahrheit eine Flüssigkeit, die sich unmerklich bewege wie ein uralter Ozean, der zwei Wirklichkeiten trennt. Man kann hindurchschauen, ohne zu bemerken, dass es sich bewegt, aber die ganze Zeit über verändert sich das, was man sieht, kaum wahrnehmbar. Man hat mir erklärt, das stimme nicht wirklich und Glas sei ein fester Stoff; aber ich glaube, Autisten und Gorillas kennen eine tiefere Wahrheit darüber. Ich bin mir immer bewusst, dass sich zwischen mir und der Welt, meiner Gegenwart und meinem Erbe, zwischen dem Sichtbaren und dem Unsichtbaren, das man nur fühlen kann, eine Art bewegtes Glas befindet. Mein Glas ist nicht wie die Wand, die andere Autisten zu umgeben scheint, eine Mauer, die sie isoliert und keinen Blick auf die Welt zulässt. Auch die Gorillas wissen über ihr eigenes Glas Bescheid. Sie sehen, was dahinter liegt. Dort sind Menschen, das ist wahr, aber das Glas stellt auch ein Fenster in ihre Vergangenheit und ihre Zukunft dar. Ich sehe ihnen zu, wie sie langsam umhergehen, diese Gorillaleute, und es ist beinahe, als erfassten sie intuitiv, dass das Glas stillstehen und seine verborgenen Öffnungen zeigen wird, wenn sie sich nur langsam genug bewegen. Vielleicht glauben sie ja, dass sie irgendeinen Durchgang finden, den andere nicht sehen; vielleicht haben sie ja das Gefühl, auf diese Weise nach Hause zurückkehren zu können.

Ich habe meinen Heimweg durch das Glas gefunden: das Glas meiner Realität als autistische Person, sicher. Aber mehr noch: Ich habe diesen Weg durch das Glas eines gewöhnlichen Zoogeheges entdeckt. Als ich eines Tages, als wir uns gerade kennen zu lernen begannen, wie so oft bei den Gorillas saß, erlebte ich zum ersten Mal, dass das Glas sich bewegt. Ich wusste, dass das Glas durchlässig war, als ein Gorilla mich berührte. Ein Gorilla berührte mich, und ich nahm Verbindung zu einer lebenden Persönlichkeit auf wie noch nie zuvor.

An diesem Morgen war viel los gewesen im Zoo, wo ich einen Job gefunden hatte, nachdem ich lange verzweifelt, deprimiert und obdachlos gewesen war. Die Arbeit im Zoo war zu meinem Rettungsanker geworden, und kürzlich hatte ich die Erlaubnis erhalten, im Rahmen meines gerade begonnenen Promotionsstudiums enger mit den Gorillas zu arbeiten. Sie hatten eben ihre jährliche medizinische Untersuchung absolviert, und etliche entnommene Proben mussten beschriftet und geordnet und zum tierärztlichen Dienst gebracht werden. Die Wärterin war in Eile, und es war viel zu tun; daher bat sie mich, ein paar Erdbeeren an Congo zu verfüttern, einen gewaltigen Silberrücken, der über fünfhundert Pfund wog und vor kurzem zu uns in den Zoo gekommen war. Sie zeigte mir ganz genau, wie ich die Erdbeeren auf den Rand des Fenstersimses, zwischen die Gitterstäbe, legen sollte, und erklärte mir, dass ich die Hände zurücknehmen müsse, damit er nicht nach meinem Finger griff.

Als sie gegangen war, um die Proben abzuliefern, betrachtete ich durch die Gitterstäbe den gewaltigen Gorilla, der in seiner Ecke saß. Ich nahm seinen scharfen und durchdringend süßlichen Körpergeruch wahr, der mich anzog und meinen eigenen Körper einhüllte. Als ich die Blechschale mit den Erdbeeren schüttelte, erhob er sich wie eine große, dunkle Woge aus Geist und Fleisch und hievte sich auf dem Absatz unter dem Fenstersims in eine sitzende Stellung. Er war dreißig Zentimeter entfernt von mir. Schon allein seine Größe und Präsenz überwältigten mich. Das Gefühl war nicht unangenehm, sondern eher, als liege man in stiller Dunkelheit in den Armen einer mächtigen, mitfühlenden Gottheit.

Er brummte, wies mit einem Kopfnicken auf die Schüssel und hob die Augenbrauen zum Zeichen, dass ich ihm die Beeren reichen sollte. Ich begann die Früchte zwischen die Gitterstäbe zu legen, wobei ich darauf Acht gab, ihm voraus zu sein, während er die Beeren schnell in seine Hand schnipste und in seinen breiten Mund steckte.

Congo mochte die Beeren gern und verspeiste sie so rasch, wie ich sie zwischen die Stäbe legen konnte. Ich war so konzentriert auf meine Aufgabe und zwanghaft bemüht, die Beeren in immer der gleichen Reihenfolge zwischen alle Stäbe zu platzieren, dass ich nicht bemerkte, wie er mich einholte und die Beeren schneller aß, als ich sie hinlegte. Und dann plötzlich geschah es. Wir legten unsere Finger gleichzeitig auf das Sims. Sein gewaltiger Finger, schwarz und ledrig, weich und warm, ruhte auf meinem winzigen Händchen. Wir starrten auf unsere Hände, und keiner von uns rührte sich. Endlich sah ich auf in seine sanften, braunen Augen. Sie funkelten vor Erstaunen.

So verharrten wir eine Weile, die mir wie eine Ewigkeit vorkam. Unsere Finger vereinten fünf Millionen Jahre Evolution und überbrückten den Abgrund verflossener Generationen. Er neigte sich vor, bis sein Gesicht nur noch fünfzehn Zentimeter von meinem entfernt war. Ich spürte seinen Atem. Seine ruhigen Augen spähten in meine Seele, ohne zu blinzeln. Ich beugte mich nach vorn und legte die Stirn an die Stäbe. Unsere Gesichter berührten sich fast. Unsere Finger waren immer noch vereint, und wir schauten einander an.

Ich ließ mich in seine Berührung und seine Nähe sinken. So ist das also, dachte ich. Das bedeutet es, zu lieben und geliebt zu werden. Das heißt es, eine andere Person zu berühren und anzusehen und zu spüren, was sie empfindet. Das bedeutet es, nicht allein in der Unendlichkeit des Raums zu sein, durch den wir zwischen Kälte und Tod dahinrasen. So ist es, wenn man lebt, dachte ich.

*

In aller Welt beginnen heute Menschen, mehr Verständnis für die gläserne Wand zu entwickeln, die sie Autismus nennen. Dieses wachsende Bewusstsein und die Erkenntnis, dass Autismus eine ganze Bandbreite von Erscheinungsformen aufweist, hat dazu geführt, dass inzwischen mehrere von Autisten verfasste Bücher auf dem Markt sind. Manche sind kritisiert worden, weil ihre Geschichten sich nicht streng an die bekannten Autismus-Muster halten. Zu dieser Art von Kritik kommt es oft, wenn es zu wenig Literatur gibt, die auf eigenem Erleben beruht; dann müssen wenige Bücher notgedrungen versuchen, die Erfahrungen aller wiederzugeben. Erwachsene mit Autismus hegen den großen Wunsch, bei anderen über ihre eigenen Erfahrungen zu lesen und sie bestätigt zu finden. Ich glaube, es ist ein Fehler, zu rasch ein Urteil über die vorliegenden von Autisten verfassten Bücher zu fällen, denn sie können nicht alle Bedürfnisse erfüllen. Dies trifft auch auf meine Geschichte zu.

Für mein Buch habe ich mir vorgenommen, einiges von dem zu erzählen, was andere Menschen mit Autismus erfahren haben, und vieles darüber, wie es mir als Person mit Autismus ergangen ist. Ganz ähnlich wie die Gemeinschaft der Gehörlosen sind wir Autisten im Begriff, eine neue Kultur aufzubauen. Wir als Individuen, von denen jedes seine eigene Geschichte hat, errichten eine Kultur für viele.

Ein Leben ohne Lieder

1

Eine Kultur für eine Person

Ich stand am Zooeingang und sah zum Tor auf, durch das ich vier Jahre zuvor hinausgegangen war. Seit meinem Weggang hatte ich mit allem, was die Gorillas mir gegeben hatten, ein zusammenhängendes Umfeld für mich aufgebaut. Ich besaß jetzt eine Familie, Freunde und eine Universitätslaufbahn als Forscherin. Die Gorillas hatten meinem Leben eine Wende gegeben und mir eine neue Weltsicht geschenkt. Jetzt gab ich meinen Studenten die gleiche Gelegenheit, über dieselbe Gorillafamilie, die einmal die meine gewesen war, die Welt anders zu verstehen. Bei diesem Ausflug hatte ich mehrere meiner Studenten mit in den Woodland Park Zoo genommen, damit sie die Gorillas, die mir so teuer waren, kennen lernten.

Ich ging über das Zoogelände, das mir nach zehn Jahren so vertraut war; am Kartenschalter vorbei, der mir früher Angst eingejagt hatte, und den Pfad entlang, der sich teilt und in verschiedene, zu einer einzigen verschmolzenen, Welten führt. Schweigend grüßte ich die Walnussbäume und die wehenden Gräser, und meine langsamen Schritte schlurften über den sandigen Pfad, traten Schichten von Zeit und Erinnerung zur Seite, schüttelten den Staub von meinen Füßen und ließen ihn, wo er lag. Archäologie ... Hier hatte ich mich selbst ausgegraben. Nun war ich zurück. Als Erwachsene, als ganze Persönlichkeit. Ich war ein Mensch mit Erfolg, selbstbeherrscht; die Doktorprüfung lag hinter mir, und nun schickte ich mich an, meine neuen Studenten in die geheime Welt der Gorillas einzuführen. Ich war hier, um zurückzublicken und vorauszuschauen.

Vorbei an den Pinguinen, vorbei an den Affen, schritt ich den Pfad hinunter. Vor einem Hintergrund aus Vogelstimmen schrie ein Siamang. Die Luft war schwer vom Atem sprießender Dinge; sie bildete ein warmes, dunkles Nest in meinem Mund und meinem Magen. Ich trat zwischen den dichten Büschen hindurch, die neben dem Pfad wogten. Abwärts rauschte der Weg, wie ein Sturzbach oder wie ein Bachbett, aus dem man flüchtige Gedanken an die Vergangenheit schöpft. Tauwasser im Frühling. Meine Seele ist hier aufgetaut.

Ich ließ mich von den Erinnerungen, deren Fluss sich öffnete und verbreiterte, überspülen; der Pfad weitete sich und gab den Blick auf einen Strudel frei. Eine Pause. Ich stand vor dem Gorillagehege. Da waren sie. Ich hörte auf zu denken. Ich war zu Hause.

Die Gorillas sahen mich an. Für sie war ich nie fort gewesen, weil ich einmal wirklich bei ihnen war. Die Gorillas haben einen anderen Zeitbegriff. Für sie geht es ums Zusammensein, nicht ums Getrenntsein. Ich war zufrieden, diese Art von Zeit zu spüren, und ich schloss die Augen und sog den heißen, zitronenartigen Geruch der Gorillas und den kräftigen, süßen Duft des Heus ein. Eine Gorillapflegerin entdeckte mich und kam lächelnd herüber. Für sie war ich lange fort gewesen.

Ich stand mit der Gorillawärterin zusammen. Obwohl ich ein Jahrzehnt lang mit ihr zusammengearbeitet hatte, fühlte ich mich immer noch nicht wohl, wenn ich mit ihr sprach. Daher wandte ich den Blick ab und redete nicht viel. Vielleicht fand sie mich merkwürdig.

»Alafia ist letzten Oktober niedergekommen«, sagte die Pflegerin. »Die Geburt verlief sehr gut. Sie ist eine gute Mutter.« Zwischen den Sätzen hielt sie inne. Möglicherweise fühlte sie sich durch mein Schweigen unangenehm berührt. Kurz warf ich ihr einen Blick zu. Ich beobachtete die Gorillas und hatte eigentlich keine Lust, mich zu unterhalten.

Ich dachte über den Vorgang nach, der zur Geburt eines Gorillas in Gefangenschaft führt: Die Paarung zwischen Gorillas ist eine komplexe Angelegenheit und baut auf Ritualen auf, die manchmal Stunden dauern. Das Weibchen beginnt damit, indem sie dem Silberrücken den so genannten Brunstblick zuwirft, der ihren Paarungswunsch signalisiert. Aber besonders bei unerfahrenen jungen Weibchen mischt sich diese Bereitschaft oft mit einem Unbehagen über die ungewohnte Nähe ihres Partners; ihre relativ kleine Gestalt seinem gewaltigen Körper zuzuwenden ist ein Prozess, in dessen Verlauf sie viel Bestärkung braucht. Sie weiß, wenn es bei dem Tanz zu einem falschen Schritt kommt, kann der Mann ihres Begehrens frustriert werden und sie angreifen. Obwohl Gorillaweibchen bei diesen Begegnungen sehr selten verletzt werden, leidet die emotionale Harmonie der Gruppe, und die beiden müssen noch einmal ganz von vorn beginnen, damit es zu einer Paarung kommen kann.

Das nächste Problem ist die Geburt. Bis vor kurzem kamen Geburten in Gefangenschaft nicht häufig vor, weil Gorillas einen kulturellen Kontext brauchen – ihre Familie, eine an Anregungen reiche Umgebung und erlernte Traditionen –, um erfolgreich Kinder in die Welt zu setzen. Daher waren viele Jahre lang Geburten bei gefangenen Gorillas selten, und noch seltener kam es vor, dass Jungen in eine förderliche Umgebung geboren wurden, wo sie sich von Anfang an richtig entwickeln konnten. Das Kleine, das ich beobachtete, hatte großes Glück gehabt.

Wie die meisten Gorillababys wog Alafias kleines Mädchen bei seiner Geburt wahrscheinlich vier bis fünf Pfund und war vollständig von seiner Mutter abhängig. Bis das Baby etwa sechs Monate alt ist, besitzt es weder die Kraft noch die Koordination, sich von seiner Mutter wegzubewegen. Junge Gorillas sind sowohl in der Gefangenschaft als auch in freier Wildbahn bis zu fünf Jahre von ihrer Mutter abhängig und trinken auch oft bis zum Ende dieser Zeit an der Brust.

Diese Periode der Abhängigkeit spielt für Gorillajunge eine entscheidende Rolle. Während dieser Zeit lernen sie, Bindungen aufzubauen, zuerst zu ihrer Mutter und dann zu den Mitgliedern ihrer Gruppe, und legen so ein festes Fundament für das Verständnis der sozialen Regeln, die sie für den Rest ihres Lebens befolgen werden. Genau diesen Schritt hatte ich in meinem eigenen Leben verpasst, da mein Autismus mich daran hinderte, von frühester Kindheit an diese entscheidende Bindung an meine Familie zu entwickeln.

»Ich war froh, dass ich dabei war«, meinte die Wärterin fröhlich und unterbrach kurzzeitig meinen Gedankenfluss. »Sie saß in der Ecke ihres Schlafkäfigs, und plötzlich war das Baby da.«

Immer noch in Gedanken versunken, stellte ich mir die typische Szene einer Gorillageburt in Gefangenschaft vor. Vor meinem inneren Auge sah ich, wie Alafia das Baby auffing und, nachdem sie einen Moment lang vollständig verblüfft dreingeschaut hatte, begann, von der Nachgeburt zu essen, während sie mit ihren großen, schwieligen Händen die winzigen, geschlossenen Augen und die Nase des Babys abwischte. Nach einiger Zeit hat Alafia vielleicht das Kind sanft geschüttelt. Das Baby hat seine blauen Neugeborenenaugen geöffnet, seine Mutter angesehen, breit gegähnt und die winzigen Arme ausgestreckt. Dann wird Alafia das fünf Pfund leichte Kind an ihre Brust gelegt haben, wo das Baby nach einer Brustwarze tastete und die Augen schloss, als es sich festsaugte.

»Gut«, sagte ich zu der Wärterin. Ich lächelte. Wieder verstrichen einige Momente, in denen wir schwiegen.

»Sind Sie schon einmal bei einer Geburt dabei gewesen?«, fragte sie. Ihre fröhliche Miene verriet mir, dass bei diesem Thema Heiterkeit angemessen war, und ich erwiderte ihr Lächeln.

»Nur zweimal.«

»Ach ja?« Nach einer Weile wurde mir klar, dass sie vielleicht etwas darüber hören wollte.

»Bei der meines Sohnes. Und meiner eigenen.« Ich schaute sie an, um festzustellen, ob sie interessiert war.

Sie lachte. »Ja, bei Ihrer eigenen. Schätze, das versteht sich von selbst.« Sie lachte weiter, weil sie nicht bemerkte, dass ich gar keinen Scherz hatte machen wollen.

Ich dachte darüber nach, was es heißt, geboren zu werden, und erinnerte mich daran, wie ich nach langer Zeit ein zweites Mal auf die Welt gekommen war, bei denselben Gorillas, denen wir gerade zusahen. Meine Wiedergeburt war eine lange Geschichte.

*

Ich erinnere mich an meine Geburt im Jahr 1964 und an Einzelheiten aus den ersten paar Tagen danach. Das mag fantastisch und weit hergeholt klingen, ist aber wahr. Als ich meiner Mutter als kleines Kind davon erzählte, war sie skeptisch; aber da ich die Räume und Ereignisse detailliert beschrieb, musste sie zugestehen, dass viele Punkte aus meinem Bericht sich mit ihren eigenen verschwommenen Erinnerungen deckten: der Arzt und die Schwestern, die hellblau gekleidet waren und zu verschiedenen Zeiten an unterschiedlichen Stellen standen, die schwarze Hornbrille des Arztes und der Keimschutz auf seinem Gesicht. Als ich auf der Welt war, hob er mich hoch in die Luft, damit meine Mutter mich sehen konnte. Ihr Gesicht war rot und schweißüberströmt; sie lächelte schwach und rollte den Kopf hin und her. Später erfuhr ich, dass sie unter Medikamenten gestanden hatte. Ich erinnere mich, dass mir kalt war und das Licht meinen Augen wehtat, als man mich zu einem Wickeltisch an einem Medizinschrank gleich neben der Tür trug. Man tauchte meine Füße in Tinte und drückte sie auf ein Stück Papier. Ich weiß noch, wie ich auf die Kinderstation gefahren wurde und die Neonlichter auf dem Flur, die über mir dahinzogen, in einem wellenförmigen Rhythmus heller und dunkler wurden, während man mich dahinschob. Ich erinnere mich an das Bett meiner Mutter im Aufwachraum, das in einer Ecke und ein ganzes Stück von der Tür entfernt stand.

Wenn ich die Augen schließe, kann ich die Ereignisse zurückspulen wie ein dreidimensionales Video, komplett mit Gerüchen, Empfindungen und Gefühlen. Schon immer habe ich dieses »fotografische« Gedächtnis besessen, das mich in die Lage versetzt, mir meine zahlreichen Erinnerungen an die Vergangenheit auf besondere Weise anschaulich zu vergegenwärtigen.

So sind meine Erinnerungen beinahe realer als die Gegenwart. Mit ihrer Hilfe kann ich die Geschichte meines Lebens erzählen.

Meine frühesten Erinnerungen

Ich erinnere mich an viele Kleinigkeiten: Ich hatte Scharlach, bevor ich drei Monate alt war, ich reagierte ungewöhnlich heftig auf helles Licht und laute Geräusche, ich hatte keine orale Phase – der Gedanke, mir Gegenstände in den Mund zu stecken, war mir widerwärtig –, und ich ließ mich nicht gern auf den Arm nehmen. Wenn jemand versuchte, mich zu drücken, machte ich mich steif und riss mich los, mit einem Gefühl, als sei ich am Ertrinken. Noch schlimmer war es, wenn die Leute versuchten, mich zu küssen und ihre Gesichter bedrohlich über mir schwebten und die Sonne verdeckten.

Ein paar Ausnahmen gab es. Wenn ich selbst diese Art von Nähe suchte, konnte ich sie eine Zeit lang ertragen, und häufig näherte ich mich meinem Lieblingsonkel auf diese Weise. Ich mochte seinen Geruch nach Haarpomade und heißer Haut. Er war dick, und ich liebte das Gefühl der Sicherheit, das mir seine kräftigen Arme vermittelten. Ich kann mich nicht erinnern, dass er je versucht hätte, mich zu küssen, und er schaute mich oft gar nicht an, wenn er mich auf dem Arm hielt, was ihn, glaube ich, weniger bedrohlich für mich machte.

Mit ungefähr zehn Monaten lernte ich zu laufen, ohne vorher eine Krabbelphase durchgemacht zu haben. Ich konnte es nicht leiden, den Teppich unter meinen Händen zu spüren, und um das zu vermeiden, stellte ich mich hin und klammerte mich an den Möbeln fest. Irgendwie war mir klar, dass ich meine Füße benutzen musste, wenn ich vorankommen wollte, ohne den Boden mit den Händen zu berühren. Und so begann ich, zwischen den Möbeln herumzustolpern, bis ich laufen konnte, ohne mich festzuhalten. Obwohl ich mir diese Fähigkeit sehr gut aneignete, sollte ich für den Rest meines Lebens, in den Worten meiner Mutter, »tapsig, aber entschlossen« bleiben.

Bevor ich ein Jahr alt war, sprach ich schon ziemlich viel, und bald war ich in der Lage, meine neu erworbenen Fähigkeiten im Laufen und Sprechen zu kombinieren. Ich rannte zu meinem Onkel und fragte: »Onkel Deeevid, kann ich den Siiiilberdooollarrr sehn?« Der Silberdollar, den er an einer Kette um den Hals trug, faszinierte mich, und ich bat ihn etliche Male am Tag, mich hochzuheben, damit ich ihn anschauen konnte. Zu gern sah ich zu, wie die Münze sich an ihrer Kette drehte und ihre auf Hochglanz polierte Fläche das Licht zurückwarf. Ich liebte das Schmuckstück auch, weil es für mich ein lebendiger Teil meines Onkels war, denn ich kam nicht einmal auf die Idee, dass die Kette kein Körperteil von ihm war und man sie abnehmen könnte.

Die Art, wie ich »Siiiilberdooollarrr« sagte, bezeichnete nur den Anfang eines tief verwurzelten Verhaltensmusters während meiner Kindheit. Dabei sprach ich Wörter und Redewendungen auf besondere, experimentelle Art aus und war vollständig fasziniert von Silben. Als ich klein war, fuhr ich mit meinen Eltern oft auf Besuch zu meinen Großeltern mütterlicherseits, bei denen auch mein Lieblingsonkel wohnte. Ein Flur führte ganz um das Haus herum, vorbei am Esszimmer, den Schlafzimmern, dem Bad, der Vordertür und durch das Wohnzimmer wieder zurück ins Esszimmer. Mein liebstes – und einziges – Spiel bestand darin, dass ich im Esszimmer wartete, bis die Erwachsenen ein bestimmtes Wort sagten – je komplizierter, desto besser. Dann sauste ich den Flur entlang, immer in dieselbe Richtung, entweder auf meinem Dreirad oder zu Fuß, wobei ich das Wort ein ums andere Mal wiederholte. Irgendwie wirkte das Wort immer wieder anders und nahm neue Eigenschaften an, während ich meine geliebten Stationen am Weg passierte: »Rhinozeros!« sagte ich, als ich an der ersten Station meiner Reise vorbeikam, dem Schlafzimmer meiner Großeltern, wo das Wort die Behaglichkeit des Bettes meiner Großeltern und ihrer Kleidung aufnahm, die Schönheit des Schminktisches meiner Großmutter und den Geruch nach Zedernkommoden; dann ging es unter »Rhinozeros«-Geschrei weiter zum Bad, wo das

Wort den Geruch nach Desinfektionsmittel, Toilettenreiniger, Babypuder, Parfüm und Zahnpasta annahm; durch das Gästezimmer, wo das Wort das Licht der Deckenlampe mit ihrem faszinierenden Mobile aufnahm. »Rhinozeros, Rhinozeros!« wiederholte ich und bog dann um die Ecke, wo gegenüber der Treppe, die in den ersten Stock führte, die Vordertür lag und sich das Wort an die Ausstrahlung des düsteren Treppenhauses anpasste. Ich eilte durch das Wohnzimmer, in dem immer der Fernseher lief, und das Wort sog noch die jeweilige Szene auf dem Bildschirm auf.

Bis ich zurück im Esszimmer war, hatte ich das Wort gelernt und mit einer langen Liste von Zusammenhängen verknüpft. Ich würde es nie wieder vergessen. Triumphierend sagte ich das Wort auf, während ich im Esszimmer ausrollte und eifrig auf ein neues wartete, das ich nachsagen und lernen würde, und darauf brannte, meinen Rundweg durch den großen Flur zu beginnen, immer rundherum.

Als ich alle Wörter gelernt hatte, die meiner Familie nur einfallen wollten, gab ich Gespräche Wort für Wort wieder oder sang mein unerschöpfliches Repertoire an Werbejingles ab, wenn ich rund um den Flur raste. Die Doublemint-Spots waren meine Lieblingswerbung, denn wenn sie im Fernsehen oder im Radio liefen, wurden viele Werbeelemente zweimal wiederholt, entweder bildlich im Fernsehen oder in gesprochener Form im Radio. Ich liebte die Wiederholungen und die Symmetrie dieser Spots, und ich sang sie ohne Unterlass, bis meine Mutter mir mitteilte, ich treibe sie in den Wahnsinn. Das machte die Sache oft schlimmer, weil ich dann Angst bekam und das Ritual aus Singen und Im-Kreis-Fahren noch dringender brauchte.

Später, als ich die Gorillas beobachtete, begann ich die Macht der Rituale ein wenig besser zu verstehen. Ich hatte das Privileg, meine Gorillafamilie bei rituellen Aktivitäten zu beobachten, manchmal in Reaktion auf ihr Eingesperrtsein, aber oft auch aus einem spirituellen, ästhetischen und sogar erzieherischen Bedürfnis heraus. Damals begriff ich, wie wertvoll und schön Rituale sein können. In meiner Kindheit jedoch waren sie nur ein Ärgernis für meine Familie.

Mein Wiederholungszwang erstreckte sich auf Wege, Orte und Aktivitäten. Ich bestand darauf, dass wir jedes einzelne Mal, wenn wir einkaufen, zur Reinigung oder in den Park gingen, denselben Weg einschlugen. Schweigend grüßte ich jede Landmarke, während der Weg, die Gebäude und Hügel, die Blumen und die Bäume an mir vorbeizogen. Ich hatte mir alles eingeprägt. Für mich war jede Blume, jeder Baum, jedes Gebäude und jeder Hügel eine Persönlichkeit, ein Wesen mit einem eigenen Charakter und einem Gefühl für seine Wirkung. Wenn ich sie nicht sah, dann vermissten sie mich und fühlten sich verlassen. Ich geriet regelmäßig in Panik, wenn wir nicht an ihnen vorbeigingen oder -fuhren, denn sie hätten ja denken können, ich existiere nicht mehr, und sich Sorgen machen. Selbst hatte ich das Gefühl, ich würde verschwinden, wenn ich mich nicht innerhalb der festen Grenzen des Vertrauten und Unwandelbaren bewegte.

Wenn sich etwas veränderte, hatte ich das Gefühl zu sterben – mein Herz pochte, meine Ohren sausten, und mein Kopf fühlte sich hohl an. Ich erinnere mich an Gelegenheiten, bei denen entlang meiner Routen Gebäude abgerissen wurden, Bäume abgesägt, neue Straßen gebaut wurden, und an zwei Brände. Es dauerte immer Wochen, bis ich mich davon erholt hatte. Ich weinte und schrie und verkündete meine Überzeugung, dass die Menschheit grundsätzlich böse sei. Ich hasste die Veränderer und die Veränderungen. Für mich war das nichts weniger als Mord.

Häufig akzeptierte ich diese Veränderungen nicht, und wenn wir die Stelle passierten, an der ein Baum gefällt oder ein neues Gebäude errichtet worden war, schloss ich die Augen und erinnerte mich daran, wie alles gewesen war, bis wir die Sicherheit des heiligen Unwandelbaren erreicht hatten. Manchmal träumte ich von den Gebäuden, Bäumen oder Feldern, die verschwunden waren, und in diesen Träumen umarmte ich sie und sagte ihnen, wie sehr ich sie liebte und wie sie mir fehlten.

Auch von meinen persönlichen Gegenständen mochte ich mich nie trennen. Das hieß, dass ich keine frische Zahnbürste wollte, keine neuen Kleider oder Schuhe. Bis ich beinahe vier war, trank ich weiter aus meiner liebsten blauen Babyflasche, die dann durch einen dunkelvioletten Trinkbecher aus Aluminium ersetzt wurde. Zu dieser Zeit mochte ich nur Wurzelbier, eine Art Limonade aus Pflanzenwurzeln, trinken und erfreute mich daran, in die tröstlichen Tiefen der purpurnen Welt im Tasseninneren zu schauen, und der Geruch und der Geschmack des Wurzelbiers brandeten an meine Lippen wie ein uralter Ozean und löschten die Welt aus. Ich fühlte mich immer von diesen anderen Welten angezogen; aus diesem Grund sollte auch später die Welt der Gorillas eine so starke Wirkung auf mich ausüben. Als ich nach einer langen Zeit, in der ich obdachlos und verzweifelt gewesen war, zum allerersten Mal in den Zoo ging, wurde er zu meiner geheimen Welt, so wie meine alte purpurfarbene Wurzelbierwelt. Die Gorillas nährten mich emotional und schenkten mir Ganzheit, sodass ich mich sicher und ruhig fühlte wie damals, wenn ich in diese Tasse schaute.

Als Kind fehlte mir dieses Gefühl von Sicherheit und Ruhe häufig. Obwohl ich für gewöhnlich keine Angst vor Dingen hatte, die andere Kinder ängstigten, fürchtete ich mich oft schrecklich vor Gegenständen und Ereignissen, die sie gleichgültig ließen. Panische Angst jagten mir Puppen ein – Schaufensterpuppen, Spielpuppen und Bauchrednerpuppen. Ich hatte eine irrationale Angst, sie könnten sich in Wandschränken, im Badezimmer oder hinter Ecken verbergen und auf mich lauern. Wenn ich mit meiner Mutter Kleidung kaufen ging, ließ ich die Schaufensterpuppen nicht aus den Augen und wartete darauf, dass sie blinzelten oder sich bewegten, wobei mein Herz raste und mein Atem in Stößen ging. Manchmal hätte ich schwören können, sie gerade dabei erwischt zu haben. Meine Überlebensstrategie bestand darin, mich zwischen den Kleiderständern zu verstecken. Dies erfüllte mehrere Zwecke: Ich war sicher vor mordlüsternen Schaufensterpuppen, und das Gefühl des weichen Stoffes und die dunklen Farben der Kleidung – ich suchte mir meine Ständer sorgfältig aus – sowie das Fehlen von Licht halfen mir, mich zu beruhigen. Im Dunkeln fühlte ich mich sicherer.

Das Verstecken war noch so etwas, das mich später mit meiner Gorillafamilie verband – ich verstand, warum sie hinter die Hügel gingen, um dort zu sitzen, die kleinen Höhlen im Unterholz aufsuchten oder vor sich hinschaukelten, um ganz bei sich zu sein. Nina, die Matriarchin der Schar, verbarg sich manchmal unter einem Jutesack, und auch das erinnerte mich an die Zeit, in der ich mich unter Kleidern versteckte, um mich sicher zu fühlen.

Als ich klein war, fuhren wir immer über das Wochenende zu meinen Großeltern, und diese Besuche gehörten zu meinen schönsten Erlebnissen. Dort fühlte ich mich geborgen. Mit vier schlüpfte ich nachts immer ein- oder zweimal nach draußen, wobei ich aufpasste, dass die Fliegengittertür, die sonst so herrlich zuknallte, sich lautlos schloss, und lief ums Haus, um durch die Fenster zu schauen. Ich liebte es, die Menschen, die ich gern hatte, zu beobachten, in dem Haus, das ich liebte, bei den normalen Tätigkeiten, die das Leben ausmachen: Mein Großvater stand am Herd und kochte, meine Großmutter wusch ab, meine Schwester spielte im Wohnzimmer, und mein Onkel, meine Mutter und mein Vater redeten über Politik. Wenn sie mich nicht sahen, wenn wir durch Mauern und Glas getrennt waren, dann war ich im Schutz der Dunkelheit in der Lage, meiner Liebe zu ihnen freien Lauf zu lassen.

Um diese Zeit hatte ich zwei sehr merkwürdige Erlebnisse. Einmal sah ich frisch gemähtes Gras von der Decke rieseln. Bei einer anderen Gelegenheit lag ich kurz nach dem Schlafengehen still in meinem Bett. Dann blinzelte ich, und es war Morgen. Es war absolut eigenartig, aber in einem normalen Blinzeln, das nur einen Lidschlag dauert, war die Nacht vorbeigegangen. Ich lag exakt in derselben Position wie noch einen Sekundenbruchteil zuvor. Ich war weder matt noch desorientiert, und in meiner Erinnerung klaffte keine Lücke.

Heute ist mir klar, dass ich unter schwerem Schlafentzug litt und diese Vorfälle nur dadurch erklärbar sind. Mein Schlafverhalten war ohne Frage nicht normal. Oft sah ich, nachdem ich stundenlang wach und reglos im Bett gelegen hatte, mit Erstaunen, wie der Himmel sich rosig färbte und die Vögel im Vorgarten zwitschernd den Morgen begrüßten. Dann blieb ich liegen und wartete auf die Geräusche, die mir verrieten, dass meine Großeltern aufstanden und ins Bad gingen: Rasieren, Duschen, meine Großmutter, die sich an ihrem Toilettentisch zurechtmachte …

Ich liebte diese Morgenstunden. Ich erinnere mich an die Zeit, als ich ungefähr fünf war. Ich lag im Bett – ich hielt Distanz zu der Aktivität und genoss zugleich die Nähe, die ich für meine Familie empfand – und wartete auf meinen Lieblingsteil. Ich wusste, dass bald die Gerüche kommen würden. Meine Großmutter begann, Kirchenlieder zu singen, manchmal zur Musik des christlichen Radiosenders, bei dem mein Onkel predigte. Dann fing sie an, Speck und Eier zu braten. Ich hörte, wie mein Großvater Plätzchenteig anrührte; das Schaben des Löffels in der Schüssel machte mich glücklich, und noch schöner war der Duft der Plätzchen im Ofen und das wunderbare Gefühl der Wärme, die das Haus durchzog, wenn Backofen und Herd auf Hochtouren liefen. Es war ein ganzer Strauß herrlicher Sinneseindrücke, noch verbessert dadurch, dass die Abfolge dieser Ereignisse vorhersehbar war. Ich war wie süchtig nach den Empfindungen, die diese Anblicke, Geräusche, Gerüche und der Tastsinn zum Beispiel bei der Berührung der Struktur der Bettdecke in mir hervorriefen.

Doch es gab noch mehr »Süchte«. Ich war versessen auf Salz und aß es direkt aus dem Streuer; ich liebte abgebrannte Streichholzköpfe und saugte sie aus, wo immer ich sie finden konnte. An Alka-Seltzer mochte ich den Geschmack und das Prickeln. Ich liebte den Geruch des Wagens – ein Plymouth Fury – meines Großvaters und die Handtasche meiner Großmutter, aus der in Schwaden berauschende Düfte nach Lackleder, Pfefferminzbonbons, Lippenstift, alten Dollarscheinen, Kleenex, Bleistiften und Parfüm aufstiegen. Ich drückte meine alten Mokassins an mein Gesicht und sog mehrere Minuten lang tief den Geruch ein, bevor ich sie in die Spielzeugschachtel zurücklegte, in der ich sie immer aufbewahrte.

Geräusche wie das Klimpern eines Löffels in einem Glas Milchshake oder das Westminster-Geläut der Uhr erfüllten mich mit Entzücken. Ich liebte auch die Erkennungsmelodie der Lokalnachrichten; wo immer im Haus ich mich gerade aufhielt, ich rannte herbei, um sie anzuhören. Die Erkennungsmelodie wurde gespielt, und der Ansager dankte Gristo Feeds, während im Hintergrund eine sich drehende Weltkugel zu sehen war. Etwas an diesem Zusammenspiel erfüllte mich mit einem tiefen Glücksgefühl. Dieses Verhaltensmuster sollte sich durch mein ganzes Leben ziehen. Sogar als Erwachsene laufe ich noch nach drinnen, um zum Beispiel die Anfangssequenz der *National-Geographic*-Dokumentationen oder von Rod Serlings *Night Gallery* anzuschauen und zu hören.

Andere Geräusche wieder, sogar wenn sie leise waren, bereiteten mir Schmerz und ließen mich Farben sehen, und nachher kämpfte ich gegen einen metallischen Geschmack im Mund.

Ich hatte auch eine große Vorliebe für die Farbe Türkis. Wenn ich sie ansah, fühlte ich, wie kleine türkisfarbene Schauer über mein Rückgrat rieselten und meine Ohren türkisfarben summten. Die Farbe roch ähnlich wie Vanillemilchshake und schmeckte wie Meer mit viel Schaum und wenig Salz. Entzückt betrachtete ich die Gegenstände in meiner Welt, die diese Farbe aufwiesen: der Abfalleimer meiner Mutter und ihre zusammenklappbare Trockenhaube, das Nachtlicht im Schlafzimmer meiner Eltern, das als Zugabe noch in einen symmetrischen weißen Ball eingeschlossen war, und auch die Lichter, die durch die kegelförmigen Lampen im Wohnzimmer schienen. Dann war da der Beutel mit den türkisfarbenen Wachskörnern im Kerzenbastelkasten meiner Großeltern, den ich wie einen Schatz hütete. Wir hatten türkisfarbene Schalen. Zur Verwirrung meiner Mutter aß ich grundsätzlich mit den Grapefruitlöffeln, weil sie türkisfarbene Griffe hatten. Noch heute esse ich aus diesen Schalen und mit diesen Löffeln.

Türkis hatte zwar von Anfang an zu meinen liebsten Farben gehört, aber bis ich ungefähr vier war, war Beige meine unumstrittene Lieblingsfarbe. Das war nicht nur eine ungewöhnliche Lieblingsfarbe für ein Kleinkind – ich mochte sie, weil sie beruhigend auf mich wirkte –, sondern ich sprach das Wort auch auf eine einzigartige Weise aus. Alle Erwachsenen in meinem Leben fragten mich oft nach meiner Lieblingsfarbe, nur um meine Antwort zu hören. »Bhhheschschsch«, gab ich dann zurück.

An diesem Punkt in meinem Leben liebte ich die Symmetrie des Mechanischen. Da wurden Bestandteile auf eine Art zusammengefügt, die immer einen Sinn ergab, in niemals versagenden Mustern, die einen Zweck verfolgten. Maschinen waren verlässlich, ästhetisch, die perfekte Kombination aus Funktion und Form. Im Rückblick wird mir klar, dass ich einen sehr ausgeprägten Sinn für das Ästhetische besaß und die Welt um mich herum ständig mit Grenzen versah, die durch Zweck und Gleichgewicht bestimmt waren.

Die Gorillas, die ich später kennen lernte, besaßen ebenfalls diesen Sinn für das Ästhetische und bauten in ihrem Gehege oft geheimnisvolle Steinhaufen – kreisförmige Steingebilde, die im Verlauf eines Tages auf mysteriöse Weise erschienen und dann wieder verschwanden. Ich bin mir sicher, dass diesem Errichten von Steinkreisen ein ähnlicher Drang zu Grunde lag – an ein Ritual gebunden, aber zugleich mit einem tiefen Sinn für Ästhetik.

Die meisten Autisten brauchen Ordnung und Rituale und finden immer Wege, Ordnung zu schaffen, wo sie Chaos empfinden. So viele Reize stürzen auf einen ein, strömen in den Körper, ohne verarbeitet werden zu können. Die Filter, die andere Menschen besitzen, sind einfach nicht vorhanden. Wenn man durch das Getöse des in Einzelteile Zerfallenen und Unerwarteten schwimmt, hat man das Gefühl, in einem unberechenbaren Ozean ohne Markierungen und ohne Ufer zu ertrinken. Es ist, als sähe man überscharf und sei dadurch wie geblendet. Autisten stellen instinktiv Ordnung und Symmetrie her: Sie arrangieren die Löffel auf dem Tisch, sie legen Streichhölzer in eine Reihe oder schaukeln vor und zurück und zerlegen durch diese wiederholte körperliche Bewegung die Flut von Reizen in kleinere Portionen. Als ich Congo zum ersten Mal berührte, lag das daran, dass ich so darauf fixiert war, die Beeren geordnet und symmetrisch aufzureihen, dass ich nicht bemerkte, wie seine Riesenhand meine eingeholt hatte. Schon paradox – ohne die zwanghaften Rituale meines Autismus hätte ich nie erfahren, wie es sich anfühlt, jemand anders zu berühren und in Verbindung zu ihm zu treten.

Wir suchen das Kleine und Überschaubare. Daher ist es nicht erstaunlich, dass viele hochfunktionelle Autisten, die nicht in der Lage sind, sich über den Lärm der Welt hinwegzusetzen und mit anderen zu kommunizieren, stattdessen die Abgründe der Realität überwinden, indem sie schreiben. Das ästhetische Wunder, dass man seine Gedankengänge und Gefühle in die soliden Linien dauerhafter Buchstaben zerlegen und festhalten kann, bietet uns die Möglichkeit, Tonlagen aufzuspüren, den Reiz von Hochseilworten, die so viele Lücken überwinden, winzige Landschaftsgemälde zu zeichnen, deren Horizont durch die Bergrücken von Sätzen und die geologischen Schichten von Absätzen beschrieben ist. Auf dem Papier finden wir eine friedliche Welt aus Kunst und Ordnung, ein Land, das wir mit anderen teilen können.

So wurde das Schreiben zu meiner Rettung. Früher sagte ich – und ich habe das seither auch von anderen Autisten gehört –, das geschriebene Englisch sei meine erste Muttersprache und das gesprochene nur die zweite. Seit ich fünf Jahre alt war, habe ich all die wunderbaren und schrecklichen Dinge niedergeschrieben, die ich niemandem erzählen wollte. Es war zu viel, um in einem Gespräch enthüllt zu werden, während sich der Blick eines anderen Menschen glühend in meine Augen bohrte. Wenn ich jetzt die inzwischen vergilbten Seiten lese, die ich ein ganzes Leben als Autistin hindurch geschrieben habe, wird offensichtlich, dass ich von Anfang an anders war. Doch für alle Menschen um mich herum blieb ich sowohl fremdartig als auch unsichtbar.

2

Ein lärmendes Chaos oder: Was ist Autismus wirklich?

Das Asperger-Syndrom wurde bei mir erst im Alter von sechsunddreißig Jahren diagnostiziert. Genau wie die anderen, bei denen diese Diagnose erst lange nach ihrer Kindheit gestellt wurde, kommt es mir wie ein mittelgroßes Wunder vor, dass ich noch am Leben bin. Wenn ich auf die schmerzlichen Jahre zurückblicke, die ich entfremdet, anders, isoliert und gequält verbracht habe, kann ich kaum begreifen, wie ich das durchgestanden habe und warum es so lange dauerte, die Ursache für dieses Leiden zu finden.

Einer der vielen Gründe für meine späte Diagnosestellung ist wohl der, dass die Vorstellungen davon, was Autismus ist und wie er sich äußert, häufig sehr begrenzt und daher unpräzise sind. Das liegt einesteils sicher daran, wie autistische Menschen in den Medien dargestellt werden, nämlich eindimensional und klischeehaft. Dazu kommt, dass auch wohlmeinende Dokumentationen sich manchmal genau auf dieses Bild berufen, da sie die große Vielfalt, die unter Autisten besteht, entweder ignorieren oder nicht kennen. Im Ergebnis neigt die Öffentlichkeit dazu, eine bestimmte Ausprägung des klassischen Autismus zu verabsolutieren, nämlich das Kanner-Syndrom, dessen hervorstechende Züge Einschränkungen im nonverbalen Ausdruck sind, z. B. bei Gesichtsausdruck und Körperhaltung, eine Unfähigkeit, soziale Beziehungen zu Gleichaltrigen zu knüpfen, gedämpfte Affekte, verspätete oder ganz ausbleibende Herausbildung der gesprochenen Sprache, die verminderte Fähigkeit, ein Gespräch zu beginnen oder aufrechtzuerhalten, die Konzentration auf ein sehr eingeschränktes Interessensspektrum, ein Zwang, bestimmte Handlungen oder Rituale wie hektische Bewegungen oder Verrenkungen durchzuführen, sowie die Neigung, Objekte nicht in ihrer Ganzheit wahrzunehmen.

Doch seit dem Zeitpunkt, zu dem Kanner diese Form des Autismus beschrieb, und trotz der damit verbundenen hartnäckigen Vorstellungen über Autismus weisen neuere Erkenntnisse darauf hin, dass Autismus ein ganzes Spektrum umfasst. Am äußeren Rand dieses Spektrums liegen klinische Befunde, die für andere Menschen bei kurzen Begegnungen mit Autisten wie mir nur schwer zu bemerken sind. Und genau bei solchen »hochfunktionellen« Autisten wird häufig das Asperger-Syndrom diagnostiziert.

Der Leser dieser Erinnerungen wird sich vielleicht die Frage stellen, wie es möglich ist, dass Autismus bis ins Erwachsenenalter hinein nicht diagnostiziert wird. Abgesehen von dem Umstand, dass das Asperger-Syndrom erst 1994 den Weg in das Diagnostische und Statistische Handbuch fand – das psychologische Kompendium, das Diagnosekriterien für alle bekannten Krankheitsbilder liefert –, existieren noch andere Faktoren. Wie schon erwähnt, entwickeln die meisten hochfunktionellen Autisten, die nicht wissen, was mit ihnen »nicht in Ordnung ist«, ein lebenslanges Verhaltensmuster, bei dem sie mit Hilfe ihrer Intelligenz Methoden finden, um normal zu erscheinen.

Das gleichnamige Syndrom wurde erstmals von Hans Asperger, einem österreichischen Psychiater, der in den Vierzigerjahren tätig war, erkannt und beschrieben. Zwei Kriterien unterscheiden Asperger-Patienten von schwerer betroffenen Personen mit klassischem Autismus: Zum einen weisen sie keine nennenswerte Verzögerung der Sprachentwicklung auf, das heißt, sie gebrauchen einzelne Wörter und sprachliche Wendungen in den richtigen Entwicklungsstadien. Zweitens zeigen sie keine klinisch bedeutsame Verzögerung in der Entwicklung ihrer Erkenntnisfähigkeit, in altersgemäßen Selbsthilfestrategien, ihrer Anpassungsfähigkeit – abgesehen von der sozialen Interaktion – oder der Neugierde auf die Umgebung. Trotz dieser relativen Vorteile wiesen Aspergers junge Patienten jedoch die gleichen Kombinationen sensorischer und verhaltenstypischer Charakteristika auf: Ihnen fehlte die Fähigkeit, soziale Kontakte zu schließen und effektiv zu kommunizieren, sie neigten zu zwanghaftem Verhalten, wiesen ein äußerst schmales Interessensspektrum auf, das alle anderen Gebiete ausschloss, reagierten extrem empfindlich auf Reize und verfügten über ein außerordentliches Langzeitgedächtnis. Ich jedenfalls zeigte diese Verhaltensweisen: Oft waren meine Eltern frustriert, weil ich durch Menschen »hindurchging« oder »hindurchsah«, als ob sie nicht da gewesen wären. Dieses Phänomen hatte eher damit zu tun, dass ich mir nicht bewusst war, wo mein Körper begann und endete; wo die Grenzen anderer Menschen lagen, war mir schon klar. Es war, als sähe ich die Grenzen anderer Menschen, wenngleich diese manchmal verzerrt erschienen, aber besäße selbst keine solchen Grenzen.

Ich vollführte zahlreiche »Zwangshandlungen«: Immer wieder hörte ich meine Platten von Simon and Garfunkel, bis mir jemand befahl, damit aufzuhören. Zum Beispiel hatte ich das Gefühl, einen bestimmten Song siebenmal hören zu müssen. Wenn man mich daran hinderte, diesen Zyklus zu beenden, hatte ich das Gefühl, mich aufzulösen. An einem bestimmten Abend musste ich eine gewisse Anzahl Glühwürmchen sammeln, sonst war der Tag ruiniert. Ich zählte das pulsierende Zirpen der Laubheuschrecken, bis ich das Gefühl hatte, dass die Zahl stimmte, und dann konnte ich einschlafen.

Und schließlich waren auch meine sensorischen Probleme symptomatisch für Asperger. Zum Beispiel hielt ich die Hände ständig zu Fäusten geballt, weil ich nicht mit der Möglichkeit umgehen konnte, dass Schmutz auf meine Handflächen geriet. Ich entwickelte einen Trick, Gegenstände mit Hilfe meines Daumens und der Außenseite meines Zeigefingers aufzuheben, damit ich die Hände nicht zu öffnen brauchte. Das Gefühl von Mehl oder Staub irgendwo auf meinem Körper ertrug ich nicht, und es trieb mich in den Wahnsinn, wenn ich hörte, wie jemand Mehl über ein Brett wischte oder seine staubigen Hände aneinander rieb. Schmutz zwischen den Zehen konnte mich in einen ausgewachsenen Wutanfall treiben.

Damals wie heute basiert die Festlegung, in welche Kategorie jemand nach den Begriffen der offiziellen Diagnostik fällt, auf kleineren oder größeren Unterschieden im Spracherwerb, dem allgemeinen Intelligenzniveau und anderen klinisch relevanten Informationen, die durch die autistische Person oder ihre Familie bereitgestellt und durch frühkindliche Symptome bestätigt werden. Eine weitere entscheidende Komponente der Diagnose wird selten problematisiert, das heißt die Kenntnisse des diagnostizierenden Arztes und der Umfang, in dem er oder sie vertraut mit dem Spektrum autistischer Störungen ist. Als ich mich endlich um eine Diagnose bemühte, musste ich lange suchen, bis ich eine Ärztin fand, die über so viel Erfahrung verfügte, dass sie die genaue Einschätzung vornehmen konnte, die ich brauchte.

Zahlreiche Menschen mit dem Asperger-Syndrom sind nicht nur erkenntnisfähig, sondern tatsächlich intellektuell begabt. Viele haben einen Intelligenzquotienten im obersten Bereich. Autisten aus dieser Kategorie setzen häufig ihre hohen intellektuellen Fähigkeiten und ihr ausgeprägtes Gedächtnis ein, um Bewältigungsstrategien zu erlernen, die ihnen gestatten, sich anzupassen. Weil hochfunktionelle Autisten sich auf diese Weise unsichtbar machen können, werden alte Stereotypen verstärkt, sodass sie in eine unmögliche Position geraten: Wenn jemand lernen kann, mit seinen Mitmenschen gut zurechtzukommen, das College besucht, einen Job behält und eine Beziehung hat, kann er unmöglich autistisch sein. Die Öffentlichkeit und sogar die Fachleute, die sich mit Autismus beschäftigen, verschließen die Augen vor dem Schmerz und dem Aufwand, der stillen Verzweiflung und den ständigen seelischen Kämpfen, die wir an jedem einzelnen Tag durchstehen. Viele Menschen – das gilt wiederum für Laien wie für Fachleute – glauben, dass alle Menschen mit Autismus per Definition unfähig zum Kommunizieren sind, dass sie keine Gefühle zum Ausdruck bringen können und andere Menschen oder ihre Umwelt ihnen gleichgültig sind. Meiner Erfahrung nach – sowohl meiner persönlichen als auch der von anderen – trifft in vielen Fällen genau das Gegenteil zu. Eine bedeutende Anzahl autistischer Menschen fühlt sich von allen möglichen Dingen zutiefst angerührt, empfindet darüber höchst emotional und verleiht dieser Fähigkeit in der Privatsphäre ihrer Aufzeichnungen, Tagebücher und Gedichte häufig Ausdruck. Allerdings zeigen sie der Welt, die zu intensiv und oft zu destruktiv ist oder, noch schlimmer, sie geringschätzig abtut, ihre literarischen Erzeugnisse nicht. Auch den Fachleuten enthalten sie sie vor, denn deren vorgefasste Meinungen über die geringen Fähigkeiten von Autisten und die Macht, die sie über ihre Klienten haben, lassen sie manchmal so Furcht erregend erscheinen, dass man sie lieber nicht herausfordert. Ja, sie zeigen sie nicht einmal einander. Und so ruht eine unerschöpfliche Quelle des Wissens über die Verschiedenheit und Schönheit des Autismus auf zahllosen Seiten wie in archäologischen Schichten, bedeckt mit dem Staub der Angst.

Ich hatte die Gorillas, die mir halfen, und war so in der Lage, meine Probleme zu meistern und meinen Doktor zu machen. Ich habe einige Freunde und ein paar hochgeschätzte Kollegen auf meinem Fachgebiet. Ich habe eine Familie, meine Lebensgefährtin und meinen Sohn. Aber trotz meiner Erlebnisse mit den Gorillas bin ich immer noch ein Mensch mit einer neurologischen Störung und wie andere gezwungen, mich sorgfältig zu verstellen und so zu kompensieren, dass andere Menschen eine Zeit lang brauchen, bis sie bemerken, dass zwischen uns tiefe Unterschiede bestehen – ein weiterer Faktor, der häufig eine Diagnose verzögert.

Diese Strategie, die hochfunktionelle Autisten sehr häufig anwenden, scheint sich mit dem Alter zu verbessern. Dennoch berichten alle autistischen Menschen, die ich kenne – und ich kann dies bestätigen –, dass sie keineswegs perfekt ist und unsere Einzigartigkeit nie vollständig verbirgt. Wie andere Menschen, die versuchen, etwas vorzugeben, das sie nicht sind, bekommen wir irgendwann unweigerlich Probleme, die durch chronische Angstzustände verursacht werden. Wir leiden unter Depressionen, wenn wir unseren Zorn ins Unbewusste verdrängen. Magenschmerzen, Kopfschmerzen und andere körperliche Beschwerden, hervorgerufen durch die ständige Nervosität und die Verdrängung, die mit unseren Bewältigungs- und Anpassungsstrategien einhergeht, können zum chronischen Problem werden. Schmerzliche Erinnerungen an fehlgeschlagene Versuche, normal zu sein, und die immer deutlicheren Anzeichen dafür, dass wir unfähig sind, uns »anzupassen«, begleiten uns auf Schritt und Tritt. Der Trost, den wir in Zwangshandlungen und zunehmender Starre finden, verwischt möglicherweise die Spur, die zu deren Ursachen zurückführt. Bis ein hochfunktioneller Erwachsener Hilfe sucht – und die meisten tun das nicht –, haben sich die Anhäufung später entstandener psychologischer Probleme und die Verschärfung gewisser autistischer Züge derart verquickt, dass – wie in meinem Fall – eine anfängliche Fehldiagnose praktisch unvermeidlich ist.

Dieses Phänomen wird noch dadurch verstärkt, dass wir mit zunehmendem Alter dazu neigen, unsere schmerzlichen Erinnerungen zu verdrängen. Vielleicht tun unsere Eltern das Gleiche. Das ist Realität, aber sehr bedauerlich, denn wie schon gesagt sind für uns Autisten gerade exakte Erinnerungen an die Kindheit und an die Geschichte unserer Symptome der Schlüssel zu einer exakten Diagnose. Und nur nachdem sein Autismus genau diagnostiziert worden ist, kann ein Mensch zu verstehen beginnen, warum er ist, wie er ist, und warum er immer so gewesen ist; erst dann kann er beginnen, von der Vergangenheit zu gesunden und die Gaben anzunehmen, die die Zukunft bereithält.

Durch das Gefühl der Zugehörigkeit, das ich erfahren habe – zuerst bei den Gorillas und dann zu guter Letzt bei einer Gruppe von Menschen, die wie ich sind –, konnte ich genesen. Dieser Prozess verläuft bei Autisten nicht anders als bei allen anderen Menschen, die Gesellschaft brauchen. Dieses Gemeinschaftsgefühl bestätigt aus der Ferne die eigenen Erfahrungen und ist von zentraler Bedeutung für ihr Wohlbefinden und das Erwecken ihres Potenzials. Aber es ist auch, nachdem diese Art von Heilung sich vollzogen hat, von größter Wichtigkeit für ihre Entwicklung als Individuum.

Ich bin ein Individuum. Ich bin anders als andere, aus Gründen, die im Phänomen des Autismus liegen und aus allen möglichen anderen. Alles zusammen hat mein Leben zu dem gemacht, was es ist. Auf diesen Seiten, einer archäologischen Ausgrabung, die von Staub und Angst befreit ist, rede ich über dieses Leben. Es ist die Archäologie der Kultur einer einzelnen Person.

3

Die Stille vor der Morgendämmerung

Ich denke zurück an die Jahre in Carbondale, Illinois, als ich fünf, sechs, sieben, acht war … An meinem ersten Tag im Kindergarten war ich zutiefst verstört. Ich zeigte es nicht offen wie viele der anderen Kinder; stattdessen fühlte ich mich wie ausgehöhlt, und die Welt verlor ihren Klang. Meine Mutter winkte mir zu. Sie stand vor unserem Auto, das neben dem winzig kleinen Haus mit zwei Räumen parkte. Die Erzieherin hatte uns befohlen, uns in einer Reihe aufzustellen, um zu unserem ersten Tag nach drinnen zu gehen, und ich war verwirrt: Wo in der Reihe sollte ich stehen? Würden die anderen aufpassen, dass sie mich nicht anfassten? Wo blieb hier die Ordnung? Kinder kreischten, schrien, rannten herum. Sie liefen ihren Eltern nach und flehten sie an, nach Hause gehen zu dürfen. Während die Erzieherin versuchte, Ordnung in dieses Chaos zu bringen, stand ich schweigend da. »Jetzt ist alles vorbei«, dachte ich bei mir. »Mein Leben ist vorüber.«

Von einer unbeschreiblichen Trauer erfüllt, sah ich mich nach etwas Festem um. Ich hob einen Kieselstein auf, der vor meinen Füßen lag. Streng rief die Erzieherin mich an, als ich zu meiner Mutter rannte, um ihr den Stein zu geben – ihr, die so lange ein Symbol der Stabilität für mich gewesen war. Das war die erste von vielen Gelegenheiten, bei denen ich wegen der seltsamen Dinge, die ich tat, Schwierigkeiten bekommen sollte. Jahre später verstand ich besser, warum ich meiner Mutter dieses Geschenk gemacht hatte. In der Welt der Gorillas war dieses Verhalten überhaupt nicht eigenartig. Ich erinnere mich noch gut daran, wie ich mich ganz gerührt fühlte, als Congo, der eines Tages allein mit mir in den Hinterzimmern des Büros war, mir im Tausch für einen Apfel ein Stück Stroh anzubieten versuchte. Beim ersten Mal berührte mich seine Geste nicht, sondern ich fand sie töricht. Ich versuchte ihm den Apfel zu geben, aber er wollte ihn nur nehmen, wenn ich zuerst das Stück Stroh annahm, das er mir anbot. Mir kam das vollkommen unnötig vor, bis mir klar wurde, dass er mich schätzte und meine Gefühle ihm wichtig waren. Er fand, es sei nur gerecht, wenn ich auch etwas bekäme, und das Heu war – genau wie damals mein Kieselstein – alles, was er hatte. Tränen stiegen mir in die Augen, als ich endlich erkannte, was er tat, und mit einem Mal begriff ich vollständig, dass dieses wechselseitige Geben das edle und heilige Sakrament ist, das in allen solchen Handlungen steckt, ob sie nun zwischen Gorillas und Menschen geschehen oder innerhalb beider Spezies.

Vielleicht verstand meine Mutter das ebenfalls, denn sie nahm den Kiesel. So laut ich konnte, dachte ich, dass ich sie liebte, dass ich nach Hause wollte und dass ich auch wusste, dass es hoffnungslos war. Ich dachte daran, wie meine Mutter den Stein den ganzen Tag in der Hand halten und mich so bei sich festhalten würde. Am liebsten wäre ich in ihre Tasche gekrochen. Wieder schrie die Erzieherin. Ich ging an meinen Platz in der Reihe und fühlte mich wie ein Häftling, der gleich in ein Gefängnis einmarschieren muss, das er sehr lange Zeit nicht mehr verlassen wird.

Etwa um diese Zeit begann ich mir eine gewisse Erleichterung zu verschaffen, indem ich Dinge ordnete. Ich liebte Puzzles und verstand mich außerordentlich gut darauf. Geradezu besessen hing ich an meinen Tinkertoys-Bausätzen, die ich sorgfältig und meditativ nach Form und Farbe aufreihte. Wenn jemand sie bewegte, hatte ich das Gefühl, mich aufzulösen. Ich hatte ein Steckspiel von Playskool mit roten, grünen und blauen Steckern, die in das Lochbrett in der Schachtel passten. Davor saß ich und reihte zuerst die roten Stecker in einer Linie auf; dann ging ich zu den grünen über und bewahrte mir die blauen – meine Lieblingsfarbe – für den Schluss auf. Kurz schaute ich die ordentlichen Reihen an und begann dann wieder von vorn. Ich sammelte Steine, Zikadenpanzer und Tierknochen. Ich wusste genau, wo alles seinen Platz hatte und ob jemand meine Sammlungen angefasst hatte.

Diese Rituale aus Ordnen, Katalogisieren und Betrachten nahmen jetzt eine neue Dimension an. Sie entsprangen nicht mehr einem ästhetischen Bedürfnis nach Schönheit und Ordnung, sondern spiegelten die Angstprobleme, unter denen ich zunehmend litt. Später sollte ich dieses Verhalten an Gorillas in Gefangenschaft beobachten. Sie hatten nervöse Ticks, die den meinen ähnlich, wenn nicht identisch damit waren: Sie rissen sich Haare aus, pulten an Schorf herum, kratzten sich, schaukelten, kauten an den Fingern und vollführten noch andere wiederholte oder autostimulierende Verhaltensweisen. Ein Gorilla drehte sich rasch in kleinen Kreisen. Eines der Weibchen nickte unablässig mit dem Kopf.

Meine eigenen Symptome verschlimmerten sich mit dem Eintritt in die erste Klasse. Die Schule war größer und imposanter und noch weiter von meinem sicheren Zuhause entfernt, und alle Probleme, die ich im Kindergarten gehabt hatte, begannen sich zu vergrößern. Die typische ungleiche Verteilung von Fähigkeiten, die ein hervorstechender Zug meiner akademischen Karriere werden sollte, manifestierte sich deutlicher. Zusätzlich zu meiner sozialen Isolierung entwickelte ich daher zunehmend das Gefühl, schulisch den Boden unter den Füßen zu verlieren.

Immer tiefer zog ich mich in die Natur zurück. Eine bleibende Erinnerung aus dieser Zeit ist eine Reise nach Florida, die ich mit meiner Familie unternahm. Ich erinnere mich zwar an Fahrten in Booten mit gläsernem Boden, daran, dass ich Alligatoren sah und mit besonderem Interesse das Kennedy Space Center besichtigte. Doch meine liebste Erinnerung bezieht sich auf einen Spaziergang mit meiner Mutter. Nur zu zweit erkundeten wir einen Pfad in der Nähe unseres Campingplatzes und entdeckten eine beinahe mystische Lichtung. Wie Wasser rann das Sonnenlicht hoch über unseren Köpfen durch einen grünen Baldachin, und der Weg wand sich bedächtig am Fuße von Bäumen und um bescheidene, in sich selbst ruhende Felsen. Ich erinnere mich nicht, dass wir geredet hätten. Abwechselnd schaukelten wir an einer Liane, die zwischen zwei Bäumen hing. Wir lachten.

Wahrscheinlich verbrachten wir insgesamt nicht länger als zwanzig Minuten dort, aber diese Spanne nimmt einen herausragenden Platz unter meinen Lieblingserinnerungen an meine Mutter ein. Ich glaube, der Aufenthalt im Freien, wo ich mich sicher fühlte, und der Umstand, dass ich nicht zu reden brauchte und allein mit ihr war, ließen die Mauern um mich herum verschwinden, sodass ich wirklich auf einer tieferen Ebene in Verbindung zu ihr trat.

Als wir nach Hause kamen, verfiel ich in Depressionen. Zuvor hatte ich zwischen manischen und tranceartigen Zuständen geschwankt, aber jetzt wurde ich ruhiger. Ich fühlte mich wie einer der stillen, meditativen Steine, für die ich eine solche Bewunderung entwickelt hatte. Ich saß einfach nur da. Ich hockte hinter dem Heizkessel oder in dem Geißblattgestrüpp im Garten. Ich saß in meinem Baumhaus. Neben unserem Haus, unter der Straße, entdeckte ich eine wunderbare »Höhle« und stand stundenlang darin. Ich setzte mich an Plätze, an denen keine Veränderung geschehen würde. Ich hasste Veränderungen. Die Amateurfilme meiner Familie dokumentieren mein verändertes Verhalten. Hatte der Film mich vorher beim Rennen oder Herumalbern eingefangen – ich hasste die Kamera, weil sie mir vorkam wie ein Auge, das mich durchdringend anstarrte, sodass ich nicht wusste, was ich tun sollte –, zeigen die Bilder später Zurückhaltung und Distanziertheit.

Ungefähr zu dieser Zeit trat eine meiner Cousinen auf eine Krabbenschere, die ich aus Florida mitgebracht hatte und überall mit mir herumtrug, und zerbrach sie. Ich erinnere mich noch daran, wie ich das entsetzliche Knirschen unter ihrem Fuß hörte, die Decken zurückschlug und meine Krabbenschere in hundert Stücken sah, an denen immer noch das Salz glitzerte. Unmittelbar nach diesem Vorfall schrieb ich mein allererstes Gedicht:

ja ich hatte sie wirklich gerne aber
jetzt ist sie kaputt und nächstes
mal wenn
ich
sie sehe
wird mein Name
nicht mehr Dawn sein

Ich dachte über den Tod nach. Lassen Sie mich gleich klarstellen, dass ich keine Selbstmordgedanken hegte. Aber ich dachte darüber nach, dass man nach dem Tod endlich ausruhen könnte, und hoffte, der Himmel wäre ein Ort, an dem sich nichts veränderte.

Echos aus der Tiefe

Ich wurde älter. Als ich ungefähr neun war, entdeckte ich den Tunnel unter der Straße und die Gehölze, die sie umgaben; und endlich hatte ich einen Ort, an den ich gehen konnte und wo ich mich vollkommen wohl fühlte. Ich liebte es, in dem Bach zu spielen, der mitten durch dieses kleine Wäldchen floss, und die Blumen zu begrüßen, die überall in dicken Büscheln wuchsen. Wie besessen baute ich kleine Forts aus Matsch und Zweigen und tat so, als wohnte ich darin. Ich beanspruchte dieses kleine Stück Land für mich und fühlte mich dafür verantwortlich. Ich räumte den ganzen Müll weg, der von der Straße hergeworfen wurde, nahm Proben vom Wasser des Bachs und betrachtete sie unter dem Mikroskop meines Vaters, um die Wasserqualität und den Grad der Verschmutzung festzustellen.

Ich startete ein »Flusskrebs-Aufzuchtprogramm«, bei dem ich Eier und Jungtiere in verschiedenen Eimern hielt und sie an den am wenigsten verschmutzten Teilen des Bachs aussetzte, sobald sie eine gewisse Größe erreicht hatten. Ich setzte angestammte Pflanzen an Stellen ein, wo der Müll sie am Wachsen gehindert hatte.

Eine neue Dimension gewann das Spiel, als ich aus den *National-Geographic*-Heften von den frühen Menschen und ihrer Lebensweise erfuhr. Die kleinen Wälder begannen das Aussehen einer frühen Stammessiedlung anzunehmen, voll mit Gestellen zum Fischtrocknen, Tongefäßen, Hütten aus Stöcken, weggeworfenen Speeren und Steinwerkzeugen. Sobald ich konnte, rannte ich zu meiner »Siedlung« hinunter, zog mich aus – ich konnte das Gefühl von Kleidung auf der Haut noch nie leiden – und machte mich an die aufreibende Tätigkeit, prähistorisch zu sein. Etwas daran schlug tief in mir eine Saite an, und ich sehnte mich nach einfacheren Zeiten, in denen es weniger Lärm, weniger Farben, weniger Menschen und weniger Veränderungen gegeben hatte. Den Sommer zwischen meinem zweiten und dritten Schuljahr verbrachte ich damit, mich in die uralten Rhythmen meiner inneren und äußeren Welten zu vertiefen. Ich war überzeugt, dass diese Fantasievorstellung Wahrheit werden könnte.

Meine Mutter pflegte mir zu sagen, ich sei eine Wilde. Ich antwortete nichts darauf, aber ich verstand, wie Recht sie hatte. Manchmal saß ich da, dachte nach und redete mir innerlich gut zu. Eines Tages werde ich meine Leute finden. Und dann lasse ich sie nie wieder gehen. Ich wusste, dass das stimmte; und dieses zutiefst prophetische Wissen schenkte mir Ruhe. Tatsächlich sollten die Gorillas und ich eine ungezähmte Liebe zueinander empfinden, wie ich sie nie zuvor erlebt hatte. Unsere Ähnlichkeiten gingen über das Bedürfnis nach der Erhaltung des Bestehenden und dem Drang nach Freiraum hinaus, über das Verstecken, den Rückzug nach innen und das aggressive Verhalten nach außen. Es waren, neben dem Problem der Nähe zu Menschen, die übersteigerte Empfindsamkeit gegenüber der Umwelt und das Verfallen in stereotype Verhaltensmuster angesichts der allgegenwärtigen Gefühlskälte. Nein, uns verband, dass uns archaische Dunkelheit und hartnäckige Erinnerungen an eine Zeit erfüllten, als alle Dinge eins waren, wenngleich jedes Wesen für sich selbst verantwortlich ist.

Doch bevor ich die tiefe Freude dieser Verbindung empfinden konnte, hatte ich noch einen langen Weg vor mir. Meine glückliche Zeit in den Wäldern sollte nicht von Dauer sein. Ich kam in die dritte Klasse und entwickelte praktisch zur gleichen Zeit schweres Asthma.

Asthma, Allergien und andere Immunkrankheiten treten erwiesenermaßen bei Menschen, die an einem Syndrom aus dem Spektrum des Autismus leiden, häufiger auf. Dr. Harumi Jyonouchi von der Universität Minnesota in Minneapolis und seine Kollegen analysierten die Immunreaktionen von autistischen Kindern und verglichen sie mit einer gesunden Kontrollgruppe. Sie stellten fest, dass autistische Kinder eine größere Menge entzündungserregender Substanzen erzeugten als Kinder ohne Autismus.

Jeder dieser Faktoren für sich allein wäre für mich schon schwer zu bewältigen gewesen; aber ihre Kombination, und das zusammen mit dem zermürbenden Strafregime einer verständnislosen Lehrerin, war unerträglich. Ich glaube, dies war eines der schlimmsten Jahre meines Lebens. Zum einen waren meine vorherigen Schwierigkeiten – sensorische Überempfindlichkeit, Probleme mit Mathematik und Schönschreiben, mangelhaftes Sozialverhalten und das Bedürfnis nach Flucht – weiter vorhanden, und dazu machten die Auswirkungen des Asthmas alles noch schlimmer, denn ich war ständig müde. Ich nahm Medikamente, die sich noch im Versuchsstadium befanden und Erbrechen und Herzrasen hervorriefen. Ich hasste nicht nur die Nebenwirkungen der Medikamente, sondern empfand ihren Geschmack und ihre Farbe als zutiefst abstoßend. Als die Ärzte die Verabreichungsform änderten und mir Pillen verschrieben, verbarg ich sie unter meiner Zunge oder steckte sie in meine Unterwäsche oder in mein Ohr, damit ich sie nicht zu nehmen brauchte. Meine Eltern kamen mir auf die Schliche, sodass ich immer erfindungsreicher werden musste, um die Tabletten zu verstecken. Wenn ich die Medikamente aber nicht nahm, bekam ich einen ausgewachsenen Anfall, musste im Sitzen schlafen, um Luft zu bekommen, und hatte das Gefühl zu ersticken. Ich nahm kaum etwas außer Kräckern und Limonade zu mir und war durch diese Ernährungsweise und durch den Schlafmangel so erschöpft, dass ich oft zu müde war, mich zu bewegen, und einfach den Kopf zur Seite drehte, um mich zu übergeben. Dann lag ich in meinem Erbrochenen, bis meine gleichermaßen ausgepumpte Mutter kam und mich säuberte.

Die Lehrerin, die ich in der dritten Klasse bekam, rührte mein Leiden nicht. Im Großen und Ganzen fand sie mich arrogant, frech, faul, sprunghaft, reizbar und laut. Sie war der Meinung, ich sei verwöhnt und meine Probleme seien die Schuld meiner Eltern. Sie gab mir mehr Mathematikhausaufgaben als den anderen Kindern – die mein Vater oft auf dem Heimweg von der Arbeit abholen musste, weil ich in der Schule so häufig fehlte – und verbot mir, mich auf Englisch und Lesen zu konzentrieren, Fächer, die ich liebte. Sie ließ mich lange Sätze Hunderte von Malen abschreiben, um meine Handschrift zu verbessern, die im Ergebnis dieser Methode niemals besser wurde. Wenn ich in der Schule war, verkündete sie meine ungenügenden Mathematiknoten vor der ganzen Klasse.

Bei den Mathematikarbeiten schnitt ich immer am schlechtesten ab. Wir sollten unsere Rechenaufgaben in drei Minuten fertig haben. Dann stellte sie sich mit der Stoppuhr neben mich und ragte drohend über mir auf, während ich mit dem Bleistift in der Hand stocksteif dasaß und unter dem Druck ihrer körperlichen Nähe und meiner Mathematikprobleme außer Stande war, mich zu rühren. Einmal, als sie sich darüber geärgert hatte, dass ich die Multiplikationsaufgaben nicht hatte lösen können, schickte sie mich in den Flur hinaus. »Mach die Aufgabe!«, schrie sie mir ins Gesicht. Ich konnte mich nicht rühren. Als sie ein paar Minuten später zurückkam, saß ich immer noch in exakt der gleichen Stellung da. Sie schob ihr Gesicht bis auf wenige Zentimeter an meines heran – ich erinnere mich immer noch an eine kleine, dreieckige Narbe, die sie auf der Stirn hatte – und schrie den gleichen Satz noch einmal: »Mach diese Aufgabe!« Ich war buchstäblich zu Stein erstarrt.

Als sie viel später noch einmal zurückkam und mich in derselben Haltung vorfand, kreischte sie: »Mach diese Aufgabe, sonst rufe ich deine Mutter an!« Ich brach zusammen und schluchzte, ohne mich zu rühren: »Bitte rufen Sie meine Mutter an. Ich will meine Mutter.« Mit vor der Brust verschränkten Armen lehnte sie sich zurück und erklärte mir, sie werde nichts dergleichen tun. Mir drehte sich der Kopf. Selbst wenn ich relativ entspannt war, konnte ich Menschen häufig nicht als Ganzes wahrnehmen. Aber jetzt wirbelten die vom Körper losgelösten Teile meiner Lehrerin bedrohlich um mich herum und attackierten mich aus allen Richtungen. Ich war gefangen in einem Mahlstrom aus Furcht einflößenden sensorischen Eindrücken und unerbittlicher Kritik. Ich brauchte meine Mutter und wusste, dass dieser Dämon in Form fliegender, höhnisch spottender Teile die Macht hatte, mich von ihr fern zu halten. Wie diese Episode ausging, weiß ich nicht mehr.

Meinen Eltern erzählte ich nie davon. Mir kam nicht einmal die Idee, dass ich über etwas, das mir zugestoßen war, sprechen könnte. Ich konnte schlicht und einfach nicht begreifen, dass man Wörter zu diesem Zweck einsetzen konnte.

Ein Gedicht, das ich um diese Zeit schrieb, illustriert meine zunehmende Einsamkeit und das Gefühl, die wirkliche Welt bestehe aus lauter unangenehmen Eindrücken.

Die Straßen waren heiß
und der Gestank des Smogs
brannte in meinen Lungen
und meinem Hals. Das laute Hupen
und Schreien
tat meinen Ohren weh. Ich sagte

den Menschen hallo, aber
sie sahen mich ausdruckslos an
und gingen weiter. Die Gebäude
ragen in die Höhe und schauen
auf mich herab.

Eines Tages kam eine junge Frau in unser Klassenzimmer, und meine Lehrerin sagte mir, ich solle sie zu einigen Tests begleiten. Ich fragte, was für Tests das seien. »Wir untersuchen dich, um festzustellen, ob du geistig zurückgeblieben bist«, antwortete sie vor der ganzen Klasse. Ich ging dann mit der Frau in den Sondererziehungsraum. Dort stellte sie mir eine Reihe von Fragen über die Bedeutung von Wörtern, gab mir ein paar Texte, die sie mich zu lesen bat, und einige andere Aufgaben. Sie bat mich, einige Mathematikaufgaben zu lösen – die Antworten riet ich, um nicht unbeweglich dasitzen zu müssen –, und ließ mich ein paar Puzzles zusammensetzen. Von Anfang an fühlte ich mich unwohl, weil ich grundsätzliche Probleme damit hatte, aufeinander folgende Anweisungen zu befolgen, insbesondere, wenn sie nur mündlich gegeben wurden.

Sie fragte mich nach meiner Familie. Ich erzählte ihr, wo meine Eltern geboren waren, wie sie aussahen und welchen Tätigkeiten sie nachgingen. Die gleichen statistischen Daten teilte ich ihr über meine Schwester mit. Ich versuchte, das Gespräch auf Themen zu lenken, die mich interessierten, damit wir uns auf intelligenter Ebene austauschen konnten, und war irritiert, weil sie die Unterhaltung hartnäckig immer wieder auf diese idiotischen Fragen zurücklenkte. Immer wieder fragte ich sie, wann wir über etwas anderes reden könnten. »Bald«, lautete ihre Antwort. Das sagte mir nichts, weil ich einen sehr schlechten Zeitbegriff hatte. Es war bedeutungslos. Mir war klar, dass die Prüferin sich nicht darauf festlegen wollte, wann ich über meine Interessen sprechen konnte. Ich ergab mich in mein Schicksal.

Sie fragte nach meinen Empfindungen bezüglich verschiedener Dinge, und ich antwortete, so gut ich konnte, weil ich mich moralisch dazu verpflichtet fühlte. Ich weiß noch, dass ich ihr sagte, Nudeln seien »glücklich«, weil sie im Kreis im Topf herumschwämmen, wenn das Wasser kochte; dass Weidenbäume »traurig« seien, weil sie ihre Äste nicht ausstrecken könnten. Mir fiel keine Umschreibung für »ängstlich« ein. Für mich war das einfach ein allgegenwärtiges Grundgefühl.

Ich wagte den Versuch und teilte ihr mit, dass ich mich »besonders« fühlte, wenn ich auf dem Jahrmarkt auf dem Karussell fuhr.

Ich liebte es, mit meiner Familie den Du-Quoin-State-Jahrmarkt zu besuchen. Mit Genuss konzentrierte ich mich auf die vielen blauen Gegenstände, die es dort gab: blaue Plastikenten, die man angeln musste, um einen Preis zu gewinnen, die blaue Zuckerwatte, in die ich mich am liebsten hineingewühlt hätte, und das Karussell mit den blauen Lichtern. Dieses spezielle Karussell nutzte die Zentrifugalkraft, um die Mitfahrer in eine rotierende Kabine zu pressen. Ich empfand bei diesen Fahrten Entspannung und Wohlgefühl.

Als sie mich bat, das deutlicher auszudrücken, erklärte ich ihr: »Es macht mich schläfrig.« Ich verfügte nicht über das Vokabular, um meine Sinneseindrücke zu differenzieren, und konnte ihr nicht vermitteln, dass es mich zufrieden, entspannt und froh machte.

Am Ende der Sitzung dankte sie mir mit leiser Stimme, erklärte mir, für eine junge Dame könne ich mich recht gut ausdrücken, und führte mich in meine Klasse zurück. Weder ich noch meine Eltern waren im Voraus darüber informiert worden, dass dieser Test stattfinden würde, und die Ergebnisse wurden uns niemals mitgeteilt. Nachdem ich als Erwachsene Kontakt zu meiner alten Schule aufnahm, um an diese Informationen zu kommen, erfuhr ich, dass es bis in die Siebzigerjahre hinein in den Schulbezirken üblich war, die Eltern nicht einzubeziehen. Da solche Aufzeichnungen Schulbesitz sind, werden sie häufig schon kurz nachdem das Kind die Schule verlassen hat, vernichtet.

Die einzig erkennbare Veränderung nach dem Test war, dass die Lehrerin mir erlaubte, mich wieder eingehender mit Projekten aus dem sprachlichen Bereich zu beschäftigen.

Als wir das Fach Sozialwissenschaft bekamen und ich etwas über Anthropologie lernte, faszinierten mich die Frühmenschen, und ich beschloss, dass ich später Anthropologin werden wollte. Auf dem Spielplatz übte ich: Kinder, die dazu bereit waren, mussten sich still auf den Boden legen, damit ich ihre »Überreste« erforschen konnte. Ich spielte die Stadien der Evolution nach. Ich lief mit einem Notizblock auf dem Spielplatz herum und fragte Leute, warum sie dieses und jenes taten. Das war etwas, was mir wirklich einleuchtete. Schließlich lebten auch Anthropologen unter Wesen, die ihnen vollständig fremd waren, um mehr über ihre Kultur zu lernen. Die meisten anderen Kinder konnten meine Fragen nicht beantworten, doch einige gaben mir gut durchdachte Antworten und halfen mir, die Anfangsgründe einiger Facetten des menschlichen Verhaltens zu verstehen.

Im sprachlichen Bereich waren meine schulischen Leistungen noch durchaus annehmbar. Wörter beschrieben reale Erfahrungen, und ihre Kurven und Linien hinterließen eine geistige Spur, der ich mit meinem von Sinneseindrücken bestimmten Gedächtnis folgen konnte. Zahlen jedoch schleuderten mir Kurven entgegen, blockierten mich mit ihren Linien und hinderten mich daran, sie zu verstehen, zu begreifen, woher sie kamen und wohin sie gingen. Für mich beschrieb die Mathematik nichts; wenn mir schon die Menschen häufig als unverbundene Fragmente erschienen – manchmal jeder für sich und manchmal in viele Teile zerfallen –, wie sollte ich dann den Rest der Welt quantifizieren? Mengen bedeuteten mir nichts, und die Angelegenheit wurde noch dadurch kompliziert, dass ich Zahlen als bestimmte Farben wahrnahm. Wenn man zu sieben, das für mich tannengrün aussah, drei addierte, eine dunkelblaue Zahl, kam bei mir neun heraus, das sich blaugrün darstellte.

Wenn eine Aufgabe, die ein solches Problem stellte, mich frustrierte, brachte ich die Arbeit eilig hinter mich. Manchmal kritzelte ich über das ganze Arbeitsblatt hinweg und gab es ab in der Hoffnung, Punkte für Originalität zu bekommen. Doch das passierte nie.

Ich war verblüfft, als ich in die fünfte Klasse kam und meine Lehrerin, Kay Eckiss, meine Probleme zu verstehen schien. Sie ließ mich die Tests über die vorgeschriebene Leseliste in meinem eigenen Tempo absolvieren, und als ich damit fertig war, ließ sie mich mein eigenes Lesematerial aussuchen und Buchrezensionen schreiben. Nie kritisierte sie meine schlechte Handschrift. Sie erlaubte mir, eine Klassen-Lyrikzeitung mit dem Namen *Writers on the Wing* zu gründen und herauszugeben. Bei ihr musste ich nur das Minimum an Mathematik machen, und wenn meine Probleme auf einem Gebiet wieder zum Vorschein kamen, ließ sie mich ein ganz neues ausprobieren.

Das Beste jedoch war, dass sie mich nicht zwang, in der Pause nach draußen zu gehen und mit den anderen Kindern zu spielen. Wir führten lange Gespräche über Themen aus Theologie, Philosophie, Sozialwissenschaften und Politik. Sie lachte mich nicht aus, wenn ich meiner Überzeugung Ausdruck verlieh, dass das Vertrauen in Autoritäten und der Glaube an Gott naiv und töricht seien. Sie spottete nicht, als ich ihr erzählte, dass ich bei »Rettet die Wale« eingetreten war, und ihr sogleich eine Vorlesung über die Grausamkeit und die fehlende ökologische Nachhaltigkeit des Walfangs hielt. Sie nahm mich ernst, als ich sagte, ich fühle mich, als wäre ich eine Million Jahre alt.

Wenn sie einmal nicht meiner Meinung war, nannte sie mir Argumente. Logische und gut durchdachte. Das unterschied sie von fast allen Menschen, die ich je gekannt hatte. Sie erweckte in mir den Wunsch, die Welt zu verstehen. Langsam bekam ich das Gefühl, dass ich vielleicht doch nicht zur Einsamkeit verdammt war.

Kay und ich sind über die Jahre hinweg Freundinnen geblieben, und ich bin glücklich, mitteilen zu können, dass sie heute als Sonderschullehrerin arbeitet und autistischen Kindern hilft, ihr ganzes Potenzial auszuschöpfen.

Aber ausgerechnet da erklärten mir meine Eltern, wir würden in den Westen ziehen. Sie hatten sich in die Rocky Mountains »verliebt« und wollten Illinois verlassen.

Dabei muss man berücksichtigen, dass ich – zusätzlich dazu, dass ich in Kay eine Freundin gefunden hatte – immer noch jedes Wochenende bei meinen Großeltern und meinem Onkel verbrachte und ihnen emotional so nahe stand, wie das jemandem mit meinem Syndrom überhaupt möglich war. Zu meinen Großeltern empfand ich eine besondere Verbundenheit und hatte sogar das Gefühl, sie seien meine wirklichen Eltern. Meine Mutter und mein Vater waren so jung, dass sie mir eher wie ältere Geschwister vorkamen. Die meiste Zeit war das wunderbar, weil sie kreativ und energiegeladen waren. Doch um zu funktionieren, brauchte ich die Stabilität meiner Großeltern. Obendrein bedeutete meine Abhängigkeit von meinem Umfeld, meine Anhänglichkeit an »Orte als Persönlichkeiten«, dass Ferngespräche mit ihnen oder Briefe mir keinerlei Trost schenken würden.

Was das Fass zum Überlaufen brachte, war, dass wir fast unseren gesamten Besitz zurücklassen sollten, um mit leichtem Gepäck ins Ungewisse zu starten. Meine Eltern hatten keine Pläne, wo wir uns niederlassen sollten. Sie stellten sich vor, Land in Colorado oder Montana zu finden, bevor das nächste Schuljahr begann. Bei einem autistischen Kind kann jeder einzelne dieser Umstände – der Verlust der Großeltern, ein Umzug, das Aufgeben von Besitztümern oder eine Reise ohne ein bestimmtes Ziel – zu einem vollständigen Zusammenbruch führen. Für mich ist dieser Umzug und alles, was damit zusammenhing, immer noch das traumatischste Ereignis meines Lebens und belastet mich bis heute.

Ich erinnere mich noch genau daran, wie ich meine Sachen durchging und entschied, was ich behalten und was ich bei dem Trödelmarkt im Vorgarten verkaufen sollte. Schließlich beschloss ich, dass es einfacher sein würde, alles wegzugeben, ohne jedes einzelne Teil anzuschauen und sich von ihm zu verabschieden. Alles oder nichts. In letzter Minute suchte ich ein paar Dinge aus, die eingelagert werden sollten, weil ich das Gefühl hatte, bestimmte Gegenstände zu »verraten«, wenn ich sie gehen ließ.

Das Haus wurde verkauft. Im ganz wörtlichen Sinne sagte ich den Blumen im Hinterhof Lebewohl, der Hundehütte, dem Garten und dem unterirdischen Wassertank. Ich ging zu meiner Stammessiedlung hinunter und verabschiedete mich. Ich stieg in die Höhle unter der Straße und sang ein Lied ohne Worte, um meinem Kummer Ausdruck zu verleihen. Ich bestand darauf, als Letzte das Innere unseres Hauses zu verlassen. Allein stand ich darin und verabschiedete mich von einem ganzen Leben und von meinem Haus, das für mich ein lebendiges Wesen war.

Wir packten den Volkswagen-Caravan und kauften Eis für die Kühlbox. Am Haus meiner Großeltern hielten wir an und sagten ihnen bei der Garage auf Wiedersehen. Mein Onkel lächelte die ganze Zeit über merkwürdig. Meine Großmutter umklammerte ein zusammengeknülltes Papiertaschentuch wie einen kleinen toten Vogel. Mein Großvater hielt sie fest am Arm, und ich war mir nicht sicher, wer wen daran hinderte, zusammenzubrechen, zu schreien, uns nachzurennen und uns festzuhalten, als wir aus der Einfahrt hinaus und die Straße entlang ins vollständig Unbekannte fuhren. Ich war zehn.

Vorbeiziehende Landschaften

An die Zeit nach dem Umzug habe ich nur eine einzige positive Erinnerung zurückbehalten: die Bekanntschaft mit einer Herde pensionierter Morganpferde, die auf dem vierhundert Hektar großen Landstück auf der anderen Seite der Straße, an der unser Wohnwagen stand, frei umherstreiften. Meine Beziehung zu ihnen und die emotionale Unterstützung, die ich daraus schöpfte, waren eine Vorahnung der Nähe, die ich später bei den Gorillas erleben sollte. Ich beobachtete die Pferde, lernte ihre Gewohnheiten kennen und wusste zu jeder Tageszeit, wo ich sie finden würde. Es dauerte Wochen, aber schließlich konnte ich mich ihnen so weit nähern, dass ich eines der Tiere berührte. Diese Pferde waren für mich so magisch wie Einhörner aus einer anderen Welt.

Ich brachte ihnen Äpfel aus dem Obstgarten und Gemüseabfälle, und bald erlaubten sie mir, zwischen ihnen zu sitzen, während sie gemächlich und in friedlichem Einklang mit mir und miteinander grasten. Eines Tages stand ich auf einem Baumstumpf und beugte mich über den Leithengst. Er ließ mich hinaufgleiten, und ich lag der Länge nach ausgestreckt auf seinem Rücken. Ich lag einfach da und spürte die Wärme und den Druck seines gewaltigen Körpers, der mich trug. Ich ließ die Arme über seinen Widerrist herabhängen. Von da an tat ich das jeden Tag. Ich versuchte nie, das Pferd irgendwohin zu lenken, sondern sank einfach erschöpft auf seinen heißen, stämmigen Muskeln zusammen und ließ es grasen und laufen, grasen und laufen. Wir waren beide so alt, dass wir kein Ziel brauchten. Um mich herum konnte ich die Ausstrahlung der Felsen, der Bäume, des Grases und der Hügel spüren. Manchmal wanderten wir weit von unserem Ausgangspunkt fort; dann musste ich mich widerwillig verabschieden und so schnell laufen, wie ich konnte, um vor dem Dunkelwerden nach Hause zu kommen.

*

Unterdessen steckte ich so viel Energie in meine Fluchtstrategien, dass ich sie nicht länger aufrechterhalten konnte. Eines Tages während der Musikstunde brachen sie alle zusammen. Ein Mädchen, das bekannt dafür war, dass sie den Lehrern freche Antworten gab und andere Kinder terrorisierte, begann den Musiklehrer zu provozieren. Die Szene eskalierte und gipfelte darin, dass der Lehrer das Mädchen mit Gewalt aus der Tür drängte. Beide schrien, fluchten und schlugen um sich; auf ihrem Weg nach draußen warfen sie Stühle um und zerbrachen ein Bild. Als sie durch die Tür verschwanden, brandete in der Klasse Gelächter auf. Mit einem Mal stachen mich die grellweißen Lichter in die Augen, das Gejohle und Gelächter dröhnte in meinen Ohren, mein Gesichtsfeld zog sich zusammen; als Letztes erinnere ich mich daran, wie ich zu Boden fiel und Menschen versuchten, mir hochzuhelfen.

Meine Mitschüler müssen mich zum Büro des Direktors getragen haben, wo die Schulkrankenschwester einschritt und mich auf eine Liege im Hinterzimmer legte. Man rief meinen Vater auf der Arbeit an, er solle kommen und mich abholen. Als wir nach Hause kamen, steckte er mich ins Bett und streichelte mein Haar. Er legte sich neben mich, und dieses einzige Mal, soweit ich mich erinnere, lehnte ich den Kopf an seine Brust und erzählte ihm von meinen Ängsten. Nichts, was ich sagte, ergab irgendeinen Sinn, und meine normale Ausdrucksfähigkeit wich einem unverständlichen Wirrwarr von Bezügen auf reale Ereignisse, körperlichen Empfindungen, Geschichten, die ich gelesen hatte, und Dingen, die ich zum Überleben brauchte. Er wollte alles tun, um mir zu helfen, aber er musste auch zugeben, dass er und meine Mutter überlegt hatten, mich in eine Anstalt zu geben.

Das entscheidet alles, dachte ich. Und wenn es mich umbringt, ich werde einen Weg finden, »normal« zu sein und mich den Leuten in der Schule anzupassen, weil eine weitere solche Veränderung ganz bestimmt mein Ende ist.

Damals begann ich zu trinken. Ich war in der siebten Klasse. Den Alkohol kauften mir die Bowling-Freundinnen meiner Mutter. Ich weiß noch, wie ich eine von ihnen ansprach, die immer aussah wie ein ungemachtes Bett. Während sie mir zuhörte, nahm sie die Zigarette, ohne die sie nie anzutreffen war, aus dem Mund. »Ich bin sehr froh, Sie heute Abend zu sehen«, legte ich los. »Ich hoffe doch, Ihnen geht es gut. Ich würde mich freuen, wenn Sie in Erwägung ziehen könnten, mir etwas Wein zu kaufen, und zwar aus folgenden Gründen.« Als ich fertig war, hatte sie, glaube ich, solches Mitleid mit dem armen Trottel, dass sie wider besseren Wissen nachgab. Sie wurde meine Hauptlieferantin. In der Schule hatte ich zwar immer noch keine Freunde, aber die anderen Kinder bewunderten meine Trinkfestigkeit und die Unverfrorenheit, die ich zu besitzen schien, denn ich betrank mich mitten auf dem Schulgelände. Um den Beschimpfungen meiner Mitschüler zu entrinnen, rannte ich, so schnell ich konnte, zu dem »toten Briefkasten«, den die Freundin meiner Mutter und ich als Versteck für den Alkohol vereinbart hatten. Dort blieb ich und trank, bis es wieder läutete. Oft schrieb ich Gedichte, die ich umso achtloser hinkritzelte, je höher mein Alkoholpegel stieg.

Ich vernahm den Klang
Eines Seufzers   in der
Stil   le der Nacht.
Er   war so leise

Und so lange   dass
Ich   Tausende   Gedichte hätte
Schreiben   können im Zeitalter
Des Schweigens

Die   Welt könnte leben
Und   sterben

Und in unserem   Leben
Könnten   wir   uns nicht vorstellen
Wie alt   sie ist

Oder wir.

Manchmal wurde ich zu Partys eingeladen und ging hin, weil es dort den Alkohol umsonst gab. Oft wurde ich am Ende praktisch vergewaltigt, obwohl meine vollkommene körperliche Starre den Jungen oder Mann daran hinderte, den Akt wirklich zu vollziehen. Dann konnte ich mich nicht bewegen, nicht sprechen, nicht einmal etwas sehen. In solchen Situationen schienen sich die Gesichter von Menschen aufzulösen, und ich hatte das Gefühl, ich würde gleich explodieren. Ich löste mich einfach auf. Wenn diese Männer wütend wurden und mich aus dem Auto warfen, musste ich mitunter meilenweit nach Hause laufen.

Schwierigkeiten mit Männern bekam ich auch manchmal, wenn ich sie mit anderen Personen verwechselte. Das war ein merkwürdiges Phänomen. Ich war noch nie in der Lage gewesen, mir Gesichter zu merken, und konnte Menschen nur einordnen, wenn ich sie gut kannte oder sie mir in einem bestimmten Zusammenhang begegneten. Wenn ich einen Mann sah, der einem Bekannten ähnelte, dann nahm er in meinen Augen alle Eigenschaften dieser Person an. Einmal zum Beispiel entdeckte ich auf einem Volksfest einen Mann, der wie der freundliche Pastor aus der alten Kirche meiner Großeltern aussah. Ich konnte mir einfach nicht vorstellen, dass er andere Eigenschaften haben könnte als der Reverend, und so lief ich dem Mann quer über den Platz nach, holte ihn ein und hielt ihn am Arm fest. Ich versuchte mit ihm zu reden und suchte seine körperliche Nähe. Als meine Eltern uns fanden und einschritten, begann er gerade, meine Berührungen zu erwidern und anzügliche Bemerkungen zu machen. Mehr und mehr fühlte ich mich unwohl in Gesellschaft von Männern und stellte fest, dass ich ihnen kein Vertrauen schenken konnte.

In der achten Klasse hatte ich mich schon entschieden, so gut wie möglich allen Menschen aus dem Weg zu gehen und zu tun, als existierten sie nicht. Zwar trank ich noch, aber allein. Ich hatte eine neue Leidenschaft entdeckt – die Philosophie – und stürzte mich mit meiner üblichen Inbrunst hinein. Ich hatte ein Buch gefunden, das Immanuel Kants Diskurse über die Moral erläuterte und wie eine Offenbarung für mich war. Ich wusste, dass ich die Philosophie als Werkzeug benutzen musste, um ein moralisches Leben zu führen. Mir war gleich klar, dass ich philosophische Systeme einsetzen konnte, um mein Leben zu organisieren, ihm Sinn zu verleihen und meine Probleme zu lösen. Die Philosophie schenkte mir Richtschnur und Maßstab.

Mein Engagement für die Moral Kants wurde auf die Probe gestellt, als die Schule wieder anfing und ich auf die Tore der

Highschool zuging, um meinen ersten Schultag anzutreten. Ich war voller Hoffnung, dass ich endlich eine geistige Herausforderung und einen Rettungsanker in einem Meer intellektueller Apathie finden würde. An der Highschool musste es Unterricht in Philosophie und anderen anspruchsvollen Fächern geben. Ganz atemlos vor freudiger Erwartung näherte ich mich dem Eingang.

Ein Footballspieler aus der neunten Klasse stellte sich mir in den Weg.

»Hab gehört, du bist 'ne Lesbe. Stimmt das?«, brüllte er mir ins Gesicht.

Ich ließ den letzten Sommer Revue passieren. Ich erinnerte mich an ein Gespräch mit einer Frau, mit der ich trank. Ihr hatte ich erklärt, ich sei nicht an Männern interessiert, ich hätte wirklich genug davon, dass sie mich die ganze Zeit anzufassen versuchten, ich fühlte mich überfordert von ihnen. In der Gesellschaft von Frauen fühlte ich mich wohler, und zwar schon seit dem Kindergarten. Ich dachte über die Definition von lesbisch nach und kam zu dem Schluss, dass ich im weitesten Sinne unter diese Kategorie fiel.

Ich hegte keine ausgesprochen sexuellen Gefühle für irgendjemanden, weder für Männer noch für Frauen, aber ich musste zugeben, dass ich die Nähe mancher Frauen suchte, weil sie mir ein gutes Gefühl gaben. Diese Interpretation der Tatsachen ließ mir, zusammengenommen mit dem damals kurz zurückliegenden Mord an dem schwulen Aktivisten und Politiker Harvey Milk in San Francisco und meiner Kant-Lektüre, keine andere Wahl, als die Frage des Footballspielers zu bejahen. Noch nie hatte ich verstanden, warum die Leute diese Dinge so wichtig nehmen. Ich dachte, nach meiner Antwort könnten wir über dieses Thema sprechen und ich könnte meine Ansichten ausführlich erläutern.

Sofort schlug er mich zu Boden. »Ich glaub, du hast mich nicht richtig verstanden«, sagte er. »Bist du 'ne Lesbe?«

Ich sah nicht ein, warum diese Zurschaustellung von Brutalität meine Antwort in irgendeiner Weise beeinflussen sollte, und versicherte noch einmal, es sei wahr. Wieder schlug er mich. Das wiederholte sich noch ein- oder zweimal. Dann klingelte es, er ließ mich in Ruhe, und wir gingen nach drinnen. Von da an ging an der Highschool alles den Bach hinunter.

Trotz meiner Bemühungen, die ganze Wahrheit über Geschlechter, Sexualität und Erfahrung zu erklären, verpasste man mir das Etikett »schwul« (sic!), sodass ich zu allem anderen auch noch mit diesem Stigma behaftet war.

Ich war nicht beeindruckt von meinen Lehrern, die sich weder für Philosophie, Literatur noch für sonst etwas interessierten, sondern nur versuchten, die Schüler auf die Arbeit in einer Sägemühle oder auf einer Ranch vorzubereiten. Zu meinen alten Problemen mit Menschen, Emotionen und Sinneseindrücken kamen jetzt noch die verbalen und physischen Schikanen, die mein neuer Status als Lesbierin mit sich brachte, sodass meine Noten immer weiter absackten. Obwohl ich zu Hause Kant, Aristoteles und Shakespeare studierte, erhielt ich in der Schule praktisch in allen Fächern mangelhafte Noten.

Einige Mädchen beschwerten sich, weil sie Angst hatten, ich könnte sie im Umkleideraum »vergewaltigen«, daher wurde ich vom Sportunterricht ausgeschlossen und durfte bis zum Ende des Schultages in der Bibliothek sitzen. Das war der einzig friedliche Platz, den ich finden konnte, denn er war der einzige, wo ich wirklich allein sein konnte.

Meine Familie zog aus dem Anhänger aus, in dem wir gelebt hatten, und bezog ein zwei Meter zwanzig mal vier Meter fünfzig großes Wohnmobil. Wir hatten achtzig Hektar Land gekauft und mit dem Bau unseres neuen Hauses begonnen. Mein Vater hatte das Haus selbst auf einem Stück Papier entworfen: Rohe Kiefernstämme sollten als Stützbalken dienen, und drinnen sollten die Räume mit Ausnahme des Badezimmers vollständig offen bleiben, sodass das Innere des Hauses wie ein Wald aussehen würde. Wir rodeten nicht nur den Boden und schleppten Wasser – wir hatten in unserem alten Wohnwagen kein fließendes Wasser gehabt und würden auch auf dem neuen Land keines bekommen –, sondern rissen ein

Mitte des 19. Jahrhunderts gebautes Haus ab, um das Holz, die Fenster und die Nägel zu verwerten. Nach der Schule half ich meiner Familie, und das ursprüngliche Gebäude wurde nach und nach zerlegt. Es war, als wäre das mütterliche, Schutz gewährende Haus gestorben; und nun trugen Vögel und Kleintiere seine Knochen davon und überließen den Rest dem Wind.

Meine Schwester und ich zogen die krummen, rostigen Nägel aus dem Holz und schlugen sie gerade, damit sie wieder verwendet werden konnten. Auf Holzblöcken schlugen wir sie mit einem Hammer flach. Ich hasste diese Arbeit. Was ich allerdings noch weniger leiden konnte, war, in das kleine Wohnmobil heimzukommen, wo man keine Bewegungsfreiheit und keine Privatsphäre hatte. Ich tat alles, um nach draußen zu kommen. Ich aß mein Mittagessen im Toilettenhäuschen, ich saß im Führerhaus und hörte Musik aus dem Radio. Stundenlang ging ich auf dem Land spazieren. Fast zwei Jahre lebten wir in dem Wohnwagen, und selbst in der bitteren Kälte, die der Winter in Montana brachte, ging ich ins Freie und kam erst wieder hinein, wenn ich die Kälte nicht mehr aushielt. Ich lag im Schnee, schaute zu den Sternen hinauf und wünschte mir, im Weltall zu schweben, wo es unendlich viel Platz gab, nichts, was meinen Körper berühren konnte, keinen Laut, kein Licht, keine Menschen.

Die Gorillas, die ich später kennen lernte, brauchten alle diese Art von Freiraum um sich herum, und als ich mit ihnen zu arbeiten begann, wurde ich mir der komplizierten Tänze bewusst, die sie aufführten, um ihre Integrität als Individuum in der Gruppe zu wahren, während sie zugleich einen privaten Raum um sich herum schufen. Die Gorillas lassen das Ganze mühelos und ungewollt erscheinen. Zum Beispiel tut einer einen Schritt nach vorn, um eine Möhre aufzuheben. Beiläufig schnüffelt er daran, schaut unauffällig nach unten und bringt sich leicht in Laufstellung, weil er die Kettenreaktion vorwegnimmt, die seine Bewegung auslösen wird. Ein anderer Gorilla kommt vorbei, wirft einen kurzen Blick auf die Möhre und geht dann weiter, um irgendwo anders nach einem Leckerbissen Ausschau zu halten. Ein weiterer Gorilla, ein Weibchen, schaut zu und bewegt sich dann in eine andere Richtung, wo es sich damit beschäftigt, an einer imaginären Kruste auf seinem Arm zu kratzen und auf- und abblickt, um die gesamte Szene auf sich wirken zu lassen. Dann geht ein vierter Gorilla durch das Zentrum dieser Vorgänge und dreht sich im Kreis, womit er eine weitere subtile Welle auslöst. Sein Bein verharrt mitten im Schritt, er hält eine Sekunde lang inne und dreht dann den Kopf. Und die ganze Zeit über halten sie einen bestimmten Abstand zueinander. Mir leuchtete dieses Verhalten ein, aber nie konnte ich andere Menschen finden, die diese Regeln begriffen. Es war, als hätten sie die Fähigkeit verloren, zu dieser Musik zu tanzen. Daher kam es ihnen eigenartig vor, wenn ich wegsah, an ihnen vorbeiging, ohne sie zu sehen, oder auf die andere Straßenseite wechselte, um ihnen nicht zu begegnen. Für mich war dieses uralte Verhalten so natürlich wie mein Herzschlag. Rückblickend denke ich, dass es keinen krasseren Gegensatz geben kann als den zwischen dem Verhalten der Gorillas, das mir so fein nuanciert und natürlich erscheint, und der Art, wie die Menschen damals ständig in meinen persönlichen Raum eindrangen, um mich zu hänseln und anzugreifen.

*

Ich erinnere mich, wie ich eines Abends nach dem Dunkelwerden im Wohnwagen mit meiner Familie am Tisch saß. Da erzählte ich meinen Eltern von meinem ersten Schultag und den Ereignissen, die ihm vorausgegangen waren. Ich berichtete ihnen von meinen Gefühlen gegenüber Männern und Frauen und ein wenig von meinem merkwürdigen Verhalten in der Schule. Auf die Gewalt und die Grausamkeiten spielte ich an, aber ich verriet ihnen nicht alles. Ich bin mir nicht sicher, warum ich ihnen überhaupt etwas erzählt habe. Heute erkenne ich, dass ich einem eigenartigen System folgte, das bestimmte, worüber ich sprach und welche Dinge unter die Kategorie »Pflicht zur Wahrheit« fielen. Ich erzählte ihnen nicht von meinem Alkoholkonsum und anderen Dingen, die ich angestellt hatte, weil ich damals glaubte, dass die Wahrheit sie nicht berühren würde. Ich hatte einfach keinen Begriff davon, dass sie mich tatsächlich gern hatten und sich daher Sorgen um mich machen könnten.

Meine Eltern lauschten aufmerksam und gaben wenig Bemerkungen ab, während ich ihnen meine Gefühle schilderte. Bald darauf begann meine Mutter, mich regelmäßig in die nächstgrößere Stadt zu fahren, die eine Stunde entfernt lag, damit ich mich in einer Schwulen- und Lesbengruppe umtun konnte. Ich hatte kein Interesse daran, mich aus sexuellen Motiven zu verabreden, und war immer noch der Meinung, dass Sexualität etwas ist, das fließende Übergänge aufweist. In der feministischen Atmosphäre der späten Siebziger und der Achtziger wurde viel über die politische Dimension von Sexualität und Geschlechterrollen diskutiert, doch ich machte es mir zur Aufgabe, meine persönliche Intimität ohne Einflussnahme von außen zu erforschen.

Zum vierzehnten Geburtstag wünschte ich mir Abonnements von *Psychology Today* und der Monatsschrift des amerikanischen Frauenverbands.

Bei der Lektüre dieser Zeitschriften und durch meine nähere Bekanntschaft mit den Gruppenmitgliedern – überwiegend Männern – wurde mir nach und nach klar, dass das Zwei-Geschlechter-System, von dem man in unserer Kultur ausgeht und das heterosexuellen Sex als einzig legitim darstellt, viele Komplexitäten der Biologie und Psychologie ignoriert und auch den Umstand nicht berücksichtigt, dass Menschen und ihr politisches Engagement sich verändern. Auf der Welt war Platz genug für alle und für die Ausdrucksformen, die sie entwickelten, fand ich. Ich fragte mich, ob man »lesbisch« orientiert sein und sich trotzdem entscheiden könnte, niemals Sex zu haben. Dazu muss man erklären, dass ich den Schritt, Identität nicht nach sexuellen Präferenzen in Schemata einzuteilen, und Rollen und Verhaltensweisen zu hinterfragen, erst viel später vollzog. Damals hatte ich keinen Zugang zu diesen Vorstellungen, sonst hätte ich vielleicht erkannt, dass mein Wesen und meine Sexualität einzigartig und schwer einzuordnen waren. Offensichtlich beeinflusste der Umstand, dass ich autistisch war, einen großen Teil meiner Geschlechtsidentität – beziehungsweise deren Nichtvorhandensein. Seitdem habe ich erfahren, dass die meisten Autisten, besonders auf sich selbst bezogen, das Geschlecht nicht als externe oder interne Kategorie betrachten, die von Bedeutung wäre oder überhaupt auf sie zutrifft. Ich selbst habe im Verlauf meines Lernprozesses schließlich das Geheimnis der Sexualität ergründet und komme heute gut zurecht damit. Wir sollten uns von dem Mythos befreien, dass Autisten einfach keine Sexualität haben; sie ist vielmehr anders, und es dauert länger, sie zu enträtseln. Ich persönlich wusste, dass ich in einer Beziehung keine untergeordnete Rolle einnehmen wollte, dass ich eine Intellektuelle sein wollte und mir einen Menschen wünschte, der mich respektierte und dabei unterstützte, meine Ziele zu erreichen. Und diese Bedürfnisse hatte ich eben immer mit Männlichkeit in Verbindung gebracht.

Ich genoss die Gesellschaft der Männer in der Gruppe. Viele von ihnen waren sehr gebildet und führten mich in neue Sphären des Denkens ein, in klassische Musik, Oper, Kunst und Literatur. Da ich in diesem Umfeld von ihnen erfahren hatte und Informationen ganzheitlich aufnahm, sollte es viele Jahre dauern, bis ich erkannte, dass diese Interessen keine spezielle Domäne der Homosexuellen waren.

Mir gefielen die Partys, die in der Gruppe gegeben wurden: viele verschiedene Arten von Menschen, die in einer Atmosphäre ohne Vorurteile und voller Verheißung alle möglichen Ideen spannen. Nichts, was ich tat oder sagte, regte jemanden auf. Ich glaube, die anderen mochten mich und wollten mich unterstützen, selbst wenn sie mich manchmal nicht verstanden. Ganz bestimmt sorgten sie sich auch wegen meines Alkoholkonsums.

Doch gerade weil ich in dieser exzentrischen, kreativen Gemeinschaft akzeptiert wurde und meine Eltern mich unterstützten, fiel es mir zunehmend schwer, mit den Beschimpfungen in der Highschool und der Starrheit umzugehen, die sowohl das Lehrangebot als auch die Moralvorstellungen dort kennzeichneten. Ich war ganz einfach der Freak: meine Ticks, meine Monologe, meine Hypersensibilität, meine Gleichgültigkeit gegenüber Kritik und der Umstand, dass ich einen großen Bogen um meine Mitschüler machte, meine politischen Überzeugungen, meine geradezu besessene Begeisterung für Philosophie und Anthropologie, meine merkwürdige Art, mich zu kleiden und zu sprechen – all das führte dazu, dass ich restlos geächtet war und tätlich angegriffen wurde.

Fest entschlossen, die Highschool durchzustehen, dachte ich mir Strategien aus, um den Tag zu bewältigen. Ich stellte mir vor, dass in der Schule niemand sonst existierte, und zwar so erfolgreich, dass die Menschen buchstäblich aus meinem Blickfeld verschwanden. Den Blick geradeaus fixiert und auf nichts im Besonderen gerichtet, wanderte ich durch die Flure, die ich leer vor mir sah, still und erhaben. Ich konnte meine Lehrer nicht mehr hören und war entsprechend sprachlos, wenn sie mich aufriefen.

Die anderen Schüler fingen mich im Waschraum ab und steckten meinen Kopf in die Toilette, sie schleuderten mich gegen meinen Spind und bewarfen mich auf dem Flur mit Abfall. Sie schlugen mir Bücher über den Kopf und spuckten mich an. Sie beschmierten mein Schließfach. Sie nahmen mir mein Essen weg. Einmal malten ein paar der älteren Schüler ein Schild mit einem gemeinen Wort darauf und hängten es mir um den Hals. Ich nahm es nicht ab, sondern lief damit herum, weil sie keine Macht über mich hatten. Für mich waren die Beschimpfungen, die sie mir zuschrien, ihre Überzeugung, dass ich verrückt sei, und ihre ständigen Drohungen genauso real wie das Schild, und die konnte ich nicht einfach ablegen. Sobald ein Gedanke oder eine Handlung einmal Gestalt angenommen haben, sind sie für mich immer real; und paradoxerweise denke ich auch, dass Veränderung ihre eigene Erlösung ist. Ich versank in einem Ozean von Gemeinheit, Hass und Intoleranz – was hätte es mir da genützt, ein Pappschild abzunehmen? Ich hatte nicht die Energie dazu; ich war am Ertrinken. Diese Art von Verhalten verwirrte mich jedes Mal aufs Neue. Die Gorillas hatten häufig mit derselben Art von aggressivem Verhalten zu tun: Prahlerisch stapften menschliche Wesen auf das Sichtfenster zu. Steif und bedrohlich standen sie da und starrten gnadenlos auf die sanften Gorillas hinunter, die zu höflich oder zu eingeschüchtert waren, um ihre grausamen Blicke zu erwidern. »Guckt euch bloß diesen hässlichen, ekligen Gorilla an!«, sagte jemand. »Ogottogott, zieh dir bloß mal das Gesicht von diesem Vieh rein!« Sie bleckten die Lippen zu einem schrecklichen, höhnischen Grinsen. Die Gorillas saßen da. »Hey, John! Der da sieht genau wie du aus!« Dann knurrte John zurück, spielte mit oder schubste seinen Gesprächspartner. Anschließend rannten sie davon, um anderswo mit dem Finger auf Tiere oder Menschen zu zeigen und sich auf ihre dümmliche Art über sie auszulassen.

Die ganze Zeit hindurch blieb ich überzeugte Pazifistin. Niemals schlug ich jemanden oder schrie andere an. Einmal allerdings legte ich Hand an ein Mädchen und wurde für drei Tage von der Schule verwiesen. Die Szene ist in meiner Erinnerung vollkommen surreal. Ich gab keine Vorwarnung, sondern saß einfach da und schaute auf mein Pult hinunter, während dieses Mädchen mich mit allen möglichen gemeinen Ausdrücken überschüttete. Als sie mit den Worten »du beschissene Missgeburt« endete, sprang ich über meinen Tisch und legte die Hände um ihren Hals. Der einzige Unterschied zwischen diesem Vorfall und den anderen ist, dass sie mich im Flüsterton beschimpfte. Ich verstehe immer noch nicht, warum das etwas ausmachte, aber das tat es. Ich war so reumütig, dass ich für die Dauer meines Verweises fastete. Ich hatte gegen meinen eigenen Moralkodex verstoßen, und das konnte ich mir nicht verzeihen. Das sage ich nicht, um irgendeine Art von Überlegenheit zu demonstrieren, obwohl ich aufrichtig überzeugt bin, dass es besser ist, in einem Konflikt eine gewaltfreie Lösung zu suchen, statt aggressiv zu reagieren. Vielmehr berichte ich von dieser Zeit, in der ich meinen Zorn verdrängte und mir das Recht auf Selbstverteidigung absprach, damit besser verständlich wird, was ich in den darauf folgenden, verlorenen Jahren erlebte.

4

Missklänge

Ich erinnere mich klar und deutlich an den Tag, an dem ich die Schule hinwarf. Ich hatte vorher nicht darüber nachgedacht, die Schule zu verlassen. Als ich an diesem Tag hinging, war ich der Überzeugung, dies würde einfach nur ein weiterer in einer Reihe zermürbender, endlos erscheinender Tage werden. Es war Morgen, und ich stand an meinem Spind und verstaute meine Sachen. Jemand kam vorbei und sagte etwas zu mir. Die Bemerkung war banal und bedeutete keine unmittelbare Gefahr. Aber ich fühlte mich bedroht.

Langsam und methodisch nahm ich meine Sachen wieder aus dem Schließfach und verließ das Schulgebäude. Aus einer Telefonzelle rief ich meine Mutter an und erklärte ihr, dass ich die Schule abgebrochen hätte und nicht zurückgehen würde.

Jahre der Ruhe und Vernunft gingen anscheinend über Nacht in Rauch auf. Ich hatte nur noch den Wunsch, mit meinen Freunden aus der Nachbarstadt zusammen zu sein und zu trinken. Plötzlich war mir alles egal. Ich hatte keine Zukunft, keine Kraft und kaum Prinzipien, die mich hätten leiten können. Meine Eltern hatten Angst um mich – sie spürten, dass ich dieses Mal wirklich aufgegeben hatte. Sie schossen mir Geld zu, damit ich mir in der Stadt ein winziges Zimmer in einem schmierigen Hotel mieten konnte, wo Küchenschaben meine einzige und ungeliebte Gesellschaft waren. Das Bad teilte ich mit den anderen Hotelbewohnern, meist

Männern, die ständig versuchten, mich dort abzufangen. Ich war sechzehn.

Ich besaß keinerlei praktische Fertigkeiten und hatte keine Ahnung, wie ich überleben sollte. Ich wusste nicht, was man tun musste, um Arbeit zu finden; und selbst wenn ich eine Vorstellung gehabt hätte, war da der Umstand, dass ich keine Stadtpläne lesen konnte, mich leicht verlief und schreckliche Angst hatte, bei einem Vorstellungsgespräch Auge in Auge mit jemandem zu sprechen – gar nicht davon zu reden, dass ich keine Arbeitserfahrung hatte. So kauerte ich mich in meinem Zimmer zusammen, zu ängstlich, um hinauszugehen oder mich zu rühren. Manchmal fiel trübes Licht durch die schmutzigen Gardinen, die den Blick auf die Mauer gegenüber meinem Zimmer abschirmten, während ich vor mich hinschaukelte.

Fensterscheibenschmerz
Macht mich traurig,
Tut mir weh,
Wenn ich durch diese Matrix seh
Hinaus in die Welt, die ich einst kannte …

Getrennt.
Ich werde nie zurückkehren.
Durch das Fenster schaute ich zurück,
und der Wind draußen
Stieß mich zurück.
So kalt

Dass meine Tränen gefroren.
Hier liege ich
In Fensterscheibenschmerz.

Manchmal kam ich irgendwie an Alkohol oder Drogen, aber ich hatte nichts zu essen. Ich weiß noch, wie ich einmal eine Dose Kidney-Bohnen geschenkt bekam und sie mit meinem Kamm aß, weil ich kein Besteck hatte.

Meine Eltern versuchten mich zu besuchen, sich nach bestem Vermögen um mich zu kümmern und mir Dinge zu bringen, die mir das Leben leichter machen sollten, aber ich verlor den Kontakt zu ihnen, trieb von ihnen fort ins Nichts. Ich schämte mich, weil ich nicht in der Lage war zu funktionieren, und ging ihnen manchmal aus dem Weg, wenn ich wusste, dass sie kommen würden.

Schließlich war die Miete für mein Zimmer fällig. Ich hatte keine Reserven mehr für einen weiteren Monat, und man bat mich auszuziehen. So begannen etliche verlorene Jahre, in denen ich obdachlos war. Ich zog durch das ganze Land und hängte mich an Menschen, die Mitleid mit mir hatten oder etwas in mir sahen. Irgendwann lernte ich eine Frau kennen, die auf die Ranch ihrer Familie im tiefen Westen zurückgekehrt war und sie zu einer schwul-lesbischen Ferienpension umgebaut hatte. Die Eigentümerin wurde eine gute Freundin von mir, und ich hielt mich mehrere Jahre ab und zu dort auf. Im Sommer ließ es sich auf der Ranch wunderbar leben, da ich in einem der Gäste-Tipis wohnen konnte, aber im Winter wurde das zu kalt, und ich musste fort. Ich ging überallhin, mit jedem, von dem ich glaubte, er oder sie könnte mich davor bewahren, im Freien zu schlafen oder zu verhungern. Manche dieser Menschen waren daran gewöhnt, Trabanten zu haben: Drogenhändler, Mütter, Models oder Künstler. Viele von ihnen mochte ich gern, aber sie erkannten nie, wer ich war, und ich vermute, dass ich sie ebenfalls nicht wirklich wahrnahm. Für eine Frau, die ich während dieser Zeit kennen lernte, schrieb ich ein Gedicht:

sie wusste woher der Wind
wehte
wenn er die Straße hinunterblies
sie wusste, wie weh es tut, wenn
ein Freund betrunken ist und weint
sie kannte den leeren Schmerz eines
verlorenen Lebens
sie war alt.

einmal hatte sie von besseren Orten gelesen, in
einem schmutzigen Taschenbuch, das sie in einem
Abfallhaufen an der Ecke fand.
sie konnte lesen.

irgendwie wusste sie, wie sie mich festhalten musste
so wie sie selbst nie
umarmt worden war,
und sie konnte weinen
einmal sah ich wie sie

eine einzige Träne vergoss.

Die meisten Menschen, denen ich während dieser Zeit meines Lebens begegnete, hatten einfach genug von allem, so wie ich. Manche waren sehr klug, einige sogar brillant. Und fast alle waren mit einer einzigartigen Weltsicht geboren worden und hatten die Folgen zu spüren bekommen. Unsere Gemeinschaft war ein trauriger Zufluchtsort von Menschen, die, von allen anderen verlassen, mit dem Rücken zueinander standen und in die Welt hinaussahen ... trotzdem allein. Wir waren zu kaputt, zu müde und zu zynisch, als dass wir uns etwas aus uns selbst oder aus den anderen gemacht hätten.

In diesen Jahren lebte ich wie in einem Kaleidoskop. Durch einen engen Tunnel sah ich auf zerbrochene, bunte Fragmente von Menschen und Träumen, die einer allzu hellen Sonne zugewandt waren, während ich von Ort zu Ort taumelte, auf einem Auge blind. In der ichbezogenen und distanzierten Kultur der Achtzigerjahre allerdings wirkte ich durch meine soziale Unfähigkeit und meine emotionale und körperliche Distanz cool.

Nachdem ich während meiner Reisen durch das ganze Land wieder einmal auf der schwul-lesbischen Ferienranch gelandet war, freundete ich mich mit der Köchin an, die ein Loblied auf die Westküste sang. Mit ihrer Partnerin wollte sie wieder dorthin ziehen und lud mich ein, doch mitzukommen. Ich weiß noch, dass sie sagte, ich sei zu jung, um so verloren zu sein.

Tatsächlich war ich einfach zu überfordert, um irgendeine Orientierung zu haben, eine Situation, die der schlimmste von vielen Teufelskreisen war.

Als ich schließlich nach Seattle kam, war ich reif für die Post-New-Wave-Szene und wurde von der Masse trendiger Clubs aufgesogen, die voller Dominas in Lederkleidung, Voguern mit Riesenfrisuren und tätowierten modernen Primitiven waren. Auf den ersten Blick wirkte ich in dieser Gesellschaft kaum merkwürdig. Doch obwohl ich cool aussah, flog meine Tarnung auf, sobald man mich ansprach. Dann wurde – wie mir jemand später gestand – schmerzhaft deutlich, dass ich fremdartig war. Ich sehnte mich nach einer traditionellen Familie, ich hielt Moral für sehr wichtig und wollte nicht in Exzessen leben. Mein Denken war sehr rigide. Ich muss tatsächlich ziemlich aus der Reihe gefallen sein, wenn ich durch meine Sonnenbrille auf meine schmutzigen Schnürstiefel hinabsah und über den Wert der Selbstdisziplin sprach.

Ich war jetzt wieder obdachlos, nachdem die freundliche Köchin und ihre Partnerin meiner seltsamen Angewohnheiten und meines chronischen Geldmangels überdrüssig geworden waren. Nicht einmal damals konnte ich ihnen das übel nehmen.

Wenn nicht Freunde großzügig ihr Essen mit mir teilten, aß ich aus Mülltonnen, und nachts schlief ich auf einer Kirchentreppe. Als ich einmal meine Eltern besuchte, baute ich ein winziges Diorama von ihrem Haus, das ich überall mit mir herumtrug. Ich pflegte auf der Kirchentreppe zu sitzen, hineinzuschauen und mir vorzustellen, ich wäre wieder bei meiner Familie.

Ich bin so weit fort von zu Hause
Auf mehr als eine Weise,
So lange, seit ich mich geliebt fühlte,
Dass selbst mein Sehnen einsam ist.

Und für jedes Freundespaar, das ich sehe,
Und jeden hungrigen Hund

Kann ich meinen Schatten verweilen sehen,
Denn ich lebe in einer Schattenschachtel …

Schatten der Angst,
Schatten der Liebe,
Aus Zeiten, in denen ich meinen Stolz hochhielt,
Aus Zeiten, als ich krank war
Und allein …

Doch Schatten gehen vorüber und vergessen den Schmerz
Gleich wie eine Kamera niemals die Trauer einfängt.

Ich werde in meiner Schattenschachtel leben
Wie ein hungriger Hund.

Obdachlos zu sein ist für Autisten das Schwierigste, was ich mir überhaupt vorstellen kann. Die meisten obdachlosen Jugendlichen, die ich kennen lernte, hatten den Vorteil, dass sie sich zu einer Art Familie der Straße zusammentun konnten, in der sie sich relativ sicher fühlten. Sie wussten, dass andere ihnen helfen würden, Nahrung und einen Unterschlupf zu finden, und erfuhren ein gewisses Zugehörigkeitsgefühl. Dazu kam, dass die Gemeinschaft ihnen einen sehr realen Schutz vor Angriffen bot. Manche der Tricks zur Essensbeschaffung, die, wie ich gehört habe, Straßenkinder anwenden, erfordern mehr als eine Person. Manchmal teilen sie sogar das Geld, das sie beim Betteln bekommen haben, unter sich auf. Ich konnte nicht einmal Leute um Kleingeld angehen, weil das verlangt hätte, dass ich unter Stress einzelne Menschen identifizierte und zu ihnen Kontakt aufnahm. Doch wenn man den Leuten nicht einmal ins Gesicht sehen kann, geben sie einem bestimmt kein Geld. Dafür ging ich zum Markt am Pike Place und hielt aus sicherer Entfernung Ausschau nach Menschen, die Essen wegwarfen. Ich beobachtete Leute, die sauber und gesund aussahen. Wenn so jemand ein Sandwich oder sonst etwas in den Müll warf, holte ich es mir und ging damit in eine öffentliche Toilette, wo ich eine komplizierte Anzahl von Ritualen durchführte: Ich riss den angebissenen Rand ab, klopfte dreimal auf das Essen, wickelte es mit der Außenseite des Papiers oder der Serviette nach innen wieder ein und nahm es dann mit zu einer besonderen Stelle auf der Treppe in der Nähe des Markteingangs, um es zu essen. Außerdem ging ich in Pizzarestaurants und setzte mich mit einem Sodawasser in eine Nische, bis Gäste aufstanden, die einen großen Teil ihrer Pizza liegen ließen. Dann holte ich mir rasch das Essen, bevor es abgeräumt wurde. Dabei musste man sehr vorsichtig sein, denn das Servicepersonal warf einen hinaus, wenn man sich dabei erwischen ließ.

Schlimm war die Kälte. Zum Glück erlaubten mir oft mitfühlende Menschen im Austausch für ein bisschen Geld oder Mithilfe im Haushalt, bei ihnen zu übernachten. Wenn ich diesen Luxus nicht hatte, schlief ich im Freien. Die längste Zeit, in der ich gar keine Bleibe hatte, war ein Zeitraum von mehreren Monaten in Seattle; da nächtigte ich auf der Treppe der Kirche an der Ecke 13. und Spring Street. Normale Straßenkinder haben andere Möglichkeiten. Sie besetzen leer stehende Häuser, so genannte Squats, die sie oft heftig verteidigen; doch dazu braucht es mehrere Personen, die sich zusammentun und ein Territorium sichern. Sie betrachten sogar bestimmte Stadtgebiete als ihr Revier, und ich erinnere mich an mehrere Gelegenheiten, bei denen man mich anschrie, ich solle verschwinden oder weggehen. Es ist schwer, die Einsamkeit eines Autisten, der auf der Straße lebt, zu beschreiben. Selbst wenn man in einem festen, sicheren Zuhause lebt, hat man schon Probleme genug, mit der Reizüberempfindlichkeit und seinem anders gelagerten Realitätsempfinden umzugehen. Ich glaube, diese Zeit der Obdachlosigkeit kam der Hölle so nahe, wie ich mir nur vorstellen kann.

Manchmal dachte ich an all die Zimmer, sogar die Abstellräume, die dunkel, warm und behaglich in den großen Häusern um mich herum lagen. Ich hing Fantasien darüber nach, was ich gern essen würde. Es kam mir immer komisch vor, dass sich zehn Meter von der Stelle entfernt, wo ich saß, ein friedliches Heim befand. Ich schaute in Fenster und sah Familien, die bei Kaminfeuer und Kerzenlicht gemeinsam zu Abend aßen. Ihr Lachen, ja sogar ihre Streitereien waren eine Oase – oder auch eine Fata Morgana –, die mir verschlossen blieb. Was stimmt bloß nicht mit mir?, fragte ich mich ständig. Warum kann ich keinen Job behalten? Warum kann ich keine richtigen Freunde und keine Familie haben? Mir blieb nur die Kälte übrig. Ich lernte, im Sitzen zu schlafen, was mich an meine Asthmaanfälle erinnerte und an die Nächte, in denen ich keine Luft bekommen hatte.

Sirenengesänge

Auf der Suche nach Gesellschaft und Wärme erschlich ich mir den Zugang in die Clubs, aber auch aus einem noch wichtigeren Grund: um zu tanzen. Ich hatte jahrelang Drogen genommen und getrunken, aber als ich nach Seattle kam, gab ich beides auf und entdeckte dadurch die Kraft meines Körpers. Ich war noch nie gut im Sport gewesen, nicht nur, weil er intensive Interaktion mit anderen erfordert, sondern auch, weil ich immer ungelenk gewesen war. Doch das Tanzen war etwas anderes, und das konnte ich gut. Obwohl Lärm und Licht mir sonst Schmerzen bereiteten, brachten aus irgendeinem Grund das Blitzen und rhythmische Hämmern in den Clubs mich tief in Kontakt mit mir selbst. Ich lernte die Freiheit kennen, mich durch Bewegung auszudrücken, und konnte die ganze Nacht allein tanzen. Ich war immer bestürzt, wenn mich jemand aufforderte, weil das Tanzen für mich etwas war, das ich grundsätzlich allein genoss.

Noch erschrockener war ich, als ich einmal tanzte und jemand auf mich zukam und mir einen Fünf-Dollar-Schein in den Hosenbund steckte. Für mich hatte Tanzen absolut nichts mit Sexualität zu tun. Ich kam nicht einmal auf die Idee, dass die Leute mich beobachteten. Im Rückblick ist mir klar, dass das schwer zu glauben ist, denn ich bemächtigte mich immer der höchsten Plattform auf der Tanzfläche und war deshalb von überall zu sehen. Das tat ich jedoch, um der Menschenmenge zu entkommen und einen Platz zu finden, wo ich mich frei bewegen konnte.

Als der Mann fort war, der mir das Geld zugesteckt hatte, meinte eine Bekannte, die in der Nähe stand, ich solle mir wirklich überlegen, für Geld zu tanzen. Sie erzählte mir, sie arbeite in einem Strip-Club, der ausschließlich von Frauen betrieben werde. Der Job sei sehr gut bezahlt und hätte große Vorteile. Ich fand die Vorstellung abstoßend.

»Wenigstens bräuchtest du nicht mehr auf der Straße zu schlafen«, konterte sie.

Widerstrebend ging ich zum Vortanzen und wurde sofort eingestellt. Der Raum, in dem wir tanzten, gefiel mir: Er war ungefähr zwei Meter fünfzig mal vier Meter fünfzig groß und vollständig mit Spiegeln ausgekleidet, was ihm eine surreale, futuristische Note verlieh. Die Musik war gut, und ich konnte weiter in meiner eigenen Welt tanzen, ohne jemanden sehen oder mit anderen in Kontakt treten zu müssen.

Unser Tanzetablissement mit dem Namen »Amusement Center« war als Betrieb einzigartig. Zuerst einmal war die Bühne von Glasscheiben umgeben, sodass niemand die Tänzerinnen berühren konnte. Die Gäste warfen Vierteldollarstücke in einen Schlitz, worauf sich etwa zwanzig Sekunden lang eine Trennwand hob. Aber noch wichtiger war, dass der Club von Frauen betrieben wurde, die selbst Tänzerinnen gewesen waren und wussten, wie mörderisch anstrengend diese Arbeit war. Sie waren sich der körperlichen Beanspruchung bewusst, die es bedeutete, acht Stunden lang zu tanzen, oft auf High Heels und mit nur zehn Minuten Pause pro Stunde. Die Chefinnen versuchten, uns nach unseren Fähigkeiten und der Belastbarkeit einzuteilen. Sie bezahlten uns pro Stunde, sodass wir nicht miteinander um Geld zu konkurrieren brauchten. Und sie beschäftigten Wachmänner, und zwar so viele, dass uns nach der Arbeit immer jemand zur Bushaltestelle bringen oder mit uns aufs Taxi warten konnte.

Als Tänzerinnen durften wir uns Künstlernamen aussuchen

und wurden ermuntert, verschiedene Teile unserer Persönlichkeit zu erkunden. Da ich mich nicht wohl dabei fühlte, mich für jemanden auszugeben, der mir vollständig fremd war, brachte ich viel Zeit damit zu, Teile von mir zu entdecken, die ich vor langer Zeit aufgegeben hatte. Viele Frauen wählten als Arbeitskleidung traditionelle Negligees, Bodys oder Netzstrümpfe, aber ich kam oft in Tierfelle gehüllt und mit Körperfarbe bemalt. Ich flocht mir Perlen ins Haar und versuchte, Tierbewegungen und Stammestänze in meine Figuren zu integrieren. Rituelle Tänze und Ritualbekleidung interessierten mich, und ich las eine Menge darüber, sogar während meiner Zehn-Minuten-Pausen in der Garderobe. Eine Tänzerin, die sich als moderne Heidin betrachtete, erzählte mir von den archaischen Wurzeln unserer Tätigkeit, und viele ihrer Erkenntnisse leuchteten mir ein. Während dieser Zeit entwickelte ich ein Interesse an der Bewegung der modernen Primitiven; ich ließ mir sogar mehrere Tätowierungen machen, nahm an dem ersten jährlichen Wettbewerb um den Titel der »Miss Seattle Leather Woman« teil – und gewann ihn. Meine Forschungen über dieses neue Phänomen hatten zum Ziel, die Stammeswurzeln der urbanen Gesellschaft zu erkunden und ihnen Respekt zu zollen; aber leider interessierten die meisten anderen Menschen in diesem Umfeld sich für Hardcore-Sadomasochismus, im Rückblick gesehen ein Umstand, der mir eigentlich ins Auge hätte springen müssen. Obwohl ich versuchte, das Beste aus diesem Jahr als »Leather Woman« zu machen, war es im Grunde ein Debakel.

Oft verlor ich mich in meinem geheimen animalischen Universum und vergaß, dass die Kunden kamen, um mich als Tänzerin zu sehen und nicht als gefährdete Spezies. Ich machte gewaltige Sprünge quer über die Bühne, kreischte in der Luft und landete krachend und auf allen vieren vor einem entsetzten Mann, der nicht gesehen hatte, dass ich auf ihn zuschoss. Ebenso schnell hüpfte ich davon, schnappte mir eine der hölzernen Stangen, die auf der ganzen Bühne verteilt waren, hängte mich daran und wirbelte mit aller Kraft herum. Oft wurde ich ins Büro gerufen und wegen dieser Amokläufe verwarnt, aber ich konnte einfach nicht anders. Wenn ich jetzt darüber nachdenke, haben sich wohl nicht nur die Kunden beklagt; wahrscheinlich fanden auch die anderen Tänzerinnen, dass in ihrem Vertrag nichts davon stand, in einem Zoogehege zu arbeiten. Vielleicht hätte ich zu einem früheren Zeitpunkt meiner Entwicklung erkennen sollen, dass ich in Wirklichkeit zu den Gorillas gehörte.

Die Frauen, mit denen ich arbeitete, waren alle sehr unterschiedlich, und nur sehr wenige passten zur der stereotypen Vorstellung, welche die Öffentlichkeit von Erotiktänzerinnen hat. Keine von ihnen arbeitete in dieser Zeit als Prostituierte, obwohl einige es einmal gewesen waren. Das Tanzen hatten sie aus ganz verschiedenen Gründen begonnen – sie hatten jetzt Kinder und wollten feste Arbeitszeiten; sie fürchteten sich vor dem Green-River-Killer, der schon damals in Abständen, aber methodisch seiner mörderischen Mission nachging; oder sie wurden einfach älter und fanden es zu ermüdend, auf der Straße zu arbeiten.

Manche der Frauen waren sehr fürsorglich, passten aufeinander auf und brachten Donuts oder andere Snacks für alle mit. Eine Frau, die eine hingebungsvolle Mutter war, stopfte ihre Handtasche grundsätzlich mit allen möglichen Medikamenten voll, für den Fall, dass auf der Arbeit jemand krank würde. Immer kam sie in die Garderobe und stellte ihre Riesentasche so ab, dass sie umkippte und sich Dramamine, Nasenspray, Kopfschmerztabletten, Midol und Tampons über den Boden ergossen. Dann warf sie ihre lange, wellige braune Mähne zurück und zankte die Patientin aus, die sie gerade verarztete. »Du solltest wirklich aufhören, dich wie eine verdammte N... zu benehmen. Die ganze Nacht Party machen; kein Wunder, dass du Kopfschmerzen hast«, hieß es zum Beispiel. Angewidert verzog sie den Mund, während sie der Frau gleichzeitig Wasser holte und ihr die Schläfen massierte. Ihr ewiges Genörgel hatte etwas Tröstliches.

Eine andere Frau, die mich faszinierte, trug den Bühnennamen Candy Girl. Als ich sie kennen lernte, arbeitete sie schon seit Jahren als Tänzerin. Sie war klein und blass, hatte aber einen wunderbar definierten Körper, wie man ihn in den Fitnessmagazinen sieht. Wie ich schon sagte, ist das Tanzen körperlich keine leichte Arbeit, und die Art von Leibesübungen, die Candy Girls Spezialität waren, sorgte dafür, dass jeder Muskel an ihrem Körper so hart war, dass man darauf eine Münze hätte springen lassen können, auch jeder Muskel, der ihr wohlgeformtes kleines Geschlecht umgab. Einer ihrer vielen erstaunlichen erotischen Akrobatiktricks bestand darin, dass sie quer über die Bühne ging, an dem Spiegel im Hintergrund einen Handstand machte und dann die Beine zu einem Spagat senkte. Daraufhin saugte sie Luft in ihre Vagina ein und stieß sie mit einem rhythmischen Ploppen wieder hervor. Es war, als blase sie mit ihrer Vulva eine Art unglaublicher Rauchringe. Ich verstehe absolut nicht, was die Männer davon hatten, dieses Spektakel zu beobachten, aber es war entschieden ein Publikumsmagnet.

Ich erinnere mich, wie ich sie einmal anstarrte, während sie eine ihrer olympiareifen Bodennummern vollführte, bei der sie jede mögliche Ecke der Bühne ausnutzte, und aus der Distanz ihren Überschwang genoss: Sie war glücklich, am Leben zu sein, ihren Körper so meisterhaft zu beherrschen, sich selbst und den Fluss ihrer Lebenskraft unter Kontrolle zu haben. Ich wollte irgendwie in Verbindung zu ihr treten. »Woher hast du den Namen Candy Girl?«, schrie ich daher gegen das Dröhnen der Jukebox an. Zuerst dachte ich, sie hätte mich nicht gehört, weil sie weiter in ihrem Wahnsinnstempo hüpfte, trat und sprang. Doch kurz darauf sagte sie, immer noch, ohne mich anzusehen, in ihrem schleppenden Südstaatentonfall: »Ist das nicht offensichtlich?« Wahrscheinlich war es das.

Lacey, die sehr beliebt war und lange im Club arbeitete, spendete den jungen Frauen um sich herum, die oft verwirrt oder müde waren, sanften christlichen Rat. Immer noch sehe ich sie vor meinem inneren Auge, wie sie ruhig in dem hektischen Getriebe der Garderobe sitzt und ein wunderschönes Bild abgibt; ganz heiter, gelassen und im Reinen mit Christus, den sie mehr liebte als ihr Leben. Sie war mit den engen Beschränkungen und der strikten Moral einer schwarzen Baptistenkirche aufgewachsen, die paradoxerweise befreiend auf sie gewirkt hatten.

Man fragt sich vielleicht, wie eine so religiöse Frau dazu gekommen war, ein Leben als Berufsstripperin zu führen. Lacey war – denn so sah sie es – gesegnet mit den gewaltigsten Brüsten, die ich je gesehen habe. Tatsächlich hinderte ihre enorme Oberweite sie daran, ein normales Leben zu führen. Einmal fragte ich sie, ob es sie nicht wütend mache, dass sie ohne eigene Schuld dazu gezwungen sei, ein Leben zu führen, das viele als unmoralisch betrachten würden. Sie wirkte ehrlich überrascht. »Der Herr hat mir die hier geschenkt«, erklärte sie und schob ihre kleinen Hände unter die Fleischberge, die ihr Kopfschmerzen, Rückenschmerzen und Ausschlag bescherten. Indem sie ihre Brüste gen Himmel hob zum Zeichen, dass sie an ihren göttlichen Ursprung glaubte, fuhr sie fort: »Er hat mir die hier geschenkt, damit ich Liebe verbreiten kann. Und dann gab er mir diesen Job, damit ich im Leben klarkomme.« Ihre Dankbarkeit war rührend. Liebe zu verbreiten war ihr größtes Talent. Ich habe viele Erinnerungen an sie, wie sie, vor Warmherzigkeit überfließend, den Befehl ihres Herrn erfüllt und die Mühseligen und Beladenen tröstet und sogar die, die gerade an einem akuten Anfall von Zickigkeit leiden. Dann legte sie, selbst so nackt und goldbraun wie der Einband eines Gesangbuchs, die Hand auf ein nacktes Knie, beugte sich vor, sah dem Mädchen in die Augen und sagte: »Kind, glaub einfach an Gott, und alles wird gut.«

Nur diese Art von Mitgefühl und Fürsorglichkeit versetzten mich in die Lage, mehrere Jahre in diesem Geschäft zu bleiben. Unter den Kunden gab es wirklich einige positive Ausnahmen: Da war zum Beispiel der Mann, der in eine der Privatkabinen kam, von denen die Bühne umgeben war, dort einen Striptease für die Tänzerinnen aufführte und dabei schelmisch grinsend sein winziges Hinterteil schwenkte; oder der Kunde, der Gedichte für die Frau schrieb, die für ihn tanzte, und dann seinen kleinen Notizblock an die Glasscheibe hielt, damit sie seine blumigen Lobpreisungen lesen konnte, bevor der Sichtschutz herunterging. Doch die Arbeit hatte auch gewaltige Schattenseiten. Viele Besucher waren gleichgültig oder sogar grausam. Diese Männer kamen herein und begannen, die Frauen auf der Bühne – für gewöhnlich vier bis sechs – in Augenschein zu nehmen, um sich eine auszusuchen. Wenn eine Tänzerin, die der Mann nicht leiden konnte, ihn zu unterhalten versuchte oder ihm unabsichtlich die Sicht verstellte, beschimpfte er sie obszön und wedelte wild mit den Armen, damit sie aus seinem Blickfeld verschwand. Es machte mich wütend, wenn ich hörte, wie Männer Lacey anschrien, sie solle »ihre Riesentitten aus dem Weg schaffen« oder eine junge Mutter anbrüllten, ihren »fetten Arsch zu bewegen, damit ich den scharfen Feger da hinten sehen kann«. Die meisten Tänzerinnen entwickelten ein dickes Fell und ließen die Worte und Gesten an sich abprallen. Einige außerordentlich geduldige Frauen versuchten, nett zu diesen Männern zu sein, denn wie sie mir erzählten, waren sie der Ansicht, dass sie weibliche Zuwendung brauchten, um sich besser zu fühlen und dann hoffentlich auch besser zu benehmen. Ich kann gar nicht zählen, wie oft Lacey »tut mir Leid, Schätzchen« zu einem Mann sagte, der sie mit Beschimpfungen überhäufte und sie aller möglichen eingebildeten körperlichen und moralischen Mängel bezichtigte. Selbst in meiner Naivität war mir klar, dass sie es ernst meinte.

Noch schlimmer als die Ablehnung dieser Männer war es, wenn sie verlangten, eine Frau, an der sie interessiert waren, zu inspizieren, als wäre sie ein Auto, über dessen Kauf sie nachdachten. »Beug dich vor und mach die Beine breit«, sagte ein solcher Mann beispielsweise unverblümt. »Ich will sehen, wie groß deine Pussi ist.« Sobald er dann erst die Hosen bis auf die Knöchel heruntergelassen hatte und heftig masturbierte – das unvermeidliche Ende dieser Zirkusvorführung –, brüllte er der Frau oft Anweisungen zu: Setz dich so hin, fass dich so an, saug an deinen Brüsten, küss eine andere Tänzerin. Über ihre Existenz als Lustobjekt hinaus hatte er keinerlei Gefühl für die Frau. Als ich später Beschreibungen über autistische Menschen las, die bekannt für ihre emotionale Distanziertheit sind, dachte ich darüber nach; aber die Männer, die ich bei solchen Handlungen beobachtete, waren Familienväter, die angeblich ihre Ehefrauen und Kinder liebten. Diese »respektablen Bürger« waren Ärzte, Anwälte, Stadträte. Ich dagegen befand mich erst in den Anfangsetappen einer Entwicklung, in deren Verlauf ich lernen sollte, offen auf andere zuzugehen, aber ich versuchte immer zu zeigen, dass mir die Frauen, mit denen ich zusammenarbeitete, etwas bedeuteten.

Als ich später die Gorillas beobachtete, die hinter Glas lebten, wurden mir die Parallelen bewusst: Zootiere wie Tänzerinnen werden zur Schau gestellt und sind hässlichen Worten und grotesken Fehlurteilen ausgesetzt.

Nähere Überprüfung

Durch die Art meiner Arbeit und die Menschen, mit denen ich jetzt in Kontakt kam, wurde ich während meiner Jahre als Tänzerin mit meinen aufkeimenden sexuellen Gefühlen konfrontiert. Viele Menschen glauben wahrscheinlich, dass Striptease-Tänzerinnen sexuell sehr aktiv sind und bei jeder Gelegenheit wilde Orgien mit Männern feiern; doch in Wirklichkeit hatten viele meiner Kolleginnen, die sich als heterosexuell verstanden, kaum jemals das Bedürfnis nach Sex. Ich vermute, dass Sex nach der Arbeit sozusagen nicht mehr so spannend war, nachdem man acht Stunden lang den Kunden beim Onanieren zugesehen hatte. Aber ich bin mir sicher, dass die meisten von ihnen jeden Mann geheiratet hätten, der eingewilligt hätte, ihnen häufig die Füße zu massieren, ohne etwas dafür zu verlangen.

Andererseits – und das ist nicht allgemein bekannt – sind viele Berufsstripperinnen lesbisch und waren es bereits, bevor sie mit dem Tanzen begannen. Im Rückblick würde ich sagen, dass von den Tänzerinnen, die in dem Etablissement arbeiteten, zu jeder Zeit etwa ein Drittel bis die Hälfte sich als lesbisch betrachteten. Vielleicht hielten sie den Job besser aus, weil sie ihn nicht mit nach Hause zu nehmen brauchten und er ihre Liebesbeziehung nicht so berührte, als hätte daheim ein Mann auf sie gewartet. Möglicherweise konnten sie sich auch besser distanzieren, weil sie Männer aus ihrem Intimleben verbannt hatten und daher das Gefühl hatten, dass sie weniger Macht über sie ausübten und sie nicht so persönlich verletzen konnten wie die heterosexuellen Tänzerinnen. Aber andererseits mussten sich lesbische Frauen auch auf so mannigfaltige Weise gegen die Umwelt durchsetzen, dass das Tanzen vielleicht noch ihr kleinstes Problem war. Genau weiß ich es immer noch nicht.

Warum auch immer, jedenfalls arbeitete eine große Zahl von Lesben als Tänzerin, und ich war ihre Kollegin. Wie schon erwähnt, hatte ich während der ersten Jahre, in denen ich allein lebte, entdeckt, dass meine Distanziertheit in die Zeit passte – die ichbezogene Generation der Achtzigerjahre – und die Illusion nährte, ich sei äußerst cool. Eine weitere Komponente meiner »geheimnisumwitterten« Ausstrahlung war mein Äußeres: Ich trug Lederjacken, weil ihr Gewicht und ihre Dicke mich beruhigten, dunkle Sonnenbrillen, oft sogar bei Nacht, weil sie einen Teil der Reize ausschlossen, die auf mein Nervensystem einwirkten, und schwere Stiefel, die mir ein sicheres, geerdetes Gefühl verliehen, wenn ich darin herumstapfte. Ich muss wie die perfekte erfahrene maskuline Lesbe gewirkt haben, obwohl ich mich in Wirklichkeit vor lauter Angst und Verwirrung verschloss und deswegen diesen Panzer trug.

Wieder und wieder kam es vor, dass eine Kollegin oder eine Frau, die ich in anderen Clubs traf, mich buchstäblich an die Wand drückte und mir leidenschaftliche Avancen machte. Dieses Phänomen erstaunte mich immer wieder, obwohl ich stolz darauf war, dass ich diese Überfälle schließlich manchmal vorausahnen konnte. Sie besaßen auf jeden Fall eine gewisse ungezähmte Kraft und waren so intensiv, dass ich mich überfordert und erregt zugleich fühlte. Wenn ich wusste, dass ein solcher Ausbruch unvermeidlich war, prickelte meine Haut, so als würde ich berührt, bevor ich tatsächlich mit fremden Händen zu tun bekam, ein Erlebnis, das im Abstrakten angenehmer war als in der Realität.

In meiner engen Welt allerdings schenkte mir diese Erfahrung von Macht das Gefühl, wenigstens etwas in meinem Leben unter Kontrolle zu haben. Obwohl ich unbeholfen war und lange Zeit erfolgreich die sexuellen Avancen der Frauen zurückwies, bewog mich die Empfindung von sexueller Macht und Kontrolle, dieses Phänomen gründlicher zu erforschen. Ich beschloss, das beste Sexualobjekt zu werden, das eine Frau sich nur erträumen konnte.

Ich sah erotische Videos an, las alle möglichen Ratgeber, hörte den Frauen in der Garderobe hinter der Bühne zu, wenn sie darüber redeten, was sie an einer Liebhaberin wirklich gern mochten, und quetschte sie darüber aus, was beim Sex mit Frauen funktionierte und was nicht: Wie stellten sie sich perfekte Romantik vor? Was erweckte in ihnen den Wunsch, einer anderen Person so vollständig die Kontrolle zu überlassen? Was hatte ihnen bisher immer an einer Partnerin gefehlt? Was wollten sie gern hören? Die Frauen staunten darüber, wie gründlich ich sie ausfragte, aber ich tat dies, weil ich mir jede einzelne Information einprägen wollte.

Bei einer Reihe von Begegnungen mit begehrlichen Frauen schöpfte ich aus den Protokollen, die ich angehäuft hatte, und wendete mein Wissen an. Und ich war so erfolgreich bei der praktischen Umsetzung, dass es sich herumsprach. Bald sah es so aus, als hätte eine ganze neue Welle leidenschaftlicher Frauen von meinen Glaubenssätzen erfahren, dass nämlich:

(a) sexuelle Aktivitäten zwischen vier und acht Stunden dauerten,

(b) mein einziges Ziel die absolute Erfüllung der Bedürfnisse der Frau sei,

(c) es beim Sex meine Pflicht sei, meiner Partnerin das Gefühl zu geben, sie sei schöner und begehrenswerter als jemals zuvor;

und außerdem

(d) meine eigene Lust bedeutungslos sei.

Genau genommen fand ich, dass die meisten Vergnügungen letztendlich irrelevant waren; aber offensichtlich war Lust für die Menschen in meiner Umgebung so bedeutsam, dass ich sogar schon damals wusste, dass mir etwas entging. Von einem philosophischen Standpunkt aus gestand ich zu, dass Genuss Menschen glücklicher und entspannter machen konnte, und sogar idealerweise zu besseren Denkern und besseren Menschen. So gesehen fühlte ich mich verpflichtet, dafür zu sorgen, dass meine Partnerin ein Maximum an Glück erlebte.

Ich war noch extrem naiv, als Frauen begannen, mir unerwartete leidenschaftliche Anträge zu machen. Seit langem war ich ein erklärter Fan von Literatur, in der es um die Themen Liebe und sexuelle Leidenschaft ging; so hatte ich mit zwölf *Lady Chatterley* gelesen, und der Roman blieb viele Jahre lang wegen seiner Naturschauplätze und der einfachen, wahren Liebe eines meiner Lieblingsbücher. Daher glaubte ich bei meinen ersten sexuellen Erfahrungen aufrichtig, dass die jeweiligen Frauen verliebt in mich seien. Obwohl ein Teil von mir sich abgestoßen fühlte, frohlockte ein anderer Teil von mir und war überzeugt davon, dass ich endlich um meiner selbst willen geliebt wurde: Irgendwie hatten diese Frauen mein »wahres Selbst« gesehen, das für die Welt so ganz unsichtbar war.

Natürlich hatten sie alles andere als das im Sinn. Ich ging von der Annahme aus, dass sie mit mir zusammenleben oder eine ausschließliche Beziehung führen wollten. Aber während ich noch überlegte, was ich tun könnte, damit sich unser Verhältnis reibungslos entwickelte, waren sie schon zu einer neuen Eroberung weitergezogen, um ihr sexuelles Vergnügen zu suchen. Insbesondere an einen Vorfall erinnere ich mich. Eine der ersten Frauen, die ich in Seattle kennen lernte – diejenige, die mir den Termin zum Vortanzen besorgt hatte –, packte mich, als wir in einem Club waren, beim Kragen und begann mich leidenschaftlich zu küssen. Ich protestierte nicht, und sie zerrte mich zu sich nach Hause. Gehorsam folgte ich ihr. Nachdem wir die Nacht zusammen verbracht hatten, kam ich nicht einmal auf die Idee, dass wir jetzt kein Paar wären.

Als ich ein paar Tage später sah, wie sie mit einer anderen tanzte und sie genauso küsste, war ich schockiert. Aber ich marschierte auf das sich wiegende Paar zu und fragte: »Hmm, also was dachtest du, wann ich bei dir einziehen soll?« Wenn ich an die Gesichter denke, die die beiden zogen, als sich der Nebel um sie herum lichtete und ich in ihr Blickfeld rückte, dann vermuteten sie wahrscheinlich, dass ich einen merkwürdigen Witz machte. Ich war natürlich vollkommen verwirrt und verletzt. Zu solch krassen Missverständnissen kam es mehrmals mit Frauen, die daraus, dass ich für gewöhnlich Leder trug, schlossen, dass ich mich für Sadomasochismus interessierte. Als mich zum ersten Mal eine Partnerin im Taumel der Leidenschaft bat, ihr irgendwie weh zu tun, war ich schockiert und betrübt. Mir waren solche Wünsche unangenehm, weil sie mich in einen Konflikt zwischen zwei Anliegen brachten, nämlich auf der einen Seite meiner Partnerin zu Gefallen zu sein, und ihr auf der anderen kein Leid zuzufügen. Und da saß ich dann und versuchte sie durch logische Argumente zu überzeugen, ihr jedem Instinkt widersprechendes Verlangen nach Schmerz aufzugeben und in einer konservativeren Beziehung zur Ruhe zu kommen. Wenn ich mich persönlich für diese Option zur Verfügung stellte, erntete ich ungläubige Blicke von diesen Hardcorefrauen, die nur wollten, dass ich sie fesselte, sie an ihre körperlichen Grenzen trieb, Sex mit ihnen hatte und auf dem Weg nach draußen das Licht ausmachte.

Die Erinnerung erfüllt mich noch heute mit Trauer. Bei den meisten dieser Frauen hatte ich das Gefühl, sie seien zutiefst verstört und verletzt. Und bei all den Erfahrungen, die ich machte, verwechselte ich die Lust der Frauen mit Liebe und beging bei jedem sexuellen Erlebnis den unschuldigen Fehler zu glauben, ich hätte jemanden gefunden, der mich liebte.

Tatsächlich basierte dieser Fehler auf mehreren Faktoren, die mich bis heute vor Probleme stellen. Zum Ersten neige ich dazu, Bilder für bare Münze zu nehmen. Wenn in populären Filmen jemand das Objekt seiner Begierde verführt, dann, weil er oder sie sich so nach ihm gesehnt hat, dass er es nicht länger ohne den anderen aushält. Dass die beiden bis an ihr Lebensende glücklich zusammenleben, ist dann natürlich eine ausgemachte Sache.

Zweitens empfand ich zwar niemals Liebe für diese Frauen, aber ich hatte das Gefühl, es sei irgendwie ehrenhaft, die Sache bis zum Ende durchzuspielen. Ich hatte das Gefühl, so vollständig von der Realität abgelöst zu sein, als wandle ich in einem Traum. Oh, dachte ich bei mir, das werde ich also jetzt tun. Ich werde mit dieser Frau zusammenleben, und wir werden ein Paar sein. Interessant. Drittens war meine Vorstellung von der Zukunft praktisch völlig unterentwickelt. Wenn sich etwas im Moment auf eine bestimmte Weise verhielt, konnte ich mir nicht vorstellen, dass das irgendwann anders sein könnte. Wenn eine Frau zu einem bestimmten Zeitpunkt unbedingt meine Gesellschaft wünschte, konnte ich mir nie einen Begriff davon machen, dass sich das jemals ändern würde. Genau diese Unfähigkeit, Gegenwart und Zukunft als einen Prozess zu sehen, war ein weiterer Stolperstein bei meiner Ausbildung und auf anderen Gebieten meiner Entwicklung. Dieses Fehlen eines Zukunftsbegriffs ist möglicherweise zum Teil verantwortlich für die Temperamentsausbrüche, mit welchen viele Autisten kämpfen und die die Beziehungen erschweren können.

Bei den wenigen meiner Beziehungen, die länger als ein paar Wochen dauerten, trat dieses »Zukunftsproblem« auf andere Weise auf und zerstörte wiederum ihren verheißungsvollen Beginn. Wenn ich mit meiner Partnerin zankte, konnte ich mir keine Zukunft vorstellen, in der ich *nicht* mit ihr streiten würde, und ich glaubte, dass zwischen uns beiden nichts mehr zu retten sei. Angesichts dessen, was ich als mein Scheitern empfand, bekam ich Wutanfälle, die natürlich genau das hervorriefen, was ich befürchtete.

Ich habe inzwischen gelernt, dass gesunde Menschen zutiefst fasziniert von Persönlichkeiten sind, wie ich sie darstellte, und in ihren Reaktionen zwischen Anziehung und Abscheu schwanken. Seit langem bin ich ein treuer Fan der Gestalt der Seven of Nine aus der Serie *Stark Trek – Voyager*, da ich mich stark mit ihr identifiziere. Sie war einst als kleines Mädchen von einer Rasse, die als Borg bekannt ist, »assimiliert« worden. Dieses Volk entwickelt und verbreitet sich, indem es andere Wesen in ein sehr effektives kollektives Bewusstsein absorbiert. Seven of Nine wurde zu einem Organismus umgeformt, der zum Teil Maschine und zum Teil Mensch ist. Sie denkt äußerst rational und konzentriert sich auf die Harmonie des Kollektivs, das ihr Talent zur Präzision und ihre intellektuelle Kapazität bis zum Äußersten ausnutzt. Schließlich wird sie von der Kommandantin der *Voyager* gerettet. Der weibliche Kapitän ist entschlossen, »ihr die Menschlichkeit wiederzugeben«. Das Leid, das Seven of Nine daraufhin zu ertragen hat, ist herzzerreißend. Sie hat von sich aus keinen Begriff von sozialen Regeln und versteht nicht, warum es wichtig ist, das Glück des Einzelnen über das Ganze zu stellen, oder warum Individualität höher bewertet wird als Effizienz und Pragmatismus. Ich kann jeden ihrer Schnitzer und alle ihre vernichtenden Niederlagen nachempfinden, und ich glaube, dass wir dieselbe Art von Unschuld und Weisheit besitzen.

Wie Seven of Nine stelle ich fest, dass ich nur teilweise »menschlich« und zu einem großen Teil etwas ganz anderes bin. Die sozialen Anforderungen des normalen Lebens überfordern mich, und ich bin einsam. Oft verstehe ich nicht, warum Menschen tun, was sie tun, warum sie bestimmte Dinge mögen, und bemerke die schreiendsten gesellschaftlichen Widersprüche nicht. Ich habe keinen Begriff von den eigenartigen Ritualen, die mit gegenseitiger Anziehung verbunden sind, oder davon, warum Menschen so besessen von bestimmten körperlichen Eigenschaften sind.

Es ärgert mich immer, wie Seven of Nine von denen, die nur auf den engen Sitz ihres einteiligen Bioanzugs schielen und darauf, wie er ihre schlanken, statuengleichen Formen betont, zum Objekt degradiert wird. Jeder scheint darauf aus zu sein, sie zu einem geistlosen Sexspielzeug zu machen. Ihre kühle Geradlinigkeit, ihre offenkundige intellektuelle Brillanz und ihre Sensibilität erwecken in ihnen nur die Begierde, sie diese Charakterzüge in einem Aufwallen unkontrollierter Lust verlieren zu sehen. Stattdessen sollten sie sich inspiriert fühlen, die Schönheit zu sehen, die in ihrer Distanz liegt.

Aus demselben Grund betrübt es mich, auf meine ersten Beziehungserfahrungen zurückzublicken. Die Menschen scheinen immer genau die Teile meines Ich zerstören zu wollen, die sie anfänglich zu mir hingezogen haben. Mir kommt es irrational vor, Fantasien darüber nachzuhängen, wie man ausgerechnet die Eigenschaften, die Personen wie mich oder Seven wirklich schön machen, vernichtet. So ähnlich, wie sich die Seven in der Serie gefühlt haben muss, hatte ich oft die Empfindung, ohne Aussicht auf ein Ende in einem außer Kontrolle geratenen Raumschiff durch das kalte All zu treiben; ohne den Trost eines lebendigen Spiegels für meine Seele oder die Wärme einer Gefährtin, die mich liebt, weil sie mich durch und durch versteht.

Vieles von dem, was ich hier berichte, hat sich zugetragen, bevor die Gorillas in mein Leben traten. Noch schlief mein Herz. Sex war für mich eine Übung, die zu bewältigen war, etwas, das sich für eine quantitative Beurteilung, Verbesserung und ... Perfektion anbot. In dieser Situation war es mein Ziel, eine makellose Vorstellung abzuliefern, effizient zu sein und meiner Partnerin keinen Anlass zu Frustration oder Klagen zu geben. In der Frühphase dieses Experiments ging mir der Gedanke durch den Kopf, dass ich, nachdem ich dieser Frau soeben jeden Wunsch erfüllt hatte, ebenfalls Gelegenheit haben sollte, meine Bedürfnisse zu befriedigen – die im Übrigen eher intellektueller als sexueller Natur waren. Einmal lag eine Frau in meinen Armen, nachdem wir uns stundenlang geliebt hatten, und wir sahen zu, wie die Sonne aufging. »Weißt du, was Plato über Formen sagt?«, fragte ich. »Nein«, antwortete sie, »aber ich weiß, was ich von deinen Formen halte.« Ich schob sie weg, um einen Kuss abzuwehren. »Nein, wirklich. Was hältst du von der Idee, dass es zeitlose Entwürfe für alle Dinge gibt?« Angewidert verzog sie den Mund. »Du bist komisch«, sagte sie.

Also ging ich weiterhin solche oberflächlichen Beziehungen ein, ohne wirklich beteiligt zu sein, ohne etwas zu empfinden, obwohl manchmal meine Langeweile, gemischt mit einem Aufwallen von Panik angesichts eines so nahen körperlichen Kontakts, in mir das Gefühl hervorrief, ich sei eine Art Automat. Vielleicht war das alles, was die Frauen wollten. Die meiste Zeit war es mir egal.

Aber ab und zu sehnte ich mich nach einem Menschen, der den Schlüssel finden und mich endlich von der mechanischen Sexualität befreien würde, die ich als Schutzwall um meine Emotionen aufgebaut hatte, der mir Gefühle schenken würde. Ich wünschte mir jemanden, der mir helfen würde, zu vergessen, wo ich war, und loszulassen. Ich wollte mich in einen ganz besonderen Menschen verlieben und dieser Person zwischen Atemzügen und Herzschlägen meine Liebe und mein Leben schenken.

Ich wollte die Augen schließen und mich verlieren, mich ergeben und mich jemandem ausliefern, der mich liebte, wirklich um meiner selbst willen liebte. Ich wollte Gott sehen. Ein paar kurze Augenblicke lang wollte ich Gott im Gesicht meiner Geliebten und in meinem eigenen Körper sehen; Gott überall pochen, pulsieren und leben sehen, so wie andere Menschen das taten. Dazu wäre nur nötig gewesen, dass jemand sanft meine Hand berührte und es ehrlich meinte.

Aber das geschah nie. Gott enthüllte sich nicht.

Ich tanzte weiter.

Leise Melodien

Ein weiterer positiver Aspekt der Arbeit als Tänzerin war, dass die Leitung sehr auf Bildung hielt. Die Managerinnen besuchten politische Versammlungen, wo man sich für die Rechte der »Sexarbeiterinnen« einsetzte, und hatten begonnen, einige der Frauen beim Besuch des Colleges zu unterstützen – und sie stellten Kranken- und Zahnversicherung, was in den Vereinigten Staaten wahrlich keine Selbstverständlichkeit ist. Besonders große Bewunderung hegte ich für eine Frau, die sich durch das Tanzen ihr Medizinstudium finanzierte. Selbst wusste ich nicht, was ich mit meinem Leben anfangen sollte, aber ich bewunderte Frauen, die etwas lernten.

Um diese Zeit geschah etwas Wunderbares, etwas, mit dem ich nie gerechnet hätte. Ich hasste die Großstadt und sehnte mich nach der Natur. Seit meiner Kindheit hatte ich mich nur dort wirklich wohl gefühlt. Als ich obdachlos und abgebrannt war, hatte ich versucht, mir den Zutritt in den städtischen Zoo, der für einen Zoo wirklich groß und naturnah angelegt war, zu erbetteln, aber nie hatte man mich eingelassen. Nachdem ich lange genug in diesem Job gearbeitet hatte, um einigermaßen wieder zu mir zu kommen, kehrte meine Sehnsucht nach Bäumen und Tieren mit ungeahnter Heftigkeit zurück, und ich erinnerte mich an meinen Traum, einmal einen Tag im Zoo zu verbringen. Ich ging hin, und dieses Erlebnis sollte den Rest meines Lebens verändern.

Die Lieder des Gorillavolks

5

Musik hinter dem Trennglas

An dem Tag, als ich mir zum ersten Mal ein Mittagessen einpackte und allein in den Zoo ging, fühlte ich mich plötzlich wie befreit. Ich war in der Lage, eine Wahl darüber zu treffen, wohin ich ging und wie lange ich mich dort aufhielt. Ich konnte mich dafür entscheiden, den Schmutz, den Lärm und den Gestank der Stadt hinter mir zu lassen und an einen Ort zu entfliehen, wo weder in mir selbst noch in meiner Umgebung Unheil oder Gefahr lauerten.

Für jemanden, der daran gewöhnt ist, aktiv Entscheidungen zu treffen, mag das eigenartig klingen; aber ich war mir bis zu diesem Punkt in meinem Leben überhaupt nicht bewusst gewesen, dass ich mich für eine bestimmte Handlungsweise entscheiden und zulassen konnte, dass diese Entscheidung gut für mich war. Das Leben war etwas, das sich meiner Kontrolle entzog: Ständig war ich in einem Strudel aus Lärm, Farben, Gerüchen und Gefühlen gefangen. Sie peitschten mein Bewusstsein voran, und mein Körper folgte ihnen. Menschen und Ereignisse waren etwas, das man überleben musste; und währenddessen gab es kein Ausruhen, um zu planen, nachzudenken oder Meinungen oder Wünsche bezüglich der Zukunft zu hegen. In den Zoo zu gehen war ein ganz einfacher Akt, einer von tausenden, den viele Menschen als selbstverständlich betrachten, und doch sollte diese eine Entscheidung sehr rasch die Form, die Struktur und den Inhalt meines Lebens prägen.

Ich weiß noch, wie nervös ich war, als ich mich dem Kartenschalter näherte und mein Geld abzählen und mit der Kassiererin reden musste. Immer wieder sagte ich mir, wenn ich es über diesen Punkt hinweg schaffte, würde mir der ganze Tag mit seinen Zähnen, heißem Fell und üppigem Grün gehören wie ein knurrendes, sprießendes Freudenfest. Ich wusste, dass es im Zoo Geheimnisse für mich zu entdecken gab.

Die rastlose Warteschlange hinter mir schob mich voran, und endlich war ich frei und glitt langsam dahin wie ein aufgewühlter Fluss, der endlich in einem friedvollen Ozean zur Ruhe kommt. Es regnete, und die schweren Tropfen klatschten auf die ausgestreckten Zweige der Eichen und Birken, um dann herabzurinnen zu den durstigen Beerenbüschen und Grashalmen, die hier und da zwischen ihnen wuchsen. Raben hießen mich kreischend willkommen und erzählten mir alle Neuigkeiten, die ich verpasst hatte, während ich nicht bei mir selbst war. Ich fühlte mich wie neu geboren.

Ich besuchte die Löwen und die Kängurus, die Fledermäuse und die Pinguine. Ich sah Pferde und Nilpferde, Meerkatzen und Pumas, Giraffen, Büffel und Elefanten. Ich nahm mir Zeit und ließ mein müdes Herz entscheiden, wohin ich ging. Dabei war ich mir eines gewissen Gefühls von wachsender Erwartung bewusst. Dann verbreiterte sich der Weg plötzlich hinter einer Biegung, in der er unter ein paar niedrigen Bäumen steil abfiel, und mündete in eine Grotte.

Dort stand eine Bank. Sie war nass, wo Wasser, das von der Decke lief, darauf getropft war. Ich setzte mich auf die feuchte Bank und sog das Grün ein, spürte den kühlen, reinigenden Regen. Mit geschlossenen Augen lauschte ich auf das leise Tropfen und Rinnen des Wassers. Hier war alles menschenleer, aber … Ich riss die Augen auf, und dann sah ich sie, durch Glasfenster und Dunst. Schwarz und massiv und zeitlos saßen Gorillas in den wabernden Nässeschleiern. Sie sahen mich nicht an, weil es regnete und sie ihr Leben mit Warten zubrachten, aber sie wussten, dass ich da war. Ich saß ganz still. Ganz still. Eine Stunde, zwei Stunden, drei. Ich saß ganz still.

Sie sahen weder einander an noch mich. Stattdessen betrachteten sie *alles zugleich*. Sie waren so unaufdringlich und ruhig, dass ich das Gefühl hatte, zum ersten Mal in meinem ganzen Leben andere anzuschauen, wirklich zu sehen, ohne handeln zu müssen, frei von dem Druck durch ohrenbetäubende, durchdringende Geräusche, grelle Blicke und die unangenehme Nähe, die ich in Gesprächen mit Menschen erlebte. Doch diese gefangenen Wesen sprachen leise. Ihre Körper waren poetisch, ihre Gesichter und ihre Tänze waren poetisch, und sie spannen Gespräche aus Feuchtigkeit und Duft, aus dem Boden und aus der Vergangenheit. Sie waren wie ich.

Sie brauchten ihren Blick nicht zu verengen und die Welt in Bruchstücke zu schneiden. Genau hinzuschauen hätte sie am Sehen gehindert, sie von den beweglichen, atmenden Teilen der Welt getrennt und die Welt flach und wertlos gemacht. Und so verbrachten wir den ersten Tag damit, zu sehen, ohne hinzuschauen, uns zu verstehen, ohne zu sprechen. Wir schrieben Poesie mit unserem Leben und lasen sie wie ein Flechtwerk.

Nach diesem Tag kehrte ich mindestens einmal pro Woche in den Zoo zurück und saß stundenlang schweigend bei den Gorillas. Ich stand die Busfahrt und den Kartenschalter durch, weil ich wusste, dass mich nach der Anspannung eine herrliche Belohnung erwartete.

Ich erzählte niemandem, dass ich in den Zoo ging; das war meine geheime Welt. Und noch lange Zeit sollten meine Besuche kein anderes Ziel haben, als ein Geheimnis zu hüten und dort zu sitzen. Mich sicher zu fühlen und zur Ruhe zu kommen. Es war, als ginge ich dorthin, um tief durchzuatmen, jede Woche einmal und immer tiefer; Luft einzusaugen und wieder hervorzustoßen in einem Rhythmus, der so langsam und uralt war wie die Zeit selbst. Ich saß auf der kleinen Holzbank in der Grotte, die die Außenwelt mit der Zuflucht der Gorillas verband.

Ich begann, die Jahreszeiten dieses Ortes zu erfassen: das Kommen und Gehen der Insekten, die winzigen Schleimspuren der Nacktschnecken und die kleinen Pfotenabdrücke, die auf dem Pergament aus rotem Staub eine Geschichte erzählten. Ich begann, die Kälte des grauen Himmels und die Hitze der summenden Bienen und der honigtriefenden Blumen zu verstehen. Eine urtümliche Stille erwachte hier zum Leben, wenn die Menschen, die herumliefen und starrten, fortblieben und diesen Platz älteren Dingen überließen. Ich betrachtete diese Lebenszeichen, als ginge ich mit den Augen auf Pfaden durch wilde Bücher und Papier und webte Verständnis zwischen Worten, die in den Staub geschrieben waren, in Augen geschrieben, und bahnte Pfade zwischen Glas und Gorilla und forderte meine Heimat unter den Wesen zurück.

Ich atmete. Ich begann aufzuwachen. Meine Seele, die ich vergessen hatte, reckte sich und gähnte, und mein Erwachen währte Monate und Jahre. Jeden Frühling erwachte ich ein wenig mehr, und in jedem Winter, der mich umarmte, fand ich Rast für meine Müdigkeit. Jeden Herbst schüttelte ich mehr von meinem vielfarbigen Panzer ab. Im Summen des Sommers gewann ich Klarheit. Ich öffnete die Augen. Ich öffnete mich selbst. Ich begann, Dinge zu sehen. Ich bemerkte, wie ähnlich die Gorillas und ich uns waren. Manchmal war ich von Freude erfüllt und hätte am liebsten geschrien: »Unter uns sind noch andere wirkliche und sanfte Lebewesen! Die Menschheit ist nicht allein! Schaut nur, schaut!« Stattdessen blieb ich still und schrieb über die Gorillas, Bände über Bände. Aber ich zerriss alles und warf es weg, weil alles zu privat war und ich den Gedanken nicht ertragen konnte, jemand könnte es sehen.

Während ich in Traurigkeit schrieb, beobachtete und studierte, begann ich die Gorillas langsam zu verstehen und identifizierte mich mit ihnen auf eine Weise, wie andere Menschen es gerade *nicht* taten. Tatsächlich sprangen sie so mit den Gorillas um, wie ich mein Leben lang behandelt worden war. Als ich dies entdeckte und Zeugin solcher Auftritte wurde, fand ich mich oft von Gefühlen überschwemmt, die den winzigen, beginnenden Funken meiner Hoffnung, auf neue Weise zu Menschen in Beziehung zu treten, zu ertränken drohten.

»Pass auf, Cindy! Diese Viecher werden dich fressen, wenn sie dich zu fassen bekommen!«, sagt ein grinsender Mann und stopft sich einen Hot Dog ins Gesicht. Ein kleines Mädchen rennt an seine Seite und schaut, verborgen hinter einem Zipfel seines Mantels, misstrauisch die ruhig dasitzenden Gorillas an. Das Mädchen wartet nur darauf, dass der Mann ihre Befürchtungen zerstreut, doch der jagt ihr weiter Angst ein. »Die Gorillas können Löwen töten und fressen. Hab ich mal in einem Buch gelesen.« Das Mädchen speichert diese Information ab, macht sie sich zu Eigen. Sie hat DIE WAHRHEIT gehört. Der Mann wischt sich den Mund mit einer Serviette ab, knüllt sie zusammen und lässt sie auf den Boden des Gorillahauses fallen. Der Mülleimer steht einen Meter weiter. »Gott, sind die träge!«, sagt er. »Steht auf und macht etwas!«, schreit er die Gorillas an.

»Yeah! Steht doch auf und tut was!«, brüllt ein Halbwüchsiger. Die Gorillas sitzen einfach da. Sie ignorieren ihn, halten aus, überdauern. Sein Geschrei ist ohrenbetäubend. Es betäubt. Ich bin taub. Er und sein Freund gehen zum Glas und klopfen. »Hey!« Sie bollern dagegen. Sie machen einen taub.

Sie donnern auf das Glas ein, auf unsere Körper. Ich sitze da. Ich ignoriere sie, halte aus, überdaure. »Die sind doof! Mensch, mit denen kann man nichts anfangen. Die sind einfach nur blöd.«

Die Gorillas sprechen die menschliche Sprache nicht, sehen nicht wie Menschen aus und bewegen sich nicht wie Menschen. Sie sind dumm.

Deswegen sind Gorillas auch gefangen. Aus diesem Grund werden Verrückte eingesperrt. Wir sind Tiere, die eure Sprache nicht sprechen, nicht so aussehen wie ihr, sich nicht richtig bewegen. Gefangene stehen unter Beobachtung. Sitzen. Ignorieren. Aushalten. Überdauern.

Für die, die nicht gefangen sind, ist es leicht zu vergessen, dass die Gefangenen Individuen bleiben; Einzelwesen mit einem Namen, einer Familie, die sie braucht, einer Vergangenheit, auf der sie gründen, und einer Zukunft, von der sie träumen. Vielleicht teilen so viele Menschen die gleiche Vergangenheit und haben die gleichen Träume, dass sie vergessen, wie einsam man sich fühlen kann, wenn man eine andere Vergangenheit hat, einen anderen Traum. Ich wusste, wie es war, gefangen zu sein. Ich wusste es, weil ich jetzt mit einem Fuß in der Tür meines Gefängnisses stand und genau wusste, dass der andere für immer drinnen bleiben würde. Ich wollte mich selbst als Person und als Primat kennen lernen, als ein freies und ein gefangenes Wesen, sowohl als Gorilla wie als Mensch, der etwas über Gorillas wissen wollte. Ich begann ihnen zu lauschen.

Zu Hause verschlang ich Bücher und versuchte, so viel ich konnte, über Gorillas zu lernen. Manchmal las ich im Zoo und beobachtete sie gleichzeitig. Besonders interessant fand ich den Umstand, dass die Affen, die wir heute kennen, sich vor etwa fünf Millionen Jahren von der Linie trennten, aus der sich der Mensch entwickeln sollte. Nach den Begriffen der Evolution liegt diese Abspaltung erst kurz zurück und zeigt, dass immer noch eine enge Verbindung zwischen den Völkern der Menschen und der Affen besteht. Und doch hat in dieser kurzen Zeitspanne gerade der Erfolg des Menschentieres – und vielleicht die frühen evolutionären Entscheidungen der Affen – die existierenden Affenpopulationen auf eine klägliche Anzahl und eine begrenzte Verbreitung reduziert. Ich fragte mich, ob noch zu meinen Lebzeiten der letzte der Gorillas dahingehen würde. Der Gedanke bedrückte mich noch über seine offensichtliche Tragik hinaus: Gerade hatte ich mein Volk gefunden, und nun starb es aus. Das würde mein eigenes Ende sein.

Oft fiel es mir schwer, Literatur über Artenschutz zu lesen, weil mich diese Frage so sehr bewegte. Häufig erwachte ich aus schrecklichen Albträumen, in denen ich zusah, wie Gorillas getötet, entführt oder verkauft wurden. Manchmal musste ich mich dann darauf beschränken, wissenschaftliche Abhandlungen zu lesen, bis die Träume nachließen.

Aus der wissenschaftlichen Literatur erfuhr ich, dass man drei Rassen – oder vielleicht, genauer gesagt, drei Stämme – des Gorillavolkes unterscheidet. Sie stammen vermutlich von einer ursprünglich einheitlichen Gruppe ab, die zwischen der afrikanischen Westküste und dem Rift Valley im westlichen Zentralafrika lebte. Während der Eiszeit schrumpften ihre Lebensräume zu bewaldeten Inseln zusammen und isolierten die

Populationen, aus denen sich schließlich die drei heute existierenden Stämme entwickelten. Der westliche Tieflandgorilla bewohnt das westliche Zentralafrika, darunter Kamerun, Äquatorialguinea, den Kongo, die Zentralafrikanische Republik und Gabun. Vertreter dieses Stammes bilden den Großteil der Gorillas, die in Gefangenschaft gehalten werden; auch meine Gorillafamilie gehörte dazu.

Der östliche Tieflandgorilla ist noch im Osten der Demokratischen Republik Kongo und nahe ihrer Grenze zu Ruanda anzutreffen. Der Stamm der Berggorillas bevölkert die Virunga-Vulkane, die im Dreiländereck von Zaire, Ruanda und Uganda liegen. Diese Stämme unterscheiden sich voneinander durch körperliche Attribute wie die Größe, die Farbe, Dichte und Länge des Fells und die unterschiedliche Breite des Gesichts sowie in ihrer Kultur.

Die frei lebende Population der westlichen Tieflandgorillas beläuft sich auf nur zehntausend bis fünfunddreißigtausend Exemplare. Fünfhundert westliche Tieflandgorillas leben in Zoos auf der ganzen Welt. Die Zahl der östlichen Tieflandgorillas ist geringer; die in Freiheit lebende Population macht nur etwa viertausend Exemplare aus. Nur vierundzwanzig leben in Zoos. Am schwersten gefährdet sind die Berggorillas. Auf einem Gebiet von siebenhundertvierzig Quadratkilometern leben nur noch sechshundertvierzig, und keiner in Gefangenschaft.

Die westlichen Tieflandgorillas, die man ihrer Heimat nicht entrissen hat, bewohnen den feuchtwarmen äquatorialen Urwald und halten sich mit Vorliebe an den Stellen im üppigen Unterholz auf, wo Sonnenlicht durch die Baumkronen dringt. In Gebieten, die abgeholzt und kultiviert worden sind, nutzen Gorillas den Sekundärwald und können sogar davon profitieren und ihre Zahl steigern. Doch die Wilderer, die mit dem Straßenbau auftauchen, und die hungrigen Holzfäller, die diese Schneisen schlagen, töten auch alles, was sie zu Gesicht bekommen, wodurch das Vordringen in ihren Lebensraum den Gorillas weit mehr schadet als nützt. Offenes Feld umgibt die Pfade der Gorillas, und sie durchqueren es auch ganz selbstverständlich, bevorzugen aber die Deckung des Regenwalds und die Zone am Waldrand. Hier ernähren sie sich von jungen Trieben, Beeren, Blättern, Stängeln, Nüssen, Moos und manchmal auch Termiten und Ameisen.

Gleich zu Beginn meiner Studien erfuhr ich etwas sehr Wichtiges: Viele Wissenschaftler sind der Meinung, dass Gorillas spirituelle Empfindungen und religiöse Gefühle haben. Ich selbst sah einige Jahre später während eines faulen Nachmittags, wie die Gorillas, die ein Nickerchen gehalten hatten, aufstanden und sich schweigend in der Mitte ihres Geheges versammelten. Sie bildeten einen Kreis, sahen einander einige Momente lang an, wandten sich dann ab und liefen an ihren vorherigen Platz zurück, wo sie weiterschliefen. Ich habe immer geglaubt, dass diese Handlung eine tiefe Bedeutung hatte, aber ich werde wohl nie erfahren, was das war.

Die Gorillas haben eine Kultur, die auf Nahrungspräferenzen und anderen Schlüsselaktivitäten wie zum Beispiel der Zubereitung der Nahrung basiert und diverse Gebiete umfasst. So zeichnen sie mit Stöcken auf dem Boden, und einige in Gefangenschaft lebende Gorillas malen. Anscheinend verfügen sie über einen hoch entwickelten Sinn für Ästhetik. Sie haben individuelle Vorlieben für bestimmte Farben und bilden eine Anhänglichkeit gegenüber bestimmten Gegenständen aus, die sie dann auf ihren täglichen Wegen bei sich tragen.

Ein Gorillaweibchen fing sogar einmal eine Maus, hielt sie sich als Haustier und trug sie in ihrer Leistentasche mit sich herum, einer natürlichen Hautfalte zwischen dem Oberschenkel und dem Bauch eines Gorillas. Schließlich ließ sie das Tier frei. Andere Gorillas haben schon Insekten gefangen und sie auf die gleiche Weise behandelt.

Ich war beeindruckt von der Tiefe und Reichweite ihrer Gefühle, ihren kulturellen Gewohnheiten, ihrer Fähigkeit zur Problemlösung und ihrer natürlichen Sanftheit.

Es erstaunte mich, so viel über die Bedeutung und die positiven Eigenschaften des Gorillavolkes zu erfahren. Obwohl ich selbst in dieser Hinsicht nicht beeinflusst worden war, wusste ich, wie meine Kultur über die Gorillas denkt. Aus historischen Gründen fällt es schwer, in der Öffentlichkeit Mitgefühl für die Not der Gorillas zu erwecken und gegen die Vorurteile darüber, was Gorillas sind und was sie wirklich tun, anzukämpfen. Ein tief im kollektiven Bewusstsein der Bevölkerung verwurzelter Gorillamythos führt dazu, dass die meisten Menschen sie fürchten und sogar verabscheuen, ohne sich von Fakten überzeugen zu lassen. Dieser Mythos entstand schon, bevor jemals ein Weißer einen wilden Gorilla gesehen hatte, und wurde zementiert, als im Westen die ersten Geschichten über direkte Begegnungen auftauchten.

Die weißen Jäger des 19. Jahrhunderts nannten die Gorillas »schwarze Teufel«, und populäre Darstellungen von Gorillas basierten zu dieser Zeit – und häufig auch noch später – auf dem Mythos des Gorillas als blutrünstigem Menschenkiller. Illustrationen aus dieser Periode zeigen überlebensgroße Gorillas in aggressiven Posen, die versuchen, unschuldige Jäger, die sie nicht im Geringsten provoziert haben, Glied für Glied zu zerreißen.

In jüngerer Vergangenheit gab man Jägern eher Tipps, welche die oft sanfte Neugier der Gorillas ausnutzten. Man riet den Jägern, geduldig stehen zu bleiben, bis sich ein Gorilla näherte und sich – in seiner Bereitschaft, durch den engen Kontakt zu Menschen zu lernen und zu forschen – den Gewehrlauf in den Mund steckte, um ihn zu betasten. Dann konnte der Jäger den Abzug drücken.

Gorillababys, die im Ergebnis solcher menschlichen »Großtaten« gefangen wurden, steckte man in eine Kiste und trug sie aus dem Busch, in den sie niemals zurückkehrten. Wenn diejenigen, die dieses Martyrium überlebten, ihren Bestimmungsort erreichten, waren sie für gewöhnlich halb verdurstet, litten unter schweren Infektionen, Unterernährung und ständigem Durchfall und waren von Schwären bedeckt. Bei den ersten Versuchen, Gorillas in Zoos zu zeigen, starben neun von zehn jungen Gorillas, damit einer von ihnen ausgestellt werden konnte.

Während ich in allen unterschiedlichen Quellen über die Gorillas las, wuchs mein Mitgefühl mit ihnen, und ich machte ihr Schicksal zu meinem Anliegen. Ich erinnerte mich wieder daran, dass ich Anthropologin hatte werden wollen, und mit einer Leidenschaft und einer Zielstrebigkeit, wie ich sie noch nie an den Tag gelegt hatte, suchte ich nach Möglichkeiten, mein Ziel zu erreichen. Das war sehr schwierig und Furcht einflößend: Ich hatte die Schule abgebrochen, und allein der Gedanke, dorthin zurückzukehren, löste Todesängste bei mir aus. Genau das Gefühl, das mich vorantrieb, schien meine Ängste zu vergrößern. Bei den Gorillas hatte ich Frieden gefunden und wollte sie mir zur Lebensaufgabe machen, aber dazu würde ich den einzigartigen Schutz, den sie mir boten, aufgeben und zu einem Kompromiss mit den Menschen kommen müssen.

Ich ging in die Bibliothek und sprach mit Universitäten. War es möglich zu studieren, ohne Lehrveranstaltungen zu besuchen? Konnte ich mit Weitblick und Einfühlungsvermögen, aus Liebe zum Lernen, einen Weg finden, andere auf ihrer Insel zu besuchen, um Ideen auszutauschen und von ihrer Erfahrung zu profitieren? Würde ich es schaffen, mich immer dann von den Menschen zurückzuziehen, wenn mich ihre Nähe zu sehr belastete, um die Ruhe zu finden, in der ich dieses Erlebnis verarbeiten konnte?

Das Glück war mit mir. Menschen unterstützten mich. Ich tätigte viele Anrufe und ging vielen Hinweisen nach. An einem technischen College stieß ich auf ein Tierforschungsprogramm, bei dem ich extern mit Mentoren arbeiten konnte. Ich erfuhr, dass ich, um mein Wissen zu erweitern, an Zooprojekten teilnehmen und mit den Menschen zusammenarbeiten konnte, die sie durchführten. Zu meinem großen Erstaunen versicherten mir die Leute, dass ich bloß zu *fragen* brauchte, damit sie mir halfen, zu lernen und meine Ziele zu erreichen. Ich würde zwar trotzdem mit anderen zusammenarbeiten müssen, aber das wären dann zumindest Menschen, die ich inzwischen kennen gelernt hatte: Gorillawärter, Verwaltungsangestellte des Zoos, Tierärzte und Techniker.

Als man beim tierärztlichen Dienst des Zoos von meinen Plänen erfuhr, bot man mir eine Stellung an, und jeder, mit dem ich zusammenarbeitete, war geduldig und versuchte sehr, mir dabei zu helfen, durch soziale Interaktion zu lernen. Meine Kollegen schlugen mir auch Leselisten vor, mit deren Hilfe ich mich in Verhaltensforschung spezialisieren und auf einen Abschluss hinarbeiten könnte.

Erstaunt schaute ich mich um und stellte fest, dass ich mit anderen Menschen über ein gemeinsames Ziel kommuniziert hatte und sie mich verstanden. Immer noch wich ich Blicken aus. Ich schaukelte und räusperte mich laut und zwanghaft. Ich lachte über Dinge, die sie nicht komisch fanden, und warf Gedanken ein, die sie für unwichtig hielten. Trotz alledem verstanden sie nicht nur, was ich zum Ausdruck zu bringen versuchte, sondern auch, was ich mit meinem Leben anfangen wollte.

Ich informierte mich darüber, was von mir als neu eingeschriebener Studentin erwartet wurde, und erledigte meine schriftlichen Arbeiten für das College, während ich vor Ort im Zoo arbeitete. Ich durfte nach Belieben kommen und gehen, und zusätzlich zu meiner formellen Ausbildung las ich weiter so viel wie möglich über Gorillas und saß jede Woche stundenlang bei meinen Freunden. Noch nie war ich so glücklich gewesen. Ich brauchte nur mit wenigen Menschen umzugehen, für gewöhnlich mit einem allein, und ich konnte meine gesamte Freizeit mit Lernen zubringen.

Aber ich saß nicht nur bei den Gorillas, es bereitete mir auch Freude, im Rahmen meines Jobs mit anderen Tieren zu arbeiten. Ich half mit, einen kleinen Schneeleoparden aufzuziehen, ich assistierte bei der Sterilisation eines Orang-Utans, ich wohnte der Operation an einem verletzten Leoparden bei, ich half bei der Behandlung einer Giraffe, die sich den Knöchel verletzt hatte. Ich begleitete Tierärzte, die Flusspferde, Seidenaffen und Kängurus untersuchten. Ich half bei Hyänen, deren Zähne behandelt werden mussten, Wölfen mit Tumoren und

Wollaffen, die an Altersschwäche litten. Ich assistierte bei einer Studie, die sich darauf konzentrierte, seltene Rotwölfe zu züchten. Als Wärterin kümmerte ich mich um Nandus, Tapire, Meerschweinchen und Lamas.

Jeden Tag teilte ich meinen Salat mit einem Mandrillweibchen, das auf der Krankenstation war, weil es sich das Handgelenk bis auf die Knochen abgekaut hatte. Ich hatte das Gefühl, viel mit ihr gemeinsam zu haben, und verbrachte jede Mittagspause bei ihr in dem langen, dunklen Flur der Station. Ich drehte mich um und ließ sie mein Haar lausen, und dann tat ich dasselbe für sie. Dann saß ich da, lehnte mich an ihren Käfig und reichte ihr ausgesuchte Stückchen grünen Salat, Möhren und Sellerie. Man hatte mich darauf hingewiesen, ich solle mich von ihr fern halten, aber ich fand es unmöglich, mich in dieser Sache der Autorität zu beugen, und ich saß so lange bei ihr, bis sie verkauft und weggebracht wurde.

Abends war ich für den Streichelzoo verantwortlich. Ich ließ das Schwein in seinem Häuschen spielen, kratzte die Schafe und schloss den Stall, damit die Kaninchen umherrennen konnten und Bewegung bekamen. Jeden Abend fütterte ich den Waschbären, der allein in seinem Gehege saß, von Hand und sang ihm vor. Ich überprüfte die Vitrine mit den Honigbienen und überzeugte mich, dass alles in Ordnung war; ich liebte es, die Stirn an das Plexiglas zu legen, hinter dem sich der Stock befand, und zu spüren, wie mein Kopf vom Summen Tausender tanzender Bienen vibrierte. Ich hatte das Gefühl, wirklich von Nutzen zu sein und etwas zu tun, das ich gern mochte. Ich liebte die Tiere, und ich liebte es, allein mit ihnen zu sein.

Das alles war wunderbar, aber manchmal bekam ich doch Probleme mit dem Zoopersonal. Einige fanden mich merkwürdig und fühlten sich in meiner Gesellschaft nicht wohl. Es bereitete mir Schwierigkeiten, eine längere Abfolge von Anweisungen auszuführen, was ein Problem war, weil ich häufig allein komplizierte Arbeiten zu erledigen hatte. Die meisten meiner Aufgaben bekam ich in schriftlicher Form, und wenn ich sie hintereinander ausführen konnte, schlug ich mich ganz gut. Wenn allerdings in der Mitte etwas dazwischenkam, was häufig passierte, war ich verwirrt und nicht in der Lage, den Rest zu beenden.

Einmal erfuhr ich entsetzt, dass ich am vergangenen Abend eine schwangere Ziege ohne Streu gelassen hatte und das Tier, das kurz vor seiner Niederkunft stand, die ganze Nacht auf dem Betonboden im Kreis gelaufen war. Während ich unterwegs war, um der Ziege ihre Streu zu bringen, war ein Zoobesucher auf mich zugekommen und hatte mir eine Frage über ein krankes Kaninchen gestellt, und mein Gehirn hatte einfach ausgesetzt. Das unerwartete Ereignis brachte mich durcheinander. Mit einem Fremden zu reden machte mich nervös, mein sorgfältig ausgearbeiteter Plan war durchbrochen worden, und beides zusammen hatte dazu geführt, dass mir diese wichtige Aufgabe einfach entfallen war.

Bei einer anderen Gelegenheit verlor ich einen Generalschlüssel des Zoos, und man drohte mir mit Entlassung, denn das war einer der schlimmsten Fehler, die einem Angestellten unterlaufen konnten. Meine Kollegen krochen überall auf allen vieren herum und fanden den Schlüssel dann im Schafpferch.

Die Tatsache, dass ich bestimmte Aufgaben ausgezeichnet beherrschte – ich konnte Aufzeichnungen machen, beobachtete genau, gab Informationen bildhaft weiter und konnte mich an jedes Vorkommnis exakt erinnern –, rettete mich nicht nur, sondern brachte mich genau dahin, wo ich sein wollte.

Auf Grund dieser Fähigkeiten übertrug man mir schließlich die Aufgabe, die Gorillas zu beobachten, als eines der Tiere schwer erkrankte. Das Personal wusste, dass ich mich den Gorillas verbunden fühlte und vielleicht Dinge bemerken würde, die einem anderen Beobachter entgingen. Möglicherweise war ihnen inzwischen auch klar, dass ich viel besser zurechtkam, wenn ich allein war, und weil sie freundliche Menschen waren, versuchten sie, mich zu beschäftigen und gleichzeitig aus dem Weg zu halten.

Ich glaube, sie begannen mich zu mögen, denn ich hatte mir Möglichkeiten ausgedacht, ihnen mitzuteilen, dass sie mir wichtig waren und ich gute Absichten hegte. Ich mochte sie als Personen, und die jahrelange Beobachtung der Gorillas hatte mich gelehrt, wie ich ihnen das vermitteln konnte. Ich wusste, dass ich sie anlächeln musste, wenn ich sie sah. Ich hatte gelernt, dass sie sich wohler fühlten, wenn ich mich neben sie setzte und durch Fragen Interesse an ihrem Leben bekundete. Ich lernte, ihnen eine Miene zu zeigen, die Aufrichtigkeit und Sorge demonstrierte: Bewusst zog ich die Augenbrauen zusammen und nickte, wenn sie mir von ihren Problemen berichteten. Wie ein Gorilla berührte ich sie an der Schulter, um ihnen zu zeigen, dass ich in ihrer Trauer und Sorge an ihrer Seite war. Wenn sie mir von einem Glücksfall erzählten oder eine lustige Geschichte wiedergaben, sah ich zu, dass ich lachte und meine Miene sich aufhellte, indem ich die Augen zusammenkniff und die Mundwinkel nach oben zog.

Weil ich meine Kollegen mochte, wollte ich alles, worum sie mich baten, gut erledigen; insbesondere jeden Auftrag, der die Gorillas anging, denn die waren mir wichtiger als alles andere.

Entschlossen, perfekte Arbeit abzuliefern und mich zu beweisen, verbrachte ich unbeweglich Stunden vor dem Fenster und beobachtete auch die allerkleinste Bewegung der Gorillas. Akribisch zeichnete ich alles auf, was ich sah. Ich war in der Lage, Details zu entdecken, die andere nicht gesehen hätten. Denn die meisten Beobachter müssen häufig unterbrechen, um auf die Datenblätter hinunterzusehen und ihre Aufzeichnungen zu machen, aber ich konnte schreiben, ohne den Blick von den Gorillas abzuwenden, weil ich mir das Formular, auf dem ich schrieb, in allen Einzelheiten vorstellen konnte. Dieser Bericht und seine peinliche Genauigkeit waren der Grund dafür, dass ich meine nächste große Chance bekam.

Der Bericht über meine Beobachtungen war so gründlich, exakt und einfühlsam, dass der Forschungsleiter des Zoos, William Karesh, sich mit mir traf und sich nach meinen Zukunftsplänen erkundigte. Ich stand in seinem kleinen, chaotischen Büro und nahm die Tierzähne und -knochen in Augenschein, die Bilder von Reisen in ferne Länder, die akademischen Bücher, die sich aus allen Winkeln in mein Blickfeld schoben und mich bedrängten. Ich hatte Angst, mich zu setzen, und gab die Idee endgültig auf, als ich feststellte, dass ich dazu einen Stapel Forschungsunterlagen von dem einzigen freien Stuhl in seinem Büro hätte nehmen müssen.

Er saß über meinem Bericht, und seine winzige Schreibtischlampe warf einen Lichtkegel auf meine Arbeit und fiel auf seine beginnende Halbglatze. Während er meine Notizen überflog, schmunzelte er leise. Ich trat von einem Fuß auf den anderen. »Das ist sehr gut. Ja, sehr, sehr gut«, sagte er mit einem schiefen Lächeln, das zu deuten mir schwer fiel. Er lehnte sich auf seinem knarrenden Stuhl zurück und sah mich aus zusammengezogenen Augen an. »Sie kennen sich ziemlich gut mit Gorillas aus, stimmt's?« Erst später wurde mir klar, was für ein gewaltiges Kompliment das war. Er fragte mich, was ich beruflich gern anfangen würde.

Ich berichtete ihm von dem Forschungsprogramm, an dem ich teilnahm, und von meinem Interesse an der Evolution von Form und Kultur. Wenn mein Tierforschungsprogramm abgeschlossen sei, erklärte ich ihm, wolle ich den Studienabschluss in Anthropologie erwerben. Das war allerdings ein Gedanke, der mir Ängste bereitete, denn ich wusste, dass ich nicht dazu geschaffen war, die übliche Ausbildung an einem normalen College zu durchlaufen. Im Umfeld eines traditionellen Colleges würden Probleme, wie ich sie im Umgang mit meinen Mentoren und Kollegen im Zoo hatte, verstärkt auftreten. Mein Verhältnis zur Mathematik und zu linearen Prozessen war immer noch gemischt; und trotz meiner Fortschritte fiel es mir weiterhin schwer, meine Mitmenschen zu verstehen. Mir wurde ganz übel bei dem Gedanken, in einem Raum voller Lärm und heller Lichter festzusitzen und nicht in der Lage zu sein, wegzurennen und im Gras, unter Bäumen, umherzulaufen, ohne die Möglichkeit, ruhig und schweigend bei den Gorillas zu sitzen. Allein schon etwas so Einfaches wie der Versuch, mich auf einem Collegegelände zu orientieren, würde mir große Probleme bereiten und mir das Lernen fast unmöglich machen. Außerdem hatte ich Schwierigkeiten,

Menschen voneinander zu unterscheiden, und fürchtete die Erfahrung, in einem Meer von fremden Gesichtern und unvorhersehbaren Körpern zu schwimmen, während ich versuchte, auf einem Campus, der für mich jedes Mal anders aussehen würde, den Weg zu finden.

Der Forschungsleiter hatte Verständnis für mich. Seine Stimme klang ruhig und begütigend. Ich verstand, warum er so gut mit Tieren umgehen konnte.

Er erklärte mir, angesichts meiner offensichtlichen Intelligenz und meiner Fähigkeit, ohne ständige Anleitung zu lernen, müsste ich eigentlich in der Lage sein, selbstständig zu studieren. Ich würde nur jemanden brauchen, der mir half, wenn es wirklich nötig war, und mir zeigte, wie ich mich in dem System zurechtfand. Er erklärte sich einverstanden, eine Reihe von Projekten über das Verhalten von Gorillas zu finanzieren. Während der nächsten paar Jahre arbeitete ich mit ihm und anderen hilfsbereiten Menschen zusammen; diese Studien und meine Mitarbeit im Zoo, die ich weiterführte, wurden schließlich als Abschluss anerkannt. Damals konnte ich nicht ahnen, dass ich am Ende meinen Doktor machen würde; aber irgendwo tief in meinem Inneren wusste ich, dass ich jetzt einen Weg eingeschlagen hatte, nach dem ich seit meiner Geburt gesucht hatte. Langsam entwickelte sich in mir eine Vision davon, was ich mit meinem Leben anfangen wollte.

Die Tür ist offen …
Ich weiß, dass es wahr ist,
Weil ich ihre müden Angeln quietschen höre,
die vom Schmerz erzählen,
Dem Schmerz,
Den du fühlst,
Wenn eine sehr alte Tür
In deinem Herzen sich öffnet,
Und es ist ein Wunder,
Dass so viele nicht hören,

Wie die alten Angeln quietschen,
Wenn man die Tür
Geöffnet hat.

Erwachen

Wenn ich heute auf die Zeit zurückblicke, als sich die Türen öffneten und neue Wege offenbarten, fühle ich mich an den Tag erinnert, als ich mich den Gorillas zum ersten Mal nähern durfte, ohne dass Glas zwischen uns war. Abends gingen die Gorillas immer ins Gebäude, wo sie im Heu ihrer Einzelkäfige sorgfältig versteckt ihr Abendessen und ihr Spielzeug vorfanden. Dort schliefen sie. Alle Räume waren mit dem Wärterbüro verbunden, und von dort aus beobachteten Nachtwächter sie durch die Gitterstangen, die den Bürobereich von ihren Käfigen trennten. Morgens wurde im Küchenteil des Büros Frühstück für sie gemacht, während sie alle zuschauten und vor Zufriedenheit und Vorfreude leise grunzten, weil sie wussten, dass man ihnen durch die Gitterstäbe bald ihre morgendlichen Leckerbissen zuschieben würde. Und dann ließ man sie heraus, um ihren Tag im Gehege zu beginnen.

An einem solchen Morgen war ich eingeladen, diesen der Öffentlichkeit nicht zugänglichen Ort zu betreten. Über den feuchten, frühmorgendlichen Pfad ging ich durch das leere Gehege zu der dicken Holztür, die den Eintritt zum Allerheiligsten versperrte, der privaten Welt der Gorillas.

Als ich die Tür erreichte, wusste ich nicht, wie ich hineingelangen sollte: Sie war verschlossen, ein Riegel war nicht zu sehen, und ich wusste, dass der Flur hinter der geschlossenen Tür so lang war, dass im hinteren Büro niemand hören würde, wenn ich klopfte. Ich stand da und fühlte Panik in mir aufsteigen, weil ich nicht wusste, was ich tun sollte. Regungslos verharrte ich vor der hohen Tür und spürte das allzu vertraute Gefühl, wie meine Sinne sich nach und nach abschalteten. Das geschah immer, wenn ich von einer solchen Situation überfordert war. Ich riss die Augen auf, ohne etwas zu sehen. Endlich entdeckte ich hoch oben an der Tür einen winzigen schwarzen Klingelknopf und drückte darauf. Ich hörte den hohen, metallischen Klageton der Klingel weit weg im Büro, und kurz darauf näherte sich das Gummistiefelschlurfen der Wärterin, die auf die Tür zukam. Mit einem Klirren und einem tiefen Knirschen der Angeln öffnete sie die Tür und bat mich herein.

Sie war nett und freundlich, und ich stellte fest, dass es nicht so schmerzhaft war, ihr in die Augen zu sehen, die denen der Gorillas ähnelten; ihr tiefes, ruhiges Braun hieß mich willkommen, und ihre Angewohnheit, sich ständig leise zu räuspern, klang ganz ähnlich wie das beruhigende Knurren eines Gorillas. Es fiel mir leicht, sie zu mögen und mich in ihrer Nähe aufzuhalten. Ich konnte mit ihr sprechen.

Sie führte mich durch den langen Flur in das innere Büro, und ich konnte meine Aufregung kaum noch zügeln. Ich mahnte mich zur Ruhe. Ein Gefühl beschlich mich, als würde ich wundersame Dinge zu sehen bekommen, wie die Gebeine des ersten Menschen oder den ältesten Beweis für Leben im Universum. Es war etwas Heiliges. Solche Dinge muss man mit leisem, ehrfürchtigem Flüstern betrachten, mit gesenktem Haupt und gebeugtem Knie, mit jener Freude des Herzens, die die ganze Menschheit mit dem Unendlichen im Winzigen verbindet. Dies war eine kleine Erfahrung, ein einfaches Erlebnis, so als würde man als Erwachsener seine lange verlorenen Eltern wieder treffen. Von außen gesehen ganz einfach.

Die Bürotür schwang auf, und ich trat in eine Atmosphäre, die mir ebenso seltsam wie neuartig war. Es war heiß und feucht, so wie es im Dschungel sein musste. Der Geruch der Gorillas – wie heißer Rhabarberkuchen – und des süßen Heus, das für die schläfrigen Tiere bestimmt war, hing in der Luft und umfing mich berauschend und schwer. Der köstliche Duft von unzähligen guten Früchten und Gemüsen unterstrich die süße Note: Eine Orgie von Farben und Aromen in Gestalt von Orangen, Stangensellerie, Karotten, roten Paprikaschoten, Spinat und frisch im Ofen gebackenen, mit Zimt gewürzten Äpfeln erwartete mich hier. Gorilladung, der ähnlich wie Pferdeäpfel riecht, bildete den Hintergrund. Nur ganz leicht roch der nasse Beton der Wände und Böden nach Gefangenschaft.

In den rot glühenden Spiralen des Heizstrahlers über uns verbrannten kleine Staubpartikelchen, die nach Vergangenheit dufteten und mich daran erinnerten, dass dies eine altehrwürdige Szene war, eine, die sich jeden Tag abspielte und eine Seite im Lebensbuch der Gorillas umblätterte.

Ich hörte das leise Rascheln von Körpern im Heu, wandte mich um und sah durch die Gitterstäbe in die tief bernsteingelben Augen einer Familie wartender Gorillas, die uns beobachteten. Sie ihrerseits stießen ein tiefes Knurren aus, das ich eher in der Brust spürte, als mit den Ohren vernahm.

Sie schauten mich an. Ich fühlte mich wie schwebend und war zu erfüllt, um ihren Blick zu erwidern. Stattdessen stand ich da wie gebannt und überfließend in dem Gefühl, dass es eine große Ehre bedeutete, dass sie mich ansahen und mit ihren uralten Blicken erfüllten.

Das war meine erste direkte Begegnung mit den Gorillas und der erste der Besuche, die ich ihnen regelmäßig abstattete, als ich an ihrem täglichen Leben teilnahm. Aber nie verlor ich das Gefühl der Ehrfurcht, das ich an jenem Tag empfand, und jedes Mal, wenn ich das Büro betrat, schloss ich die Augen und trank von dieser tiefen, wunderbaren Quelle, die sich in meine Sinne ergoss. Nie wurde ich es müde, den Tieren ihr Gemüse zu schneiden, ihren Kot aufzusammeln, sorgfältig das duftende Timotheusgras in ihren Räumen auszubreiten und es auf ihren Schlafplattformen zu einladenden Nestern zu arrangieren. Oft legte ich mich in die Nester, die ich für sie baute, schloss die Augen und glitt auf der Wolke aus Düften, Bildern, Lauten und Gefühlen dahin, die mich umgab. Hier fühlte ich mich sicher. Ich hatte das Gefühl, dass mir nichts Besseres hätte geschehen können.

Ich hörte das Klirren und Quietschen der Eingangstür zum Flur und wachte aus dem Traum auf, in dem ich mich befand. Es war ein Traum von Erwachen, und er war dabei, wahr zu werden.

6

Eine fremde Poesie

Im Lauf der nächsten Jahre verbrachte ich den Großteil meiner Zeit im Zoo und lernte die Gorillas – und über sie mich selbst – kennen.

Es gab nur eine einzige Unterbrechung. Im Herbst 1989 lag ich nach einem beinahe tödlich verlaufenen Asthmaanfall, den ich auf einer Heimreise nach Illinois erlitt, mehrere Tage im Koma. Es dauerte sieben Monate, bis ich so weit wiederhergestellt war, dass ich mich allein versorgen konnte, und während dieser Zeit kam ich nicht oft in den Zoo. Das Positive an dieser Erfahrung von Koma und Genesung war, dass ich in ein preiswertes Apartment für Behinderte ziehen konnte. Als ich wieder bei Kräften war, konnte ich am Wochenende Hausmeisteraufgaben übernehmen und dadurch meine Wohnung behalten. Dieses Arrangement versetzte mich in die Lage, meinen Schulabschluss nachzuholen und mich die nächsten paar Jahre über Wasser zu halten.

Durch meine vielen Forschungsprojekte und die tägliche Pflege nahm ich die Gorillas als Individuen wahr und begann, grundlegende Muster menschenähnlichen Verhaltens und erkennbare Persönlichkeiten zu unterscheiden, zuerst von der einen Seite des Glases und dann von der anderen aus.

Im Zoo lebten zwei Gorillafamilien, und Congo, der Gorilla, der mich an jenem ersten, wunderbaren Tag zuerst berührt hatte, führte eine davon an. Congo war ein Silberrücken, der erst spät in seinem Leben in den Woodland Park Zoo gekommen war. Er hatte ein freundliches, friedliches Gesicht, mochte Menschen und ging so auf sie zu, dass jeder sich als etwas Besonders fühlte. Er pflegte ihnen kleine Geschenke zu machen, gab ihnen von seinem Futter oder Heu und versuchte sie so nahe an sich heranzulocken, dass er sich mit ihnen unterhalten konnte. Er erweichte das Herz harter Menschen und erweckte sensible zum Leben; er schien die tiefsten Schichten der Menschen zu verstehen und ihnen zu vermitteln, dass er diese Teile ihres Selbst akzeptierte. Ich bewunderte dieses Talent an ihm und war gerührt darüber, dass er mich trotz meiner sozialen Probleme zu lieben und zu akzeptieren begann und sogar eine besondere Vorliebe für mich zu hegen schien. Seine soziale Begabung war besonders bemerkenswert angesichts seines schweren Lebens – er hatte Jahre in einem winzigen Betonpferch verbracht und kaum Gesellschaft gehabt –, und es war eine große Freude, ihm ein besseres Leben zu bieten und ihn für seine Großherzigkeit zu belohnen.

Nachdem er über dreißig Jahre in winzigen Betonverschlägen in einem anderen Zoo verbracht hatte, erlebte Congo zum ersten Mal sein weiträumiges, üppig grünes Heim in Seattle. Für seine lange Quarantäne nach seiner Ankunft im Zoo wurde er entschädigt, als die automatischen Stahltüren langsam hochfuhren und eine neue, grenzenlose grüne Welt jenseits seines abgeschlossenen Raums enthüllten. Er spähte um den Türabsatz herum, nur um sich rasch zurückzuziehen, als wäre das Gelände dahinter eine außerirdische Landschaft oder eine Welt, die in Flammen stand. Dann drangen vielleicht langsam seine frühesten Kindheitserinnerungen an die Oberfläche und riefen eine Art vagen Erkennens hervor. Schließlich schob er seinen Körper voran und setzte sich in die Türöffnung, wo das Sonnenlicht auf seinen Körper fiel. Nach einer langen Weile bewegte er sich nach draußen und setzte sich auf den einzigen, winzigen Betonfleck im Gehege, direkt vor die Tür – ein traurig-vertrautes, sechzig Zentimeter großes Quadrat. Er sah auf das Gras. Dann streckte er eine Hand aus und strich sanft und anmutig darüber. Er hob es an seine Nase und schnüffelte zögernd daran. Und dann trat er zum ersten Mal seit seiner frühesten Kindheit auf den Erdboden. Er brummte. Er setzte sich und ließ zu, dass die Erde seinen müden Körper wieder in Besitz nahm.

Vielleicht kam er gar nicht auf die Idee, sich weiter wegzubewegen, als ihm vorher die kleine Fläche in seinem Käfig aus Beton und Stahl erlaubt hatte, denn es dauerte Tage, bis er alle Grasflächen, die Hügel, den Bach, die Bäume und die Stellen erforscht hatte, wo man sich verbergen und allein sein konnte. Doch allein war er nicht besonders gern, und bald bekam er zu seiner Freude Gesellschaft: Jumoke, die Tochter der anderen Gorillafamilie, und Amanda, ein weiteres Weibchen aus einem kanadischen Zoo.

Jumoke war die älteste Tochter von Pete und Binti, einem Gorillaweibchen, das einmal mit der Gruppe von Pete und Nina zusammengelebt hatte. Binti war distanziert und zurückhaltend gewesen, und Jumoke, bei der sich, je erwachsener sie wurde, die Beharrlichkeit und der starke Wille ihrer Mutter durchsetzten, hatte die gleichen Eigenschaften. Sie besaß eine wache Intelligenz und ging Probleme immer aus unerwarteten Blickwinkeln an. Als Congo im Zoo ankam, bemerkte sie rasch seine Anwesenheit auf der anderen Seite des Zauns und machte sich daran, das Problem zu lösen, das ihre Trennung für sie darstellte. Sie probierte viele Möglichkeiten aus, ihm näher zu kommen, aber als die beiden einander offiziell vorgestellt wurden und sie dann auf Dauer zu ihm durfte, waren ihre Probleme gelöst.

Amanda war in der Hinsicht ungewöhnlich, dass sie viele männliche Charakterzüge besaß: Ihr Rücken war silberfarben, ihre Kopfform war maskuliner als die anderer Gorillaweibchen, und ihr Körperbau war muskulöser und breiter.

Als sie nach ihrer langen Quarantäne zu Congo in den Hof gelassen wurde, weigerte sie sich, sich zu ducken und sich ihm zu unterwerfen. Als er stattdessen versuchte, ihr – zunehmend verwirrt und frustriert – mitzuteilen, dass er hier das Sagen habe, griff sie ihn an und erwiderte seine Bisse. Irgendwann stand er dann keuchend und mit weit aufgerissenen Augen da, nachdem er mehrmals drohend auf Amanda zugerannt war und sein Bestes getan hatte, um sie einzuschüchtern; mit völlig perplexer Miene, die zeigte, dass er wirklich keine Ahnung hatte, was er jetzt anfangen sollte, sah er zu mir herüber. Schließlich kam man zu der Einschätzung, dass diese erste Vorstellung ein Fehlschlag gewesen war, und unternahm einen langen Prozess der erneuten Einführung, der endlich – und trotz Amandas heftigen Temperaments – erfolgreich verlief.

Auch in anderer Hinsicht verhielt Amanda sich »maskuliner«; viele Gebote geschlechtsspezifischen Verhaltens schienen ihr wenig bewusst zu sein, sodass sie sich sowohl Jumoke als auch Congo sexuell näherte. Anscheinend richtete sie sich – ganz ähnlich wie ich selbst – auf vielen Gebieten ihres Lebens mehr nach ihrer inneren Motivation als nach Signalen von außen.

In der anderen Familie wurde die verantwortungsvolle Position des Silberrückens viele Jahre lang von einem weisen, breitgesichtigen Gorilla namens Kiki wahrgenommen. Er war in Westafrika in freier Wildbahn gefangen worden, als er ungefähr sechs Monate alt war. Wie die meisten in Freiheit gefangenen Gorillas hatte er wahrscheinlich seine Familie bei dem Versuch, ihn zu verteidigen, sterben sehen, und seine Mutter war unter ihm weggeschossen worden. Aber er war ein versöhnlicher und friedfertiger Gorilla, der sich nur in Zorn steigerte, wenn deutlich wurde, dass seine Intervention notwendig war, um den Frieden in seiner Gruppe wieder herzustellen. Oft saß er mit angezogenen Knien da und atmete langsam, und dann schlich sich leise ein verträumter Ausdruck über seine Züge. Für mich sah er immer so aus, als erinnere er sich an etwas, das in weiter Ferne und vor langer Zeit geschehen war; vielleicht an den schützenden Dschungel seiner Kindertage und seine Familie, die jetzt nur noch in der Erinnerung existierte.

Pete befand sich insofern in einer ungewöhnlichen Position, als er gemeinsam mit Kiki als Silberrücken agierte. Kiki war zeugungsunfähig, und daher war Pete der biologische Vater der vielen Nachkommen, die der Zoo nur zu gern aufzog. Doch leider war Pete – ob das nun auf seine Persönlichkeit oder belastende Erinnerungen zurückzuführen war – weder fröhlich noch unkompliziert. Wo Kiki eine heitere Miene zur Schau stellte, schaute Pete mürrisch drein, wirkte verärgert und bewies wenig Geduld mit allen Wesen, die sich innerhalb und außerhalb der Glaswände seines Gefängnisses aufhielten. Während Kiki in seiner Familie Aufruhr und Wutausbrüche stillte, war Pete oft derjenige, der sie vom Zaun brach. Nicht, dass er angriffslustig gewesen wäre; eher war es so, dass seine Gefühle sich unter seinen breiten Schultern unbezwingbar an die Oberfläche drängten. Sie waren leidenschaftlich und stürmisch und dazu bestimmt, sich heftig zu äußern. Und das geschah auch; häufig schien er anderen wegen realer oder eingebildeter Taten lange Zeit zu grollen. Allerdings sah es so aus, als hätte er sein Temperament nicht an seine Kinder vererbt, und trotz seiner kühlen Art behandelte er sie niemals grob und war ein guter Vater.

Nina, die im gleichen Alter war wie Kiki und Pete, war die Matriarchin der Gruppe. Sie war sehr klein und rundlich und erinnerte mich immer an meine Großmutter. Selbst ihre Gesichter ähnelten sich, was Nina in meinen Augen – über ihre offensichtliche Eigenschaft hinaus, dass sie ihren eigenen Kindern eine gute Mutter war – etwas Großmütterliches verlieh. Nina war von stoischer Gelassenheit. Die meiste Zeit saß sie ganz still da und betrachtete die Zoobesucher mit einer ruhigen Distanz und Umsicht, die viele bewog, sie weise zu nennen. Ihr schwarzes Gesicht war klein und runzlig, und ihre Augen, die das dunkle Bernsteingelb des Gorillavolkes aufwiesen, schauten mit einem unbestimmten Ausdruck tiefen Verstehens in die Welt. Es dauerte lange, bis sie ärgerlich wurde, und alle respektierten sie; sogar die Männchen räumten manchmal den Platz für Nina, wenn sie auf diese zukam und sie anschaute, ohne genau hinzusehen. Doch anders als viele andere Gorillas sah sie manchmal Menschen, die sie verspotteten, direkt in die Augen und durchbohrte sie mit einem Blick, wie ich ihn noch nie bei jemandem gesehen habe. Sie wahrte ihre Würde.

Zuri, der Sohn von Pete und Nina, wuchs im Lauf der Jahre, die ich ihn kannte, von einem mageren, verspielten Gorilla zu einem gut aussehenden, großspurigen jungen Silberrücken heran. Wie jeder Jüngling, der sich beweisen und eine eigene Persönlichkeit entwickeln will, brach er, als er in die Jugendjahre kam, Streit mit seinem Vater vom Zaun: Er warf mit Gegenständen, knurrte Beleidigungen, fühlte sich verfolgt und schmollte allein im hinteren Teil des Geländes. Er scheuchte die Weibchen im Gehege umher und forderte ihre Aufmerksamkeit und Bewunderung ein. Zu Recht fühlte er sich eingesperrt und frustriert und muss von dem Tag geträumt haben, an dem er endlich auf eigenen Beinen stehen und sich einen Platz in der Welt schaffen würde. Das Gefühl des Eingesperrtseins, das auch viele Menschen seines Alters so schmerzhaft empfinden, schuf eine Distanz zu den Wesen um ihn herum und erschwerte es ihnen, eine Beziehung zu ihm aufzubauen; aber dann kamen wieder wunderbare Gelegenheiten, bei denen er sich selbst vergaß und ein paar kostbare Augenblick lang verspielt und wehrlos wurde.

Alafia, das jüngste der Gorillakinder, war wild, komisch und frei. Oft experimentierte sie mit neuen Arten, Dinge zu tun, neuen Arten, die Welt zu sehen. Mit seliger Hingabe spielte sie Spiele mit mir, die auf einem simplen Aufbau, einfachen Regeln und vielen Wiederholungen beruhten. Im Rückblick kann ich kaum glauben, dass sie sich, als sie selbst Kinder bekam, zu einer jüngeren Ausgabe ihrer Mutter entwickeln sollte.

Sehnsuchtsvolle Weisen

Im Zoo gab es ein Ritual, das einmal im Jahr stattfand, am Tag nach Halloween. Seine Beobachtung lehrte mich eine Menge über die unterschiedlichen Mitglieder meiner Gorillafamilien und – wenn ich es recht überlege – auch über die Menschen selbst. Es war Brauch, dass die Angestellten, die mit den Gorillas arbeiteten, ihre ausgehöhlten Halloween-Kürbisse mitbrachten und sie auf dem Gelände auslegten. Die Gorillas aßen gern Kürbis, kamen aber selten in den Genuss, weil dieses Gemüse nicht immer erhältlich war. Wenn man den Gorillas bei diesem Ritual zuschaute, konnte man ganz wunderbar ihre individuellen Persönlichkeiten betrachten.

Sobald Pete aus den Schlafräumen kam und die orangefarbene grinsende Fülle auf dem Gelände entdeckte, alarmierte er die übrige Familie mit einem Schrei. Etwas an diesem Ruf muss »Kürbisse!« verkündet haben, denn der Rest der Familie kam dann aus der Tür gestürzt, rannte den Pfad hinunter und verteilte sich zwischen den runden, reifen Kostbarkeiten, die überall lagen und nur darauf warteten, dass man sie aufhob.

Die Gorillas liefen hierhin und dorthin, nahmen jeden Kürbis in Augenschein und bildeten sich ein Urteil: Größe, Reife und Farbe waren für jeden von ihnen in unterschiedlichen Gewichtungen von Bedeutung. Die ausgeschnitzten Gesichter wurden untersucht und manchmal imitiert; Alafia schnitt den grinsenden Kürbissen Grimassen, sodass Pflanze und Tier wie Spiegelbilder wirkten.

Jeder der Gorillas zeigte beim Einsammeln der Kürbisse seinen ganz eigenen Stil. Am komischsten war Zuri: Hastig klemmte er je einen Kürbis unter die Arme und stopfte sich dann rasch einen in den Mund. Immer langsamer wurde er, während er sich bemühte, einen Platz zu finden, wo er seine Beute in Sicherheit bringen konnte. Die Sache endete immer so, dass er schließlich – zusätzlich zu denen, die er unter den Armen und im Mund hatte – noch einen Kürbis zwischen den Knien und zwei weitere in den Händen trug. So beladen trippelte er so rasch wie möglich zu einem Geheimversteck im Hintergrund des Geländes, um dort nach Herzenslust zu schlemmen. Die Schwachstelle an Zuris Taktik war, dass er stets zu schnell lief und einen Kürbis verlor, für gewöhnlich den zwischen seinen Knien. Ich musste lachen und fühlte mit ihm in seiner Angst, etwas zu verlieren, und seinem Ringen darum, trotz seiner ständig in Bewegung befindlichen Last den Kürbis wieder zwischen die Beine zu bekommen.

Alafia und Jumoke trafen ihre Wahl nach der Größe. In Alafias Fall hatte das mehr damit zu tun, dass sie es liebte, Kürbisse auf dem Kopf zu tragen, als mit dem Wunsch, sie zu essen. Sie suchte sich den größten Kürbis und beugte sich dann, das Hinterteil in die Luft gestreckt, nach vorn, um den Kopf hineinzuquetschen. Mühsam richtete sie sich auf und tapste und torkelte anschließend mit ausgestreckten Händen umher, wobei sie blind gegen Wände, Felsen und andere Gorillas stieß. Entweder erkannte sie nicht, dass sie die eingeschnitzten Augenlöcher benutzen konnte, um zu erkennen, wohin sie lief, oder das Sehen gehörte einfach nicht zum Spiel. Immer verlor sie die Balance, und irgendwann besiegelte das Gewicht des Kürbisses endgültig ihre Niederlage gegen die Schwerkraft. Nach ihrem Sturz richtete sie sich mühsam in eine sitzende Stellung auf, schob den Kürbis mit beiden Händen hoch, um sich zu vergewissern, dass auch ja alle zusahen, und begann dann wieder von vorn. In regelmäßigen Abständen hob sie den Kürbis, um sicherzugehen, dass sie Publikum hatte, während ihr Fruchtfleisch und Kerne auf dem Gesicht klebten.

Jumoke dagegen suchte sich den größtmöglichen Kürbis aus, um in ihrer beeindruckenden Beute zu schwelgen. Sie schien sich an dem gewaltigen Umfang ihrer Wahl zu ergötzen, wobei es sie nicht im Geringsten anfocht, dass Kürbisse im Allgemeinen umso weniger schmackhaft sind, je größer sie ausfallen. Sie war offensichtlich der Meinung, dass der äußere Schein alles war. Sich die Leckereien zu sichern, um damit anzugeben, darauf kam es an.

Ninas Technik war würdevoller als die der jüngeren Gorillas. Sie nahm das Angebot mit kritischem Blick und aus skeptischer Entfernung in Augenschein, als stünde sie in einem Supermarkt. Sie ließ sich Zeit mit ihrer Entscheidung, der eine geheimnisvolle, unfehlbare Urteilskraft zu Grunde lag. Quälend langsam verstrichen die Minuten, während der Prozess des Riechens, Klopfens und Leckens vor sich ging. Mit kritisch zusammengezogenen Augen betrachtete sie ein immer kleiner werdendes Feld von Konkurrenten, hielt die mit grotesken Schnitzereien geschmückten Kandidaten in die Luft und drehte sie hin und her, bis sie am Ende ein paar kleine, süße Kürbisse auswählte, die schmackhaftesten Früchte von allen.

Pete und Amanda genügte es anscheinend, irgendeinen Kürbis zu nehmen, der zufällig in ihrer Nähe lag. Sie griffen zu dem, was leicht erreichbar war.

Congo wandte keine dieser Methoden an, denn Masse zog ihn nicht an, und Größe oder Süße ebenso wenig. Auch Geschmack spielte keine Rolle für sein Urteil, jedenfalls nicht so, wie man zunächst meinen sollte. Er hielt nicht Ausschau nach gut schmeckenden Kürbissen, sondern nach geschmackvollen: Ihm gefielen die Gesichter. Langsam und bedächtig schritt er durch die Kürbisgalerie und blieb hier und da stehen, um die Früchte vorsichtig herumzurollen und ihre runden Gesichter auf sich wirken zu lassen. Schließlich wählte er das ausdrucksvollste Gesicht aus und hielt es im Stehen nachdenklich vor sein eigenes. Besinnlich erwiderte der Kürbis seinen Blick, während Congo mit der Hand über sein eigenes Gesicht und dann leicht über seine niedrige Stirn strich. Er bewunderte dieses seltene Kunstwerk. Diese Schönheit stand für etwas; und er liebte Schönheit.

Als ich diese immer ähnlich verlaufenden Halloweennachfeiern bei den Gorillas auf mich wirken ließ, entwickelte ich ein Verständnis für unterschiedliche Lebensstile. Ich erkannte, dass Menschen ebenfalls ihren ganz eigenen Stil haben, wenn sie das große Kürbisfeld des Lebens abernten. Manche raffen so viel und so rasch sie können, sogar wenn sie nicht alles tragen können, und schleppen ihre Beute dann in ein Versteck, wo sie mit niemandem zu teilen brauchen. Manche suchen nach einer Ausbeute, die ihnen schmeichelt, und stellen sich vor, dass schon allein die Menge ihres Besitzes sie zum Objekt des Neides anderer machen wird. Und manche Menschen tanzen und spielen mit dem Überfluss der Erde und laden zum Mitlachen ein, wenn sie straucheln. Sie haben keine Angst, blind umherzutasten und zu stolpern, und sie reagieren unbefangen, wenn ihnen etwas Unansehnliches im Gesicht klebt. Dies sind die Menschen, die einen dazu animieren, Luftsprünge zu machen und fröhliche Streiche zu spielen, und die ihre lustige Maske heben, um zu schauen, ob man auch zusieht und mit ihnen tanzt.

Dann gibt es noch die Menschen, die immer das Naheliegendste, das Einfachste wählen. Vielleicht gefällt ihnen das, worauf sie zufällig stoßen, vielleicht auch nicht, aber der Gedanke, sich nach anderen Möglichkeiten umzusehen, sagt ihnen nicht zu, oder sie sind zu müde zum Suchen. Andere legen Wert darauf, alles in Betracht zu ziehen, was ihnen zur Verfügung steht, und vorsichtig und sehr überlegt das Süßeste im Leben auszusuchen.

Und wieder andere suchen wie Congo nach etwas Höherem, etwas, das man weder wegtragen noch vorzeigen kann, nicht schmecken und nicht anfassen. Sie sehnen sich nach Schönheit und sind offen für die Kunst und das innere Licht des Lebens.

Verbundenheit

In vielen großen und kleinen Aspekten sah ich in den Gorillas das Beste und das Schlechteste meiner selbst. Aber sie hatten etwas erreicht, das mir nicht gelungen war: die Fähigkeit, offen zu bleiben und mit anderen Wesen ihrer Art auf eine Weise zu kommunizieren, die ihnen ein Gefühl von Ganzheit schenkte. Die Gorillas besaßen ein Talent dafür, Empathie zu empfinden und die Sehnsucht anderer nach Sicherheit und Glück zu würdigen. Diese Wechselbeziehung von Einfühlung und Akzeptanz ist die Basis für die Beziehungen unter Gorillas wie unter Menschen. Wer zu hören weiß, strahlt sie ständig aus. Ich sah aufmerksam zu und lernte.

Gorillas in Gefangenschaft sind – da sie außerhalb ihrer angestammten Umgebung leben und andere Primaten für ihr Wohl und Wehe verantwortlich sind – täglich gezwungen, einen besonderen Aufwand zu betreiben, um mit uns zu kommunizieren. Ich wusste, wie es war, wenn man sich nach lautloser Kommunikation ohne Worte sehnt, wenn man einen privaten Ort braucht, wo man ausruhen kann, wenn der Lärm der Welt einen bedrängt; und einen Zufluchtsort, wenn die Welt keinen Sinn ergibt.

So ist es nicht erstaunlich, dass ich in den Gorillas beide Seiten meiner selbst entdeckte. Wir hatten Verhaltensweisen gemeinsam, die sowohl unserer natürlichen, archaischen Sensibilität als hoch durchlässige Wesen entstammten, als auch solche, die eine Reaktion auf den Stress durch eine erzwungene Lebensweise darstellten.

Oft dachte ich über diese Lebensweisen nach und überlegte, wofür ich stand. Auf körperlicher Ebene entblößt einen der aufrechte Gang. Der nackte Bauch, die Brust und die Genitalien sind unbedeckt und freigelegt, als hätte das Aufrichten eine große, warme Decke weggezogen, den heiligen Raum zwischen dem Bauch und dem Boden. Wie eine entwurzelte Pflanze, deren letzter Anker und Halt sie mit den herabfallenden Erdkrumen verlässt, recken wir uns zum Himmel und lassen die nahe, nährende Erde unter uns wegfallen. Für mich war dieses Aufrechtstehen früher oft zu viel gewesen, und dann ging ich weg, rollte mich irgendwo zusammen und hielt mir die offene Wunde, die meine aufrechte Vorderseite in ihrem Millionen Jahre währenden Prozess des Losreißens, den meine Vorfahren begonnen hatten, davongetragen hatte. Doch stehen müssen wir, um uns vorwärts zu bewegen und nach oben zu greifen. So erging es den Gorillas oft.

Wenn wir die Nahrung für die Gorillas an hoch gelegenen Stellen versteckten, die sie nicht erreichen konnten – in den Büschen, auf den Bäumen und an den Wänden –, standen sie über Tag immer auf, um Futter zu suchen. Bei Alafia sah ich oft, dass sie aufstand und Werkzeuge von der Stelle, an der sie sie gefunden hatte, zu einer anderen in einiger Entfernung trug. Einmal richtete sie sich auf und schleppte einen langen Stock zum Teich – eine Entfernung von zehn Metern –, um an ein Bonbonpapier zu kommen, das dort schwamm. Ich sah, wie die Gorillas eine Ladung Futter auf dem Arm trugen und auf zwei Beinen gingen, um es zurück in ihren Unterstand und ihre Nester zu bringen und dort in Frieden zu verspeisen.

Die Gorillas standen auch auf, um über das Grün hinwegzuschauen – sie sahen über Büsche, um festzustellen, wohin sich ihre Familienmitglieder bewegt hatten. Dieses Spähen über

Büsche war ein Standardbestandteil der Versteckspiele, die die jungen Gorillas spielten.

Sowohl in freier Wildbahn als auch in Gefangenschaft stehen Gorillas auf, um anzugreifen und ihre Familien zu verteidigen; während sie sich aufrichten, heben sie Äste auf oder reißen mit den Händen Pflanzenteile ab, und dann rennen sie los, nur von ihrer Wildheit und ihrer Liebe beschützt, und entblößen ihre empfindlichen Körperteile.

Was mich mit den Gorillas verband, waren diese Verletzlichkeit, Wildheit und Liebe. Unsere Ähnlichkeiten gingen über den Wunsch nach Dauerhaftigkeit hinaus, über das Bedürfnis nach Raum um uns und einem Platz zum Verstecken; wir zogen uns ständig nach innen zurück und explodierten nach außen, lachten, wenn wir Angst empfanden, und teilten einen heftigen Sinn für Gerechtigkeit, der über bloßes Mitfühlen hinausging. Was uns verband, ging auch über unsere Probleme im Umgang mit der menschlichen Spezies hinaus, die Überempfindlichkeit gegenüber der Welt um uns herum und die stereotypen Handlungen angesichts der allgegenwärtigen Kälte. Nein, unsere Verbundenheit bestand darin, dass wir von archaischer Dunkelheit erfüllt waren und von hartnäckigen Erinnerungen an eine Zeit, in der alle Dinge eins waren.

Irgendwo tief in meinem Inneren spürte ich, dass diese Gorillas, ein Volk aus der Vergangenheit, vieles verstanden, das auch wir einst wussten, aber vergessen haben. Sie wussten, was in ihrer Nähe geschah, und sie wussten, was sich in der Welt abspielte. Ich habe ein Gedicht darüber geschrieben.

DIE LIEDER DES GORILLAVOLKS

Wir schauen in verwandte Augen,
Wir entstammen einem Samen.
Die Lieder des Gorillavolks
Erzählen, woher wir kamen.

Wir stecken sie in ein Glasverlies.
Ihre Kinder angestarrt
Von Kindern unserer Rasse.
Die Lieder des Gorillavolks
Verhallen in der Menschenmasse.

Ja, wir sind beide erdgebunden.
Sie sprachen wahr, bis wir die Lüge fanden,
Die Lieder des Gorillavolks
Erklangen, während Völker verschwanden.

Nur wenige singen jetzt die Lieder,
Kaum jemand kennt noch ihren Klang,
Denn die Lieder des Gorillavolks
Sind kompliziert und lang.

Nur schweigend singen die Alten
Unter Tränen, ungeweint.
Die Lieder des Gorillavolks …
In Trauer sind wir vereint.

Im Herzen hören wir die Stimmen
Uralter Seelen, die darin erklingen.
Die Lieder des Gorillavolks …
Sie müssen einfach singen.

Die Regentropfen schlagen Takt.
Die müde Rasse kennt noch den Klang
Der alten Lieder des Gorillavolks,
Da alle eines sangen und eines alle sang.

Jetzt lassen die Sänger ihr Lied verhallen,
Ihre letzten Kinder dahingegangen,
Die Lieder des Gorillavolks
Singen von dem, was vergangen.
Das Lied der Zukunft

Ich hatte das Gefühl, dass den Gorillas eine große, aber unsichtbare Tragödie widerfuhr, die für die Menschen unter einer kalten Schicht des Nichtverstehens verborgen lag. Diese eisige Blindheit war es, die in den Gorillas den Wunsch erweckte, sich zu verbergen. Vom Verstecken verstand ich etwas. Es war die einzige Möglichkeit, nicht auf dem Eis zu verbluten. Und die Gorillas versteckten sich wirklich gern. Für Zootiere hatten sie es insofern gut, als dass ihr Gehege weitläufig und voller Pflanzen war: Überall standen hohe Bäume, Nesseln und Blaubeeren, es gab Gestrüpp, Wiesen und Schneebeerenbüsche. Ein Bach floss durch das Gelände und mündete in einen kleinen Teich, an dessen Ufern Enten im Schatten von Baumstämmen rasteten. Es gab Hügel und tote Winkel. Die Gorillas gingen hinter die Hügel, um dort zu sitzen, oder suchten die kleinen Höhlungen im Unterholz auf. Ein Gorillaweibchen zog es vor, den Schutz des Teils, wo das Publikum sie sehen konnte, nicht zu verlassen. Stattdessen drapierte sie einen Sack über ihren Kopf und saß regungslos da, weit fort von der Welt.

Ich konnte nachempfinden, warum die Gorillas so geschickt darin waren, sich sowohl in Sichtweite anderer als auch außerhalb zu verbergen. Mir fiel wieder ein, dass ich mich unter der Trockenhaube versteckt hatte, als ich jünger war, in den Geißblattbüschen, in der Höhle unter der Straße, im Wandschrank. Ich war »off-view«, wie wir im Zoojargon sagten. Jetzt wünschte ich mir oft, ich könnte mitten in einer Menschenmenge mit einem Sack über dem Kopf dasitzen. Voller Neid sah ich zu, wie die Gorillas sich in dem süßen, warmen Heu, das jeden Tag für sie aufgeschüttelt wurde, Nester bauten.

Eines Tages saß ich auf meiner vertrauten Bank und sah zu, wie Nina, die gerade eine schwere Niereninfektion überstanden hatte, sich im Gehege umherbewegte. Seit langem hatte sie die Gewohnheit, die Säume der Säcke, die auf dem Gelände herumlagen, aufzureißen und das daraus entstandene längliche Rechteck zu einem Schal zurechtzuziehen, den sie dann fest um ihre Schultern schlang. Vielleicht half ihr das, sich warm zu halten, denn seit ihrer Krankheit pflegte sie dieses Verhalten noch stärker. Dieser völlig neue Gebrauch von Sackleinen war bei Gorillas in Gefangenschaft noch nie zuvor beobachtet worden, und er warf ein Licht darauf, wie unsere frühesten Vorfahren möglicherweise begonnen haben, Materialien, die ihnen zur Verfügung standen, auf diese Art zu benutzen. Berggorillas beispielsweise legen sich manchmal kleine Capes aus Moos um den Hals und genießen anscheinend diese die Sinne stimulierende Handlung; da in ihrem Siedlungsgebiet häufig Kälte und Nebel herrschen, mögen sie vielleicht auch einfach das Gefühl, ihre improvisierten Schals zu tragen.

Während ich Nina an diesem speziellen Tag beobachtete, hielt sie inne, um die Sackleinendecke, die sie um die Schultern trug, zurechtzurücken. Dann wurde ihr klar, dass es Zeit war, sich zu der hohen Mauer an der Rückseite zu begeben und die Leckerbissen in Empfang zu nehmen, die die Wärterin immer zu Mittag für die Familie herunterwarf. Auf dem Weg zu der Mauer blieb sie häufig stehen, um das Sackleinen nett zurechtzuziehen, sodass es gleichmäßig über ihre Schultern fiel, die immer noch ein wenig krumm und faltig waren, da sie in den letzten Wochen so stark abgenommen hatte. An ihrem gewohnten Platz vor der Mauer angekommen, begann sie, totes Laub und andere Kleinteile, die in das Gehege geweht worden waren, aufzuheben. Vertrocknete Pflanzenteile sammelten sich in ihren Händen an, und ich überlegte, dass sie schon schrecklich hungrig sein müsste, um diese Teile als Ersatz für ihr Mittagessen in Betracht zu ziehen. Bestimmt hatte sie etwas anderes im Sinn. Doch ich fragte mich wirklich, was das sein könnte, während sie weitermachte und sich kein noch so kleines Teil entgehen ließ.

Mit einer einzigen geschickten Handbewegung schleuderte sie den Abfall in den Wind und sah zufrieden zu, wie die Brise die vielen Teile einfing und sie davonwirbelte.

Nachdem die störenden Teile fort waren, wandte sie sich ab und inspizierte ihre Umgebung noch einmal daraufhin, ob irgendwelche Reste sich ihrer Aufmerksamkeit entzogen hatten, bis sie sich schließlich sicher zu sein schien, dass die Stelle ganz sauber war. Sie richtete sich auf, zog mit einer schwungvollen Bewegung das Sackleinen von ihrem Hals und ließ es vor sich flattern, wobei sie es an zwei Ecken mit Daumen und Fingern festhielt. Nachdem sie zugeschaut hatte, wie Heustückchen aus dem Stoff fielen, legte Nina das Sackleinen, das sich immer noch blähte, auf den Boden. Sie breitete es auf dem Gras aus und strich die Falten aus. Als der Stoff vollständig glatt war, ließ Nina sich in der Mitte ihrer Picknickdecke nieder, stieß einen langen Seufzer aus und sah zu der Wärterin hoch.

Als sie meinen Gesichtsausdruck bemerkte, wirkte sie plötzlich verlegen. Das war eine unglaublich komplexe Handlungsfolge gewesen, und wir waren erstaunt. Nina war entschlossen, das Mittagessen einzufordern; daher tat sie, als sei nichts Außergewöhnliches geschehen, und richtete ihren Blick mit gespannter Aufmerksamkeit auf die Wärterin.

Dieser Vorfall brachte mich erneut zum Nachdenken über Freiraum und die Art und Weise, wie Menschen ihn sich durch äußere Begrenzungen, die auf den ersten Blick sichtbar sind, schaffen. Ich verstand Ninas Wunsch, einen Raum für sich abzugrenzen, ihn sich zu Eigen zu machen und einen kleinen Zufluchtsort in der verwirrenden Welt zu beanspruchen.

Ich erinnerte mich, wie ich als Kind alle möglichen Nester und Unterschlupfe baute und Stöckchen und Gras um mich herum aufhäufte; an das Nebeneinander von natürlichem Material und kunstvollem Entwurf, durch das mein Körper mit dem Boden verschmolz. Da war nicht nur Ninas »Picknickdecke«. Die Gorillas bauten auch schützende Flechtgebilde aus Ästen und Laubwerk. Fröhlich häuften sie Heu und junge Triebe auf und machten sich dann konzentriert daran, sie zu einer perfekten runden Form zu verflechten. Immer wieder überarbeiteten sie das Innere und vervollkommneten das Bauwerk mit jeder Runde, so wie die Sonne über die Erde zieht. Vollständig hingerissen hielten sie dann wie auf ein unhörbares Zeichen hin inne, stürzten sich in die einladenden Arme des duftenden Betts und blieben regungslos liegen, bis der Abend kam. Ihr Drang nach körperlicher Umschließung erinnerte mich an meine eigenen Bedürfnisse. Wenn mein Körper fest von etwas eingeschlossen war, erinnerte mich das lautlos an meine körperlichen Grenzen, die mir niemals fest vorkamen und ständig in Gefahr waren, zu verschwinden – und schützte mich vor dem sensorischen Ansturm der Außenwelt.

Dadurch, dass ich Nina dabei beobachtete, wie sie ihre Nester baute und ihren Juteschal um sich warf, entwickelte ich eine neue Sensibilität dafür, warum normale Menschen ein so starkes Bedürfnis danach haben, sich zu kleiden und zu schmücken. Es ist ihre Art, einen sicheren Raum um sich zu schaffen und ein sichtbares Territorium abzustecken, einen kleinen Ort in einer überfüllten Welt.

Natürlich ist die Notwendigkeit, Abgrenzungen zu schaffen, sowohl ästhetischer als auch praktischer Art. Leider stand den Gorillas nicht allzu viel Material zur Verfügung, um sich vor gewissen Unannehmlichkeiten zu schützen. Genau wie ich wurden die Gorillas nicht gern nass und schlammig. Jeder von ihnen besaß eine unterschiedliche Taktik, mit unerwünschten Berührungen fertig zu werden. Wenn es regnete, legten manche aufrecht rennend den ganzen Weg von der Tür, aus der sie ins Gelände gelassen wurden, bis zum Unterstand in der Grotte zurück, eine Entfernung von etwa tausend Metern. Andere trotzten dem unangenehmen Schlamm oder Schmutz und liefen herum, um ein Stück Sackleinen oder eine Hand voll Heu zu finden, um sich sauber zu wischen, was sie mit Hingabe taten. Ein Gorillaweibchen benutzte ein Papiertuch, um sich das Gesicht abzuwischen und sich nach dem Mittagsmahl die Krümel von der Brust zu wedeln.

Auch Lärm war ein Problem für die Gorillas. Besonders im Sommer, wenn Menschenmengen sich an das Glas quetschten und das Rufen und Kreischen einen Höhepunkt erreichte, gerieten die Gorillas in Aufregung und gingen auf die Zuschauer los. Heftig schlugen sie gegen das Glas, was allerdings das Gegenteil bewirkte: Die Menschen quietschten vor Angst und Freude, drängten vorwärts und gerieten vollends in Raserei. Die Gorillas und ich zogen uns oft gleichzeitig zurück.

Etwas anderes, was ich verstehen konnte, war die soziale Unbeholfenheit der Gorillas gegenüber Menschen. Tatsächlich scheinen die Gorillas hier jedoch Unterschiede zu machen. Bemerkenswerterweise vermutet man, dass die Gorillas sich in der Umgebung von Frauen wohler fühlen. Sie neigen in ihrer Gegenwart weniger dazu, sich zu verstecken oder zu erstarren, und geben sich zutraulicher. Der berühmte Paläoanthropologe Louis Leaky wusste schon, was er tat, als er Frauen wie Jane Goodall, Dian Fossey und Biruté Galdikas auf Forschungsreise schickte, um von den Affen zu lernen.

Ich suchte die Gesellschaft anderer Menschen nicht und kam gar nicht auf die Idee, meine tiefsten Empfindungen mit ihnen zu teilen. Wie viele der Gorillas misstraute ich ihnen und fand sie die meiste Zeit unverständlich. Selten, wenn überhaupt, spürte ich den Drang, Trost bei anderen zu suchen, wenn ich das Gefühl hatte, kurz vor einem Zusammenbruch zu stehen. Doch als ich die Gorillas besser kennen lernte, begann ich ein wachsendes Bedürfnis nach der Gegenwart eines anderen zu spüren, eines Wesens, mit dem ich Alltägliches und Bewegendes teilen konnte. Ich hatte den Wunsch, mit jemandem zu kommunizieren, aber ich wusste nicht, wie ich das anstellen sollte.

Während einer besonders schlimmen Woche, als alles schief gegangen war, spürte ich einen unwiderstehlichen Drang, zu den Gorillas zu gehen und Hilfe zu suchen. Ich wusste nicht, wie ich das tun sollte, und zu dieser Zeit war mir auch nicht klar, warum ich dieses Bedürfnis überhaupt empfand. Aber ich stürzte blindlings in den Zoo und stolperte wie betäubt die Wege entlang, an deren Ende ich Frieden zu finden hoffte. Ich schlängelte mich zu den Schlafkäfigen, in denen die Gorillas darauf warteten, dass man sie ins Freie ließ. Kaum fühlte ich ihre tröstliche Gegenwart, da entspannte sich mein verkrampfter Körper, und ich fühlte, wie die scharfen Kanten meines Herzens zerfielen. Ich ließ mich auf die Knie fallen und kroch blindlings, aber entschlossen zu Congo, der auf der anderen Seite der künstlichen Barriere zwischen uns saß. Als ich mich zum Fenster des Käfigs hochzog, blickte ich in sein gewaltiges, warmes Antlitz. Wahrscheinlich wusste er schon, dass ich in Auflösung begriffen war, bevor ich mein Gesicht zeigte. Er erkannte etwas in mir, das ich selbst bei anderen nicht sehen konnte: Er las mir die Gefühle von der Miene ab. Rasch kam er herüber und erforschte mein Gesicht. Vor meinen Augen verschwamm alles, Tränen stürzten heraus und tropften auf meine Kleidung, meine Stiefel, den Boden und die Barriere zwischen uns, und immer noch sahen wir einander an. Congo rückte auf mich zu, schob seine gewaltige Schulter an das Fenster und bedeutete mir mit einer Handbewegung, den Kopf dorthin zu legen. Vorsichtig ließ ich den Kopf an die Stelle sinken, wo er mir seine Schulter hinhielt, und weinte lautlos. Ich spürte sein langes Schulterfell an meiner Wange. Ich war traurig, und ich fühlte mich schuldig. Hier war ein Mitwesen, das man seiner ermordeten Mutter entrissen und als Baby misshandelt hatte; das in einem Gefängnis lebte, das meine Spezies errichtet hatte. Was für einen Grund hatte diese Person, sich etwas aus meinem Schmerz zu machen? Da erkannte ich, wozu Congo geboren war und was er lebte. Seine innere Würde gründete darauf, dass er für andere sorgte. In diesem Moment begann ich auch die Menschen auf ganz neue Art zu verstehen, und meine Furcht vor ihnen ließ nach. Ich fing an zu begreifen, dass ich tief im Inneren diesem Gorillamann ähnelte: Von außen betrachtet wirken wir teilnahmslos, zeigen eine ausdruckslose Miene, verspüren aber ein tiefes, beständiges Bedürfnis zu schützen und zu trösten. Doch ich lebte in einer Welt, in der meine Art zu fühlen und zu handeln in keinem Zusammenhang mehr stand. In einer modernen Welt war kein Platz für meine archaische, animalische Natur. Die Art von Opfern, wie ich sie brachte, wurden in einer Welt von Häusern und Maschinen nicht mehr gebraucht.

Congo in seiner Opferbereitschaft und Wildheit, der in einem von Wesen, die er liebte, erbauten Gefängnis lebte und dort seine zärtliche Sorge und unsichtbare Kraft zeigte, inspirierte mich dazu, mich zu öffnen und der Welt um mich herum mein Herz entgegenzustrecken. Nie wieder würde ich zulassen, dass die große Durchlässigkeit meines Bewusstseins mich dazu brachte, immer kleinere Zufluchtsorte zu suchen. Nein, ich würde mein Blut hinaus in die Welt verströmen und sie in mich einlassen. So schlimm der Schmerz auch werden würde, ich wollte unter Menschen sein. Es war tatsächlich schmerzhaft, es bedeutete, einen von vornherein verlorenen Kampf für die Gorillas zu führen, es hieß, dass viele meine Art der wissenschaftlichen Arbeit ablehnen würden, aber ich war entschlossen, mein Gefängnis in einen Tempel zu verwandeln. Ich würde die Hand ausstrecken, meinen Schmerz mitteilen und den der anderen annehmen.

Mit einem Mal wurde mir klar, dass wir alle auf die eine oder andere Art in einem Käfig sitzen. Die Würde, sich um andere zu sorgen und es unerschrocken zu zeigen, kann einem niemand wegnehmen. Dies ist eine Möglichkeit, die auf uns alle wartet. Sie lebt auch in den Menschen, die lautlos weinen, den Menschen, die in dem Gefängnis außerhalb des Geheges, das wir für die Gorillas gebaut haben, ihrem Alltag nachgehen. Langsam vergingen die Minuten, während ich – das Gesicht immer noch an Congos Schulter vergraben – über diese Dinge nachdachte. Er brummte leise, um mich zu beruhigen.

Nach diesem Tag stellte ich fest, dass es mich sehr traurig machte, wenn ich zusah, wie Congo, Pete und Zuri die lärmenden Menschenmengen bedrohten und das Publikum, das sich am Fenster drängelte, mit Stöcken bewarfen. Die Gesichter zu Grimassen verzogen, gingen sie auf den niemals nachlassenden, nervtötenden Menschenstrom los, unfähig, ihre Familien vor den rücksichtslosen Menschenwesen zu schützen, die einen solchen Lärm veranstalteten. Die wirkungslosen Versuche, sich für ihre Familien einzusetzen und ihre männlichen Pflichten zu erfüllen, riefen immer lautes Kreischen, nervöses Lächeln und abgehacktes Gelächter bei den Zuschauern hervor. Jede dieser Verhaltensweisen wirkte auf die Gorillas bedrohlich und führte in einen Teufelskreis aus noch mehr Ausbrüchen, noch mehr Gelächter und noch mehr Zähneblecken auf beiden Seiten. Das hörbare Ergebnis dieses absurden Karnevals war wie das leere Heulen emotionaler Disharmonie und drang auf Ohren, Körper und Seele ein. Die männlichen Wesen auf beiden Seiten des Glases waren wie ein Spiegelbild dafür, was in der Welt schief gegangen war. Ihr gegenseitiges Echo hallte in den Ohren aller Lebewesen nah und fern wie eine Drohung, die im Inneren wächst und sich dann kreischend in Farben entlädt, die alles überziehen. Es schrillt und bleibt haften. Ich glaube, es ist dieser heimtückische Lärm, gegen den die Männer unserer Spezies erfolglos wüten und den Frauen fürchten und sich wünschen, die Männer könnten ihn vertreiben. Er ist überall, in unseren Schreien und auch in unserem leisesten Flüstern. Er ist der Wind in unserer Sprache.

*

Ich bekam noch viele Gelegenheiten, von den Gorillas etwas über das Mitteilen von Gefühlen und über Kommunikation zu lernen. Koko, ein Gorillaweibchen, das seit 1972 die amerikanische Gebärdensprache lernt, besitzt laut Berichten ein Vokabular von etwa tausend Wörtern, die sie auch zu Sätzen zusammenfügt. Sie war auch in der Lage, etwas geschriebenes Englisch zu lernen, und erkennt viele Wörter, darunter ihren Namen. Außerdem versteht sie gesprochenes Englisch erstaunlich gut. Wenn ein Gorilla die menschliche Sprache lernen konnte, musste ich doch auch in der Lage sein, die Sprache der Gorillas zu verstehen.

Zuerst begriff ich nur einfache Dinge, wie jemand, der eine Fremdsprache erwirbt oder, genauer gesagt, wie ein kleines Kind, das seine erste Sprache lernt. Das »Brüllen« männlicher Gorillas hat im Großen und Ganzen die gleiche Funktion wie der Angstschrei eines Menschen; es warnt vor möglicher Gefahr oder bevorstehenden Angriffen, und das ohrenbetäubende und unverkennbare »Wrraahh« ist ein Grollen, das wie unser Geschrei dazu dient, etwas Bedrohliches zu vertreiben und andere zu warnen, damit sie weglaufen und sich verstecken. Das lang gezogene Knurren oder Rülpsen, das Gorillas in ihrer Kehle erzeugen, wenn sie froh und zufrieden sind, ähnelt unserem zufriedenen Seufzen oder Ächzen. Gorillas setzen dieses zufriedene Grummeln ein, um einander zu beruhigen und mitzuteilen, dass alles in Ordnung ist. Wenn Gorillas traurig sind, weinen sie, und ihr Schluchzen klingt genau wie das von Menschen. Jemand hat einmal behauptet, er habe ein weibliches Gorillajunges echte Tränen vergießen sehen, nachdem Wilderer es seiner Mutter weggenommen hatten. Gorillas lachen und lächeln, sie runzeln die Stirn und zeigen Erstaunen, drücken Zuneigung und Frustration aus. Kopfnicken bedeutet bei Gorillas eine Drohung; den Kopf einzuziehen oder zu senken oder sich ganz hinzukauern dient dazu, eine Konfrontation zu vermeiden, und Tätscheln, Umarmungen und Küsse werden zur Bestärkung verteilt. Das berühmte Trommeln auf der Brust – das durchaus auch auf dem Bauch oder den Schenkeln mit der hohlen Hand ausgeführt werden kann – ist ein komplexes, von dem jeweiligen Umfeld abhängiges Signal und kann Aufregung, Freude, Überschwang, eine Einladung zum Spiel oder Dominanz ausdrücken. Das waren Worte, die ich verstehen konnte.

Ich erinnere mich an ein Schlüsselerlebnis, das einen wirklichen Durchbruch in meinem Verständnis markierte. Als es Zeit für ihren Mittagsimbiss wurde, saß ich gerade auf meiner kleinen Holzbank und machte mir Notizen über das, was die Gorillas trieben. Ich sah, wie die Pflegerin vorsichtig den schmalen Weg entlangkam, der über die schmale Krone der Einfriedungsmauer führte. An ihrer Seite schwang ihr Metalleimer, der vor Verlockungen nur so überquoll. Obwohl es kalt war und regnete, begaben sich die Gorillas zu ihren gewohnten Stellen: Jumoke setzte sich dicht an die Granitwand, fast direkt unterhalb der Wärterin; Amanda ging nach links und ließ sich auf den Hügeln nieder, und Congo hielt sich im Hintergrund, gerade so nahe, dass es sich noch mit seiner Würde vereinbaren ließ. Sie fingen die Leckerbissen auf, die die Wärterin ihnen einzeln zuwarf, immer angefangen mit Congo. Mit Zimt überstreute Backäpfel beschrieben eine köstliche Spur durch die Luft, und aufgeschnittene Orangen ergänzten den

Duft des Mahls um ein frisches Aroma. Weizenschrotkekse, Stangensellerie und Erdnüsse flogen gut gezielt in die Hände der wartenden Gorillas, ein Regen von Bissen segelte im Bogen heran und wanderte rasch in hungrige Mäuler.

Als der Eimer leer war, setzte die Pflegerin ihn ab und schaute zu, wie die letzten Leckerbissen verschwanden. Es dauerte nicht lange, bis Congo näher kam und sich noch einmal vor sie setzte. Er sah die Wärterin durchdringend an, hob den Arm in ihre Richtung und bewegte dann wiederholt seine ausgestreckte Hand in einer ausholenden Geste, die eindeutig besagte: »Bitte.« Die Wärterin lächelte, griff tief in die Tasche ihres alten, verschlissenen Kittels, um die Belohnung herauszuholen, von der Congo wusste, dass sie dort versteckt war.

Die Aufseherin zog ein weich gekochtes Ei hervor und warf es dem wartenden Silberrücken geschickt zu; er fing es mit beiden Händen auf, hob es an den Mund, knackte es mit den Zähnen auf und pellte es nur mit den Lippen. Als er zubiss, floss ein winziges Rinnsal weichen Eigelbs von seiner Lippe und lief ihm das Kinn herunter, und er schloss die Augen. Nachdem er das genüsslich gewürdigte Ei heruntergeschluckt hatte, brummte er beifällig und klatschte in die Hände, um das Ende dieser köstlichen Episode zu bezeichnen.

Als Congo bemerkte, dass die Wärterin noch auf der Mauer stand, trat ein hoffnungsvoller Ausdruck auf sein Gesicht, und er wiederholte seine bittende Geste, aber sie drehte ihre Kitteltaschen nach außen und zeigte achselzuckend ihre leeren Handflächen, um ihm zu beweisen, dass sie keine weiteren Eier hatte. Mit empörter Miene schüttelte er die Faust in ihre Richtung und drehte ihr und der Wand den Rücken zu.

Die Pflegerin winkte mir zu, nahm ihren Eimer auf und trat ihren Rückweg über den Pfad an, anscheinend unbeeindruckt von Congos Ärger. Ihr Eimer schwang und klapperte hohl, als sie aus dem Blickfeld verschwand.

Einer nach dem anderen kehrten die Gorillas in die Grotte zurück, und jeder kam zu meinem Platz am Fenster, um mir ins Gesicht zu schauen und mein Mittagessen in Augenschein zu nehmen. Jumoke war die Erste, die ihr Gesicht dem Fenster näherte und den Inhalt meines Rucksacks inspizierte, den ich eben ausgebreitet hatte. Amanda schlenderte herbei, um die Teile zu betrachten. Sie zupfte an dem Heu, das vor ihr lag, und tat so, als wäre sie nicht interessiert. Nichts, was ich hatte, schien ihr zu gefallen.

Congo begrüßte mich als Letzter. Er hatte die Stirn in Falten gezogen, als er sich direkt vor mich setzte und seine riesige Gestalt so platzierte, dass er leicht von mir abgewandt war. Dann vollführte er die bittende Geste mir gegenüber. Ich saß einfältig da und fühlte mich plötzlich ein wenig wie bei den meisten Leuten in der Menschenwelt. Mir fiel nichts Angemessenes ein, das ich hätte sagen oder tun können. Ich war erstaunt, dass ich mich so verlegen fühlte. Er wiederholte seine Bewegung. Ich nahm jedes einzelne Teil meines Mittagessens und hob es mit hochgezogenen Brauen hoch, um zu fragen, an welchem Nahrungsmittel er interessiert war. Zum ersten Mal kam ich auf die Idee, um Klarstellung zu bitten, wenn ich etwas nicht verstand oder nicht wusste, was ich tun sollte. Wenn ich in der Vergangenheit in Verlegenheit geraten war, weil ich nicht wusste, was ich tun sollte, und mit der Anwesenheit einer anderen Person überfordert war, hatte ich immer reagiert, indem ich weggegangen war, oder ich hatte mich unhöflich verhalten, die Kontrolle an mich gerissen und der Situation meine eigenen Lösungen aufgezwungen. Aber bei Gorillas funktionierte das nicht.

Schließlich hatte ich ihm alle Bestandteile meines Essens gezeigt: einen Rest Makkaroni mit Käse, verschiedenes Obst und Gemüse und eine Flasche Limonade.

Er wies auf die Flasche. Ich kam mir immer noch töricht vor, aber ich schob die Flasche an das Fenster und zuckte die Achseln – sie würde nicht hindurchpassen, versuchte ich ihm mitzuteilen. Er zeigte auf die Mauer, von der die Wärterin ihre Leckerbissen warf. Er wusste, dass der Pfad zu einem ihm verborgenen Ort in der Nähe meines Sitzplatzes führte. Er hob die Brauen. »Geh dort oben hin und wirf sie mir herunter … Was bist du eigentlich für ein blöder Gorilla?«, schien er zu sagen.

In einem schwachen Versuch, ihm zu demonstrieren, dass ich Pflichten hatte, schüttelte ich den Kopf und zeigte auf meinen Platz und meine Notizen. Er drehte seinen Körper von mir weg und schlug rückwärts mit der Faust an die Scheibe. Dann warf er die Lippen auf, spuckte eine Himbeere aus und ignorierte mich anschließend demonstrativ. Gelegentlich warf er mir einen Blick über die Schulter zu und zog einen Schmollmund. Er brauchte es nicht in Worte zu fassen; ich wusste, was in seinem Kopf vorging.

In meiner Erinnerung ist dies eine der ersten Gelegenheiten, bei denen ich mit Sicherheit wusste, was eine andere Person dachte und empfand und dass meine Handlungen die unmittelbare Ursache für ihre subjektive Erfahrung waren. Etwas an der Direktheit seiner Kommunikation, im Zusammenhang mit der Ehrlichkeit seiner Körpersprache und seiner Emotionen, ergab eine Art von zusammenhängendem, unumstößlichem Bild. Und dies ließ einen Augenblick der Kommunikation zu, der paradoxerweise intensiver und tiefer war als bei einem menschlichen Wesen. Es verlangte, dass ich als einer von zwei Teilnehmern in dieser Situation blieb, bis sie sich aufgelöst hatte. Mir ist klar, dass Menschenaffen nicht nur eine Sprache besitzen, die komplex und ganzheitlich ist, sondern in ihrer Kommunikation mit uns auch illustrieren, dass wir vielleicht diejenigen sind, die weniger geschickt darin sind, eine echte subjektive Erfahrung zu teilen.

Für mich war diese Lektion besonders nützlich, weil ich mich zu dieser Zeit durch die Schule kämpfte. Wegen meiner früheren Schulerfahrungen und weil ich wusste, dass ich in einer formellen Unterrichtssituation Schwierigkeiten haben würde, vergewisserte ich mich, dass ich sehr gut auf sämtlichen Unterrichtsstoff vorbereitet war, bevor ich zum ersten Mal einen Klassenraum betrat. So brauchte ich mich, als ich schließlich am Unterricht teilnahm, nur noch darauf zu konzentrieren, Rücksicht auf andere Menschen zu nehmen und zu lernen, wie Gruppen funktionierten, und das wurde immer leichter, je länger ich studierte und Zeit mit den Gorillas verbrachte. Während ich ihre Sprache lernte, erkannte ich nicht nur die Zusammenhänge der menschlichen Kommunikation, sondern auch ihre tiefere Bedeutung.

Ganz vorsichtig versuchte ich das, was ich bei den Gorillas gelernt hatte, in gesellschaftlichen Situationen anzuwenden. Ich versuchte, Menschen ihre Befangenheit zu nehmen, indem ich sie mit raschen Seitenblicken und einem Lächeln würdigte – eine Verhaltensweise, die sich aus den Unterwerfungsgrimassen von Primaten entwickelt hat und die Botschaft übermitteln soll, dass man dem anderen nichts Böses will. Ich lernte, Streit zu vermeiden, indem ich die Handflächen nach oben drehte und den Kopf senkte. Oder ich behauptete mich, indem ich mich hoch aufrichtete, die Hände in die Hüften stützte und die Ellbogen nach vorn schob, wobei ich die Stirn runzelte und den Kiefer anspannte. Ich lernte, abwechselnd mit den Menschen, mit denen ich interagierte, Signale zu senden und zu empfangen. Ein Kreislauf nahm Gestalt an: Im Allgemeinen fühlte ich mich in meinem Leben ruhiger, weil ich so viel mit den Gorillas zusammen war; und weil sie mir Ruhe schenkten, war ich in der Lage, sie zu beobachten und von ihnen zu lernen. Indem ich dann die Komponenten der Körper- und Verbalsprache anwandte, die ich von den Gorillas gelernt hatte, war ich in Gesellschaft erfolgreicher. Dies führte dazu, dass ich in sozialen Situationen weniger Spannung empfand, und dadurch wieder vermochte ich mich zu entspannen und das Verhalten von Menschen besser zu deuten. Durch diesen Prozess konnte ich, bewaffnet mit größerem Wissen darüber, wie die menschliche Gesellschaft funktioniert, zu den Gorillas zurückkehren und etwas über die Gefühle und Motivationen lernen, die hinter den Handlungen und Handlungsmustern der Gorillas als Individuen und als Gruppe standen. Ich begriff auf einer neuen Ebene, dass Kommunikation auch das Ziel hat, *Emotionen* zu übermitteln, nicht nur rationale oder geistige Empfindungen. Obwohl ich auf einer instinktiven Ebene verstanden hatte, wie sich Angst und Besorgnis anfühlten, begann ich jetzt auch andere, komplexere Emotionen zu begreifen.

Ich war sogar in der Lage, ein Gedicht aus zwei verschiedenen Perspektiven zu schreiben. Das hatte ich noch nie zuvor getan.

Ich musste lachen.
Und so, wie ich dich anschaute,
Musstest du über mich lachen,
Und du …
Du lachtest, bis dir die Tränen kamen
Und dir über dein lachendes Gesicht liefen.
Dann umarmtest du mich.
Wir wussten, dass es gut war, zu lachen.

Zorn

In dem Maß, wie ich mehr über Kommunikation und Beziehungen lernte, begann ich Emotionen zu verstehen, die vorher für mich bloße Abstraktionen gewesen waren. Ich lernte, dass Wut oft aus Verlegenheit und einem Gefühl der Herabsetzung erwächst. Einmal entwickelte Zuri als junger Gorillamann, der kein richtiges Objekt für seine knospenden Gefühle hatte, eine starke Anziehung gegenüber einer jungen Menschenfrau, einer ehrenamtlichen Mitarbeiterin. Prahlerisch blies er sich vor ihr auf und passte immer auf, ob sie ihm auch Aufmerksamkeit zollte. Er tat sein Möglichstes, um sie durch seine Würde und Selbstbeherrschung zu beeindrucken. Als sie ihm eines Tages von der Mauer aus seinen Mittagsimbiss gab, verfehlte er einen Weizenschrotkeks, der ihn oben auf den Kopf traf. Der Keks zerstob in einem Krümelregen, der sich über seine Brust und seine Schultern ergoss. Zuri war wütend. Wochenlang sah er die Frau nicht an, sondern stellte einen Schmollmund und eine finstere Miene zur Schau, wenn sie in der Nähe war. Ich erkannte, dass Ärger und Groll dieser Art aus Verlegenheit resultieren, und gab mir jetzt große Mühe, andere nicht in diese Lage zu bringen.

Ich erlebte auch eine andere Art von Zorn, nämlich Wut, die durch die Selbstsucht oder Gedankenlosigkeit eines anderen hervorgerufen wird. Kiki geriet in Zorn, wenn einer der jüngeren Gorillas einem anderen wehtat. Er wurde wütend, wenn der eine dem anderen einen gehorteten Leckerbissen wegnahm. Kiki besaß einen ganz feinen Sinn für Gerechtigkeit, was mich in die Lage versetzte, diese Art Wut auf einer instinktiven Ebene besser zu verstehen; sowohl wenn ich selbst zornig war, als auch, wenn ich glaubte, diesen Zorn bei anderen hervorgerufen zu haben. Die Vorstellung, Opfer für ein höheres Ziel zu bringen, und die Fähigkeit zur Reue sind zentral für diese Art von Gerechtigkeit, und bei vielen Gelegenheiten zeigten die Gorillas, dass sie beide Impulse beherrschten.

Einmal hatte Zuri in einem Anfall wilder Selbstdarstellungswut jeden Stock, der sich in Sichtweite befand, davongeschleudert, und sah sich nach einem weiteren Wurfgeschoss um – vergeblich. Daher schnappte er sich Alafia am Hinterbein und rannte mit ihr davon. Er schleifte sie über den holprigen Boden, und sie kreischte, als wäre ihr Leben zu Ende. Sofort stellten Nina und Pete sich ihm entgegen, und er ließ die wimmernde Alafia fallen. Weinend, mit verletzter Miene und weit aufgerissenen Augen saß sie da. Nachdem Zuri keuchend wieder zu Atem gekommen war und sich beruhigt hatte, ging er zu Alafia und setzte sich neben sie. Er legte den Arm um sie und sah ihr in die Augen, um sich zu entschuldigen. Ich zweifelte nicht daran, dass er seine Tat bereute.

Sorge

Ich sah, dass Zorn und Sorge zwei Seiten einer einzigen Medaille sein konnten, und dass hinter dieser Reue die Fähigkeit stehen muss, Empathie zu üben und den Wunsch seines Gegenübers nach Sicherheit und Glück zu würdigen. So nötigt sie zu fairem Handeln. Diese Wechselbeziehung von Empfindung und Entgegenkommen ist die Basis für die Beziehungen unter Gorillas wie unter Menschen. Jeder, der hören will, kann sie ständig wahrnehmen.

Ein solches Beispiel für diese Art von Sorge erlebte ich in den ersten Jahren, in denen ich mit Gorillas arbeitete. Damals war Nina sehr krank; sie litt an einer schweren Niereninfektion. Sie weigerte sich, sich zu bewegen oder zu essen, und verlor rasch an Gewicht. Verständlicherweise machte sich ihre Familie Sorgen um sie.

Eines Morgens rührte sie sich kaum, und sowohl Pete als auch Zuri waren sehr beunruhigt über ihr Verhalten. Zuri steckte seiner Mutter die Finger in den After, schnüffelte daran und schaute sie mit besorgter Miene an. Pete setzte sich näher als gewohnt zu ihr heran und warf ihr Seitenblicke zu. Sie lag weiter regungslos da, den Arm über die Augen gelegt, und ihr Leib zog sich in regelmäßigen Abständen vor Schmerz zusammen.

Stundenlang ging das so. Schließlich erschien auf der Mauer die Wärterin mit dem Mittagssnack, der viele neue Leckerbissen enthielt, um Nina zum Essen zu reizen: Sandwiches mit Erdnussbutter, Eis am Stiel, Mangos, besonderes Obst und Jogurt.

Pete und Zuri waren bestimmt hungrig, nachdem sie stundenlang bei Nina gewacht hatten, und als sie die Leckereien erblickten, eilten sie begeistert zur Mauer. Auf halbem Weg zu ihren üblichen Plätzen wurde ihnen klar, dass Nina immer noch im Gras lag, und sie blieben stehen und drehten sich zu ihr um. Hin und her gerissen standen sie auf der Stelle und wägten zwischen ihrer Sorge um Nina und der Verlockung des einladenden Festmahls ab. Pete bellte frustriert und warf finstere Blicke in ihre Richtung, doch sie hielt die Augen geschlossen, und ihr Gesicht war vor Schmerz verzerrt.

Mit vor Bestürzung geschürzten Lippen marschierten Pete und Zuri steifen Schrittes zu der Stelle zurück, wo Nina lag. Sobald sie die unbewegliche Gestalt erreicht hatten, begannen die beiden Männchen mit Stöcken zu werfen. Sie gruben einen Stock aus dem Heu, richteten sich auf und griffen Nina dann an, nur um den Stock ganz ungefähr in ihre Richtung zu schleudern, dann auf alle viere zu fallen und mit kurzem Knurren an ihr vorbeizuhuschen.

Pete und Zuri wollten Nina dazu bringen, dass sie aufstand

und an der Mahlzeit der Gruppe teilnahm, aber ihre Angriffe schockierten und ängstigten die Zoobesucher, die an diesen Lärm und diese Heftigkeit nicht gewöhnt waren. Sie empörten sich offen über die niederträchtige Behandlung, die Nina anscheinend durch ihre Familie erfuhr.

Um mich herum hörte ich ihre Kommentare. Dieses Verhalten, meinten manche, sei der Beweis dafür, dass Gorillas von Natur aus aggressiv waren, ganz einfach nur gemein. Ich versuchte zu erklären, dass Nina krank war und hinter dem Verhalten der Männchen die Sorge um sie stand. Aber ich schaffte es nicht, den Zuschauern das klar zu machen, und so pflegten sie weiter die Vorstellung, dass sie gerade das Gesetz vom »Überleben des Stärkeren« eindrucksvoll miterlebten. Sie schienen zu glauben, dass Petes und Zuris Bemühungen einzig das Ziel hatten, Nina sofort aus der Gruppe zu entfernen.

»Diese Dame sagt, dass das Gorillaweibchen, das da liegt, krank ist«, meinte eine Frau zu ihrem Sohn. »Die anderen Gorillas versuchen sie loszuwerden, weil sie schwach und für die Gemeinschaft nutzlos ist. Das Überleben des Stärkeren – so funktioniert halt die Natur.«

Ich fühlte, wie Panik in mir aufstieg, und die Menschen wurden zu Strudeln aus Farben und Geräuschen. Trotzdem versuchte ich zu erklären, dass die Familie ihr Möglichstes tat, damit sie aufstand und aß, und dass die Gorillas sich wirklich um sie sorgten. Jemand meinte zu mir, sie hätten eine komische Art, das zu zeigen, und ging dann abrupt. Ich konnte mich nicht überzeugend verständlich machen und war dabei, in einem eisigen Rückzugsort in meinem Inneren zu versinken. Das Letzte, was ich hörte, war eine Bemerkung, ich sei hartherzig. Wie so oft gab ich den Versuch auf, mit den Menschen um mich herum zu interagieren, zog mich zurück und wandte meine ganze Aufmerksamkeit wieder den Gorillas zu.

Leider war das Chaos, das bei der Gorillafamilie herrschte, kaum beruhigender. Gerade, als ich den Blick auf die Männchen richtete, die ihren Schaukampf aufführten, schleuderte einer von ihnen einen Stock, der durch die Luft segelte und Nina am Kopf traf, sodass sie zusammenfuhr und sich duckte. Wenn Gorillas mit Gegenständen werfen, treffen sie nur ganz selten jemanden damit, und Nina und ich waren gleichermaßen überrascht. Verblüfft und ohne einen Laut griff sie sich an die Stirn und untersuchte ihre Finger, an denen Spuren von Blut zu sehen waren. Pete und Zuri standen keuchend und erstarrt da und warteten ab, was jetzt geschehen würde.

Nina stieß den Atem aus, runzelte die Stirn, rollte sich auf die Seite und stand auf. Unsicher schwankend machte sie sich auf den Weg zur Mauer. Pete und Zuri gingen dicht hinter ihr. Sie setzte sich vor die Mauer und begann zögernd von den Leckerbissen zu essen, die die Wärterin ihr herunterwarf.

Für mich war ganz klar, was diese Männchen taten. Sie kümmerten sich um die Gesundheit und das Wohlbefinden eines geliebten Wesens. Männliche Gorillas sind bekannt für diese Art von Fürsorge.

So lehrten mich die Gorillas, die Gefühle anderer ernst zu nehmen. Die meisten Gorillamännchen spüren ein starkes Bedürfnis, den Familienmitgliedern, die auf sie angewiesen sind, zu helfen und ihnen alles zu geben, was sie haben. Es zerreißt sie, wenn sie jemandem, der sie braucht, nicht zu Hilfe kommen können.

Gorillamännchen sind stets wachsam und halten Ausschau nach Anzeichen von Gefahr, um ihre Gruppe zu warnen und sie sofort aus der Gefahrenzone wegzuführen. Folglich sind ihre Familien immer genau auf die Laune, das Verhalten und die Körpersprache ihrer Silberrückenanführer eingestimmt. Die Männchen geben die emotionale Grundstimmung für die gesamte Gruppe vor.

Wenn ihre Familien ausruhen oder schlafen, stellen Silberrücken sich wie Posten am Rand der Gruppe auf und bleiben wach und aufmerksam. Bis spät in die Nacht geben sie leise Töne von sich und schlagen sich auf die Brust. Sie schlichten Streitfälle und verteidigen junge Gorillas; man hat auch schon beobachtet, dass sie Waisenbabys adoptieren. Die Kleinen dürfen neben ihnen herwandern und sogar in ihren Nachtnestern bei ihnen schlafen, wo sich die kleinen, zerbrechlichen Waisen an den warmen, gewaltigen Körper ihres Beschützers kuscheln.

In der Wildnis befreien Gorillamänner andere Gruppenmitglieder, die mit Händen oder Füßen in die Drahtschlingen von Wilderern geraten sind, indem sie ihre großen Reißzähne zwischen Draht und Gelenk schieben, bis der Gorilla, der in der Schlinge hängt, herausschlüpfen kann. Dieses Geschick hat schon vielen Gorillas das Leben gerettet, denn wenn sie sich einfach losreißen und die Schlinge tief ins Fleisch einschneidet, enden sie als Krüppel oder entwickeln Wundbrand und sterben schließlich an den Folgeschäden.

Auf Wanderungen verringern Silberrücken auch das Tempo ihrer Gruppe, sodass kranke oder verletzte Mitglieder mithalten können. Wenn deren Leiden tödlich ist, schlafen sie oft sogar bei ihnen, bis sie sterben. Gorillamännchen führen ihre Gruppen auch von Ausflügen, die zur Nahrungsbeschaffung notwendig sind, zurück, um sterbende Mitglieder, die nicht weiterkönnen, zu beruhigen.

Einmal sah ich, wie Congo zu Gunsten eines Menschen einschritt, der sich auf der anderen Seite des Glases befand. Eine Gruppe von Jungen schubste ein kleines Mädchen herum, was sofort seine Aufmerksamkeit erregte. Er schürzte die Lippen und schlug wiederholt gegen das Beobachtungsfenster, bis sie sie in Ruhe ließen. Die Jungen fuhren zusammen und sahen sich Congo gegenüber. Sie rissen die Augen auf, und ihnen klappte die Kinnlade herunter. Oh, Mist!, konnte ich sie beinahe denken hören. Ich lachte leise vor mich hin.

Humor

Vorfälle wie dieser lehrten mich eine Menge über Humor – was er bedeutet, woher er kommt, und warum manche Dinge komisch sind. Oft wurde ich Zeugin derartiger Interaktionen zwischen Congo und solchen Jungen oder auch zwischen Mitgliedern der Gorillafamilien. Dann empfand ich ein kurzes Aufwallen von Angst oder Spannung und lachte anschließend. Humor, das begriff ich schließlich, ist eine Art von erleichterter Reaktion auf etwas, das einen ängstigt, aber am Ende nicht verletzt oder tötet. Es hätte einem wehtun können, hat es aber nicht. Vielleicht meinen die Menschen das, wenn sie von dem »kosmischen Scherz« reden.

Ein Ereignis, das mich vieles über den engen Zusammenhang zwischen Furcht und Komik lehrte, geschah an einem herrlichen, sonnigen Tag, als die Gorillas alle ausgezeichnet gelaunt waren und glücklich die warme Luft genossen. Zuri befand sich in ausgelassener Stimmung. Er rannte und tollte herum, pikste die älteren Gorillas in den Rücken und versuchte, seine kleine Schwester zum Spielen zu bewegen. Albern versuchte er mehrere Male, seine riesige, dreihundertfünfzig Pfund wiegende Gestalt hinter ein paar zerzausten Nesselstängeln im hinteren Teil des Geheges zu verstecken. Alafia war keine Spielverderberin. Absichtlich ignorierte sie ihn, was zum Spiel gehörte, und tat, als konzentriere sie sich allein darauf, im Hof nach Futterbröckchen zu suchen. Während sie sich ihrem Bruder näherte, warf sie ihm verstohlene Seitenblicke zu, denn ihre Suche führte sie zielstrebig in seine Sprungweite.

Als sie näher kam, spannte sich seine muskulöse Gestalt an … und dann sprang er mit wild gebleckten Reißzähnen auf sie los. Er rang sie zu Boden und grub gnadenlos die Finger in ihren Hals und ihre Unterarme, bis sie atemlos vor Lachen nach Luft schnappte. Ihr Mund stand offen, und ihre Augen waren genüsslich zusammengekniffen, aber sie gab keinen Laut von sich, bis sie sich losgemacht hatte und hörbar die Luft einsog, während sie noch versuchte, Zuris Händen zu entkommen.

Ein ums andere Mal spielte sich diese Szene ab. Alafia schaffte die waghalsige Flucht vor Zuri und setzte sich dann ganz dicht neben ihren Vater, der das Spiel gelassen beobachtete. Sie wusste genau, dass Pete sie beschützen würde, daher warf sie Zuri Blicke zu, um ihn anzustacheln. Der Ältere spielte mit, indem er gelegentlich beruhigend den Arm ausstreckte und sie an der Schulter berührte. Dann ging Zuri wieder hinter den Nesseln in Position, und das ganze Spiel begann von vorn.

Schließlich wurde Alafia, die ein junger und leicht ablenkbarer Gorilla war, des Spiels überdrüssig. Ihr grinsender älterer Bruder zitterte hinter seinen Nesselstängeln – die jetzt nach den vielen Angriffen eingeknickt waren und schief hingen – vor Vorfreude, doch sie ignorierte ihn. Es war geradezu Mitleid erregend zu sehen, wie Zuri hinter ein oder zwei krummen und zertretenen Pflanzen, die ihn nicht im Geringsten verbargen, immer noch die Muskeln für seinen »Überfall« anspannte.

Alafia beschloss, das Spiel umzukehren, damit es interessanter wurde. Immer noch tat sie so, als suche sie im Gras nach Futter, und schob sich dabei an einen großen Baum heran und glitt rasch dahinter. Sie spähte gerade so lange um den Stamm herum, um sich zu vergewissern, dass Zuri noch hinter den Nesseln stand, und drückte dann das Gesicht fest gegen die Baumrinde, sodass er es nicht sehen konnte. So blieb sie stehen. Aber sie hatte vergessen, dass es entscheidend ist, einen sich nähernden Gegner im Auge zu behalten; und als sie noch einmal um den Stamm lugte, war das Zielobjekt ihres Plans verschwunden.

Denn Zuri war ein erfahrener Veteran solcher Versteckspiele und hatte die Gelegenheit genutzt, um einen Kreis um seine Schwester zu schlagen, als sie nicht hinsah. Mit verwirrter Miene streckte sie ihren kurzen Hals noch weiter um den Baum herum und versuchte ihren Bruder auf dem Gelände zu entdecken. Dann nahm sie ihre Position wieder ein. Doch plötzlich tauchte Zuri aus Leibeskräften brüllend aus dem Nichts auf und packte sie mit beiden Händen, die er zu gewaltigen Klauen gereckt hatte. Alafias Miene schlug von Verwirrung in blankes Entsetzen um.

Beim Anblick eines schockierten, erschrockenen Gorillas zieht sich einem der ganze Körper vor Mitgefühl zusammen. Aber der Anblick eines hundertfünfundsiebzig Pfund wiegenden Gorillas, der wie eine Rakete vom Boden abhebt, ist mehr als komisch – er ist einfach zum Schreien.

Alafia schien unbeweglich in der Luft zu hängen. Mit weit ausgestreckten Armen und Beinen schwebte sie am Scheitelpunkt ihrer Flugbahn. Die Zunge stand ihr steif aus dem breiten Mund, ihre Augen quollen vor, und sie stieß eine Art Quaken aus. Doch als sie landete, war der pure Schrecken bereits der Erkenntnis gewichen, dass sie nicht wirklich in Gefahr war. Sie reagierte darauf allerdings nicht mit Gelächter – wie ich als Zuschauerin –, sondern mit Wut auf ihren Bruder.

Sobald sie wieder auf dem Boden angekommen war und ihre Zunge wieder im Mund verstaut hatte, ging sie mit gebleckten Zähnen und geballten Fäusten auf Zuri los. Sie biss und schlug ihn und bellte wütend. Zuri, der die Arme gehoben hatte, um den ungestümen Angriff seiner Schwester abzuwehren, warf mir aus dem Kampfgetümmel heraus einen verstörten Blick zu. Seine Miene schien zu fragen: »Wie? War das jetzt nicht komisch?«

Es war tatsächlich komisch. Es war witzig, weil es Furcht erregend war und am Ende alles gut wurde. Durch dieses Beispiel inspiriert, entwickelte ich eine Faszination dafür, Witze zu machen, die Kapital aus eigenen und fremden Ängsten schlugen. Ich verstand, dass es komisch sein kann, seine Ängste mit anderen zu teilen, wenn man Grund zu der Annahme hat, dass man sie gemeinsam überwinden wird. Ich lernte, dass Humor eine kreative Art sein kann, selbst schwierige Situationen zu meistern.

Motivation

Eines Tages saßen alle Gorillas im Unterstand, und ich hatte mich auf meiner Bank zusammengekauert. Alafia war sichtlich gelangweilt und hielt Ausschau nach einer Beschäftigung. Während die älteren, ruhigeren Gorillas ihrer Familie Futterstückchen aßen und über das Leben im Gehege sinnierten, wirkte sie rastlos. Doch plötzlich war sie wie gebannt; ihr Körper spannte sich an, und ihre ganze Aufmerksamkeit richtete sich auf die Ostwand der Grotte.

Als ich ihrem Blick folgte, entdeckte ich einen kleinen weißen Falter, der hoch oben an der Wand saß; er flatterte herum und landete dann immer wieder an derselben Stelle. Alafia rannte zu der Felswand und versuchte, nach dem Falter zu schlagen, stellte aber fest, dass er so hoch saß, dass sie ihn nicht erreichen konnte. Sie setzte sich vor die Wand und starrte lange auf den Falter, ohne den Blick abzuwenden.

Schließlich stand sie auf und trat von der Wand weg. Ich vermutete, dass sie gelangweilt war und wohl etwas anderes unternehmen wollte als dazusitzen, den Blick starr auf ein Insekt gerichtet, an das sie nicht herankam. Sie ging hin und her und schob das Heu in der Grotte beiseite, als suche sie etwas. Endlich fand sie einen kurzen, stabilen Stock, der etwas über einen halben Meter lang war, und klemmte ihn höchst bedächtig unter ihren Arm. Dann durchkämmte sie das Heu weiter, bis sie einen zweiten, längeren und dünneren Stock entdeckte. Um sich diese beiden Stöcke zu beschaffen, brauchte Alafia eine ganze Minute, und während der gesamten Zeit zeigte ihr Gesicht einen Ausdruck höchster Konzentration.

Alafia ging zurück und klemmte den kürzeren Stock direkt unterhalb des Falters im Winkel gegen die Wand. Dann benutzte sie ihn als Leiter und stieg hinauf. Anschließend schwang sie den zweiten Stock, holte aus und traf den Falter, den sie keinen Moment aus den Augen gelassen hatte, beim ersten Versuch.

Der Falter flatterte schwach, fiel zu Boden und blieb zuckend auf dem Heu vor der Wand liegen. Alafia ließ ihre Waffe fallen und sprang von dem Stock, den sie als Leiter benutzt hatte. Sie schnappte den verletzten Falter und steckte ihn in ihren Mund. Wieder und wieder wälzte sie den Falter im Mund und über die Zunge und genoss den seltenen Leckerbissen.

Ich staunte. Noch nie hatte ich gehört, dass Gorillas zwei Werkzeuge auf einmal benutzen, aber gerade eben war ich Zeugin gewesen, wie ein Gorilla tatsächlich mit einer Waffe jagte, während er ein zweites Werkzeug gebrauchte. Dies war eine komplexe Operation und erforderte große Konzentration; man könnte sogar behaupten, dass dazu gründliches Nachdenken nötig war. Um eine solche komplexe Handlung auszuführen, hatte Alafia das Problem aus mehreren Blickwinkeln betrachten müssen und dabei wie bei einem geistigen Makramee Gedankenfäden aufnehmen und verknüpfen müssen. Dann hatte sie ihren Plan Schritt für Schritt ausgeführt und sich weder ablenken noch von ihrem Vorhaben abbringen lassen.

Möglicherweise, überlegte ich, ist ja meine Fähigkeit, mich vollständig auf meine eigenen Gedanken zu konzentrieren, beim Lösen von Problemen vom Vorteil. Wenn das stimmte, dann könnte diese Beharrlichkeit ein weit verbreiteter Zug unserer frühesten Vorfahren gewesen sein, die als Erste Werkzeuge herstellten, Unterstände bauten, webten, nähten und pflanzten. Vielleicht ist also meine spezielle Art, die Welt zu erleben, sehr alt und ein Geschenk meiner Vorfahren.

Religiöse Empfindungen

Manche Wechselfälle des Lebens sind zu verstörend und ernst, um darüber zu lachen. Das erfuhr ich, als ich in meiner Begeisterung darüber, auf Furcht basierenden Humor zu erforschen, zu weit ging und man mein Verhalten unangemessen fand. Eingehende Nachforschungen lehrten mich, dass Kategorien von Angst existieren, über die man besser nicht scherzt, insbesondere solche, bei denen es um unwiderrufliche Veränderungen geht, denen gegenüber Menschen sich hilflos fühlen. Viele Leute machen zum Beispiel nicht gern Scherze über den Tod; sie finden das Thema einfach nicht komisch. Andere möchten keine Witze über das Altwerden hören, darüber, dass sie ständig Dinge verlieren, die sie lieben, oder dass ihre Kinder ausziehen. So etwas kann einen schließlich wirklich verletzen oder umbringen. Und dafür sind, wie ich zu begreifen begann, religiöse Rituale da; sie helfen Menschen, mit Dingen umzugehen, die ihnen Furcht einflößen und sich der Bewältigung durch Humor entziehen.

An einem kalten, regnerischen Tag, wie er typisch für den Nordwesten der USA ist, erlebte ich ein erstaunliches Ritual mit. Der Himmel war stahlgrau, und das Wasser rann über den Boden, als weine die Erde aus Sehnsucht nach der Sonne bittere Tränen. Die Gorillas, die unglücklich über den Regen waren, kamen ins Gelände hinaus. Pete blieb in der Tür stehen, sah zum Himmel auf und kniff die Augen zusammen, um sie gegen die Tropfen zu schützen, die von dem Türabsatz in seine Augen spritzten. Mit verstimmter Miene nahm er das durchweichte Chaos draußen in Augenschein. Widerwillig setzte er erst eine seiner großen Hände und dann einen Fuß auf den Pfad und verzog die Lippen, als kalter Matsch zwischen seinen Fingern und Zehen hochkroch. Langsam holte er den zweiten Fuß und die andere Hand nach und stellte sie in den Morast. Seine Lippen waren jetzt fest zusammengepresst, und er schien mit der Notwendigkeit zu ringen, die mollig warmen Innenräume zu verlassen. Endlich fasste er einen Entschluss und marschierte steif zum Unterstand in der Grotte hinüber, wobei er alle paar Schritte Hände und Füße ausschüttelte.

Zuri kam direkt nach ihm, aber statt sich langsam in den triefenden Sumpf vorzutasten, hatte er eine ganz andere Strategie. Er fasste an den Rahmen der Hoftür und schwang sich mehrmals vor und zurück wie ein Skifahrer, der aus dem Starthäuschen in den Slalom startet, und raste dann so schnell zum Unterstand, dass seine Konturen im Regen verschwammen. Den ganzen Weg rannte er aufrecht, um seine Hände trocken zu halten; und sobald er angekommen war, nahm er eine Hand voll trockenes Heu, um sich abzuwischen, sichtlich angeekelt von dem Regen und dem Matsch, der an seinem Körper klebte.

Nina war stoischer als die beiden Männchen. Sie hielt sich nicht damit auf, den Regen zu betrachten oder ihr Schicksal zu verfluchen, sondern stapfte einfach aus der Tür und schnurstracks zum Unterstand. Manchmal hängte Jumoke sich an Ninas Hinterteil und ging aufrecht, damit ihre Hände sauber blieben. Aber heute machte Nina sich allein auf den Weg zum

Unterstand. Ihre Schwangerschaft mit Alafia war weit fortgeschritten, und wenn sie auf ihren kurzen Gliedmaßen dahintrottete, schleifte ihr riesiger Bauch fast über die Erde. Jumoke war nirgendwo zu sehen. Ich fragte mich, wo sie sein mochte.

Lange brauchte ich nicht zu warten. Ohne Vorwarnung kam Jumoke aus der Tür geschossen und stürmte über den hinteren Teil des Hofs, nur um hinter den Bäumen zu verschwinden. Das Laub begann heftig zu wogen. Jumoke erschien über der Baumgruppe. Sie hatte einen der kleinen Stämme erklettert und schüttelte die Spitze – an der sie sich selbst festhielt – mit aller Kraft, so dass sie in weitem Bogen hin- und her schaukelte.

Ich konnte hören, wie sie in den Regen hineinschrie und heulte. Ihre wilde Gestalt hob sich vor dem selbstzufriedenen Nieselregen ab wie ein merkwürdiger pechschwarzer Farbfleck. Ich verzog das Gesicht, als sich der kleine Baum mit jedem wilden Schwung tiefer zum Boden neigte.

Plötzlich war ein Krachen zu hören, das wie ein Blitzeinschlag klang: Der obere Teil des Baums war abgebrochen – und Jumoke hing noch daran. Heftig um sich schlagend und kreischend stürzte sie ins Unterholz, und dann war alles still. Ein paar Blätter, die sie in ihrer Raserei von den Bäumen gerissen hatte, flatterten mit dem Regen zu Boden. Sie ist tot, dachte ich.

Die Gorillas und ich sahen uns an und starrten dann auf die Stelle, wo Jumoke verschwunden war. Endlose Momente vergingen, in denen keine Bewegung zu sehen und kein Laut zu hören war. Und dann, ebenso plötzlich, wie sie gefallen war, platzte Jumoke aus dem Unterholz. Immer noch klammerte sie sich an die Baumspitze und zerrte sie hinter sich her. Mit ihrer neuen Waffe im Schlepptau kam sie geradewegs auf den Unterstand zu.

Die Gorillas, die immer noch verblüfft über Jumokes Auftritt waren, standen einen Moment lang verdutzt da und stoben dann panisch auseinander, als sie in ihre Mitte stürzte. Zuri warf das Heu, das er als Handtuch benutzt hatte, beiseite, und andere, die begonnen hatte, kostbare Stückchen Nahrung aufzuheben, als Jumoke hereinpolterte, ließen in ihrer Eile, sich zu verdrücken, alles fallen.

Jumoke rannte im Halbkreis an der Innenwand der Grotte entlang, schwang die Baumkrone hinter sich her und hinterließ einen Schwall aus Regentropfen und durch die Luft fliegenden Blättern. Wie der Blitz stürmte sie wieder in den Regen hinaus. Sie hob die Baumkrone in die Luft, und die anderen Gorillas, die rasch wieder in den Unterstand zurückgekehrt waren, blickten sich hektisch um und versuchten zu erraten, was sie vorhatte und wohin sie als Nächstes laufen würde.

Während sie noch mit offenen Mündern dastanden, sprang Jumoke in den flachen Bach, der durch das Gelände floss, sodass Wasser in alle Richtungen spritzte. Sie setzte sich rittlings auf einen Baumstamm, der die beiden Ufer des Bachs verband, und spritzte Wasser darauf. Nachdem sie dies mehrere Male getan hatte, schlug sie mit beiden Händen auf den Stamm ein und stieß merkwürdige Töne hervor.

Dann erschlaffte sie unerklärlicherweise und lag mit dem Gesicht nach unten auf dem Stamm. Ihre Arme und Beine hingen rechts und links herunter. Wieder forschten die Gorillas und ich aufmerksam nach Lebenszeichen. Nach längerer Zeit stieg sie lässig von dem Stamm, wobei sie darauf Acht gab, nicht ins Wasser zu treten, und schlenderte zum Unterstand zurück, als wäre nichts geschehen. Solch ein Reinigungsritual hatte ich noch nie gesehen.

Jane Goodall, die ähnliche »Regentänze« bei Schimpansen beobachtet hat, hegt die Vermutung, dass solche Aktionen sehr alt sind und ihre Anfänge womöglich bei einem gemeinsamen Vorfahren von Menschen und Affen liegen. Ihrer Ansicht nach sind diese Szenen der Ursprung der aufwändigen Rituale, die wir noch heute mit dem Wechsel der Jahreszeiten und dem Markieren von Zeitabschnitten in Verbindung bringen, den Mustern in unserem Leben. Das also war Religion, dachte ich.

Aus meinen Forschungen zum Thema Religion wusste ich, dass der Theologe Joseph Campbell an eine frühe Entstehung von Ritualen glaubt, die vielleicht sogar noch weiter zurückliegt als die Spaltung zwischen Affen und Menschen. Und auch dass Rituale, die Bewegungsmuster umfassen, ein sehr urtümliches Verhalten darstellen und möglicherweise nicht nur greifbare Ereignisse markierten, sondern auch Übergangsrituale sind.

Als Jumoke in den Unterstand kam, näherte sie sich Nina. Sie legte den Kopf an ihre Schulter und legte die Hand auf ihren runden Bauch, in dem neues Leben heranwuchs. Jumokes Ritual schien zu besagen, dass sie erkannte, dass eine Zeit in ihrem Leben zu Ende ging und eine andere bald beginnen würde, wenn ihre Gruppe ein neues Mitglied bekam. Das konnte ich sehr gut nachfühlen. Meine Jahre bei den Gorillas waren ein Übergangsritual nach dem anderen.

Ich war noch nie ein religiöser Mensch gewesen. In den meisten Kirchen fühlte ich mich unwohl und fand in diesen Gebäuden keinen Trost. Vielleicht, dachte ich, nachdem ich diese Gorillas beobachtet, sie lieb gewonnen und von ihnen gelernt hatte, entsprach es eher meinen Bedürfnissen, mich in Gott hineinzuverströmen, statt mich von einer Kirche einschließen zu lassen. Als ich über die Rituale der Gorillas nachdachte, erkannte ich, dass mein Begriff von Gott als einem großen Geist, der in Dingen lebte, die mich auffangen konnten, wenn ich mich nach außen stürzte, wahrscheinlich ganz ähnlich war wie die Gotteserfahrung der Gorillas.

Ein Gott, der einen noch umfasst, wenn man sich in Baum, Himmel und Regen verströmt, kann einen bestimmt auch umgekehrt auf einen winzigen Punkt konzentrieren. Das Allumfassende und das Kleine – wir sind nach seinem Bild geschaffen. Es ist unsere Natur.

Ich war vertraut mit dem Geist, der mich zu sich zog. Seit langem kritisierten mich andere Menschen dafür, dass ich die Welt auszuschließen und meinen Geist wie einen Laserstrahl zu fokussieren vermag. Ich lernte die Fähigkeit der Gorillas bewundern, sich manchmal ebenso intensiv zu konzentrieren, und begann diese Fähigkeit bei mir selbst positiver zu betrachten. Es liegt eine gewisse Schönheit darin, wie man so sagt, das Universum in einem Sandkorn zu sehen. Aber es liegt auch Schönheit darin, wie ein winziges Universum voller Möglichkeiten sich vor einem entfaltet.

*

So empfand ich, als ich nach jahrelangem Studium meinen Abschluss erhielt und zu feiern beschloss. Ich war aufgeregt über die Möglichkeiten, die vor mir lagen, und glücklich, an diesem Punkt in meinem Leben zu stehen. Allein fühlte ich mich wohl, und ich kam mir selten einsam vor. Ich genoss meine eigene Gesellschaft. Daher kaufte ich eine Karte für eine Abendrundfahrt auf dem Puget-Sund und führte mich selbst zum Abendessen aus, bevor ich an Bord des Bootes ging. Ich war zufrieden, für mich zu bleiben; das war für mich einerseits natürlich, und auf der anderen Seite wollte ich über mein Leben nachdenken, meine Zukunft. So sicherte ich mir eine Stelle am Bug des Bootes und versuchte, alle Leute zu ignorieren. Ich tauschte ein paar höfliche Sätze mit Menschen aus, die versuchten, ein Gespräch anzufangen, aber eigentlich wollte ich in Ruhe gelassen werden. Als die Sonne sank und die meisten Passagiere in die Kajüte gingen, um zu trinken und zu tanzen – was man auch jederzeit an Land tun kann; wozu braucht man dann eine Bootsfahrt zu machen, dachte ich –, war ich froh, endlich für mich zu sein. Ich atmete tief durch und reckte mich, während das Boot durch die Wellen in die bernsteinfarbene Abenddämmerung glitt. Gerade dachte ich darüber nach, wie herrlich es wäre, für immer meine Ruhe zu haben, da nahm ich aus dem Augenwinkel eine Frau wahr, die immer noch draußen stand. Ich wollte, dass sie wegging. Zwing mich bloß nicht, mit dir zu reden, dachte ich.

Aber die Fremde stand einfach nur still da und schaute auf das Wasser hinaus. Ich riskierte einen direkteren Blick. Ihr schien kalt zu sein, denn sie schlang die Arme um den Körper. Ich wandte mich wieder ab und presste die Lippen zusammen. Ich werde nicht mit ihr sprechen, gelobte ich mir. Nach ungefähr zehn Minuten drehte ich mich wieder um. Noch bevor ich hinsah, wusste ich, dass sie noch da war. Ach, was soll's.

»Haben Sie einen Mantel?«, fragte ich.

»Drinnen habe ich einen«, antwortete sie und schlang die Arme noch fester um sich.

»Möchten Sie meinen haben? Sie können ihn ruhig anziehen. Mir ist nicht kalt.«

So gestelzt begannen wir eine dreistündige Unterhaltung, die sich als die beste meines Lebens erweisen sollte. Ich sprach über alle meine Ideen, sprudelte meine leidenschaftlichen Überzeugungen hervor und lauschte ihren Vorstellungen mit echtem Interesse. Als ich aussteigen und mich von ihr verabschieden musste, war ich traurig. Sie sagte, sie werde mich anrufen, aber ich hatte inzwischen gelernt, dass normale Menschen so etwas zwar sagen, dabei aber klar ist, dass sie es nicht wirklich meinen. Doch irgendwie wusste ich, dass sie sich melden würde. Und sie tat es.

Sie war sehr schüchtern, und es fiel ihr schwer, mich um ein Treffen zu bitten, aber schließlich brachte sie die Frage heraus. Rasch nahm ich an. Die Aussicht, mich mit jemandem zu verabreden, der ebenso gern dachte wie ich, war aufregend. Ich war noch nie auf die Idee gekommen, dass ich mit Frauen ausgehen könnte, mit denen ich etwas gemeinsam hatte. Trotzdem war ich sehr vorsichtig. Ich genoss mein Leben und meine Karriere und hatte nicht vor, das einem anderen zuliebe aufzugeben. Die Geschichte meiner vorherigen emotionalen Beziehungen war nicht angenehm gewesen, und ich hatte nicht das Bedürfnis, meine Fehler aus der Vergangenheit zu wiederholen. Obwohl ich wusste, dass romantische Gefühle wichtig sind, war ich auch zu der Ansicht gelangt, dass man solche Situationen logisch angehen sollte.

Bewaffnet mit dem Wunsch, bei meinem neuerlichen Vorstoß in Beziehungsdingen beide Aspekte zu vereinbaren, verschaffte ich Tara unabsichtlich die merkwürdigste Verabredung ihres Lebens. Sie begann noch ziemlich vorhersehbar. Ich nahm sie auf meinem Motorrad mit, um mit ihr den Sonnenuntergang über der Stadt anzusehen. Ich hatte ein romantisches Picknick mit Süßigkeiten und Erdbeeren eingepackt und fuhr sie zu einem meiner Lieblingsplätze – der St.-Mark's-Kathedrale –, und wir saßen auf dem Hügel hinter dem Gebäude und schauten auf die blinkenden Lichter hinab. Schließlich gingen wir ins Kino. Als wir im Saal saßen und darauf warteten, dass der Film anfing, entschied ich, dass ich meine Fähigkeit zur romantischen Annäherung ausreichend unter Beweis gestellt hatte und es jetzt Zeit war, zur Sache zu kommen. Tara musste jetzt »den Test« bestehen, bevor ich möglicherweise Zeit auf eine Beziehung vergeudete, die zum Untergang verurteilt war.

Ich machte mich daran, sie über jede Menge Themen ins Verhör zu nehmen: Was ist dir im Leben wirklich wichtig? Was sind deine Ziele? Wie sehen deine Gefühle über Tiere, die Erde, unseren Platz im Universum aus? Was hast du aus deinen vergangenen Beziehungen gelernt? Wie ist dein Verhältnis zu deinen ehemaligen Partnern?

Tara verkraftete diesen plötzlichen Umschwung gut – später gab sie allerdings zu, dass sie irritiert gewesen war, und bezeichnete unsere erste Verabredung als »die Inquisition«. Sie erklärte mir, dass es ihr wichtig sei, ein guter Mensch und eine gute Mutter für ihren Sohn aus einer vorausgegangenen Ehe zu sein; dass der Englischunterricht an dem College, wo sie arbeitete, ihr Spaß mache, sie aber auch offen dafür sei, neue Lebensweisen zu erkunden. Sie sagte, die Vertiefung ihrer Spiritualität sei für sie von großer Bedeutung, und sie sehe Tiere und die Erde als einen wichtigen Teil dieser Reise. Sie stand ihrem Exmann immer noch sehr nah, und sie hatten einander bei der Scheidung sehr respektvoll behandelt. Ihrer Überzeugung nach war es wichtig, Menschen zu achten, mit denen man einmal zusammen war, auch wenn die Beziehung sich vielleicht anders entwickelt hat.

Es ist ungewöhnlich, aber als ich dort saß und ihren Antworten lauschte, erkannte ich plötzlich, dass sie schön war. Mir fällt es grundsätzlich schwer, Gesichter zu beurteilen; vielleicht, weil es problematisch für mich ist, Wahrnehmungen zu verarbeiten, wenn ich unter Stress stehe. Ich glaube, dass ich mich mit jeder wohl überlegten Antwort, die sie mir gab, weiter entspannte und in der Lage wahr, mehr Reize aufzunehmen. Bestürzt wurde mir klar, dass sie das war, was man allgemein als umwerfend attraktiv bezeichnet. Ich weiß noch, wie ich dachte, dass sie ein Übermaß an wunderbaren Eigenschaften besaß: Sie war klug, witzig, nachdenklich, verantwortungsbewusst, sensibel und sah großartig aus. Und dazu kam noch, dass sie mich intuitiv zu verstehen schien.

Sie lachte über meine Scherze, hörte mir zu, erzählte mir ihre Geheimnisse und genoss die Unterschiede zwischen uns. Und noch etwas anderes tat sie für mich. Als wir uns weiter trafen und uns immer näher kamen, fing sie an, menschliches Verhalten für mich zu interpretieren. Wenn wir zu einer Party gingen oder ein Gespräch zwischen Fremden mithörten, pflegte ich sie zu fragen, warum dieses und jenes gesagt oder getan worden war, und sie erklärte es mir. Einfach so. Wenn ich ins Fettnäpfchen getreten war, sagte sie es mir und erklärte mir, was ich falsch gemacht hatte und warum. Obwohl ich auch, nachdem wir uns begegnet waren, noch mehrere Jahre lang Menschen mit meinen ungebetenen Vorträgen bedrängte, begann ich langsam, mir Regeln einzuprägen, und begriff sogar ihre Struktur und ihren Zweck.

Ich habe einmal etwas über die Beziehung zwischen Helen Keller und ihre Lehrerin Ann Sullivan gelesen, und manchmal denke ich über meine Beziehung zu Tara nach und finde, dass sie ähnlich ist. Tara behauptet, dass ich ihr ebenso viel schenke wie sie mir, ihr genauso viel Neues enthülle. Vielleicht macht das ja die wahre Liebe aus: Jeder hat das Gefühl, in der Beziehung ein Geschenk zu empfangen, während er ebenso reichlich gibt, ohne es auch nur zu ahnen. Vielleicht kann ja die Liebe, indem sie die Grenzen des Üblichen überschreitet, uns nach ihrem Bild formen.

7

Requiem

Noch eine letzte Lektion sollten mich die Gorillas lehren. Eines Morgens kam ich in den Zoo zur Arbeit und spürte sofort, dass etwas ganz und gar nicht in Ordnung war. Der Bereich roch anders, und eine eigenartige Stille hing in der Luft wie das schwere, lastende Grau zwischen Hoffnung und Resignation. Ich ging zu den Käfigen und erblickte Congo, der in sich zusammengesunken und reglos bäuchlings im weichen Heu kauerte. Sein gewaltiges Haupt barg er in den Händen und starrte auf den Boden. Er führte ein Gespräch mit seinem Tod.

Offensichtlich litt er Schmerzen, aber niemand wusste genau, was mit ihm los war, obwohl der Tierarzt zweimal dagewesen war und zu helfen versucht hatte. Man ließ mich mit ihm allein. Mir war, als befände ich mich mitten in einem Schnappschuss, der noch weiter existiert, nachdem die darauf Abgebildeten gestorben sind. Meine Sinne waren rasiermesserscharf: Ich roch das süße Heu, und alle Farben traten leuchtend hervor … Die Luft war feucht, und im Spülbecken standen Erdbeeren. Ich hörte Congos Atem. Dicht neben ihm kniete ich nieder und sang *You are my sunshine*, das Lied, das ich ihm immer vorsang und das er immer mitgebrummt hatte, und endete ganz leise mit: »*Please don't take my Congo away.*«

Er schaffte es, ein einziges Mal zu brummen, weil er mich liebte. So, wie er alle Wesen liebte. Er reagierte so offen, so vertrauensvoll auf alle, die zu ihm kamen und eine Chance auf Liebe suchten, und er war in seinem natürlichen Herzensüberschwang alles, was ich ein Leben lang nicht lernen werde. Ich bat ihn, bitte nicht zu sterben. Weinend saß ich neben Congo, und Tränen tropften auf meine Stiefel.

Schließlich musste ich aufstehen und nach Hause gehen. Am nächsten Tag hörte ich ein altes geistliches Lied, als das Telefon klingelte. Ich schaute in den Morgen hinaus, der frisch aus der Nacht auferstanden war. Ich hörte das Lied sowohl mit den Ohren als auch mit dem Herzen. Wieder klingelte das Telefon. Ich wollte nicht abheben, doch ich tat es trotzdem, weil nichts den Lauf der Dinge aufhalten konnte. Als ich die Stimme einer Kollegin aus dem Zoo hörte, hätte ich am liebsten aufgelegt, weil ich das, was sie sagen würde, Lügen strafen wollte. Aber ich stand still, und sie sagte es: »Er hat uns verlassen.«

Ihr Schluchzen verklang, als sie sagte, es tue ihr Leid, und auflegte. Wie erstarrt stand ich da. Ein Teil von mir glaubte, wenn ich mich nicht rührte und einfach an meinem Platz blieb, wie ein Lesezeichen, dann könnte jemand, der das Buch der Zeit aufschlug und zu den Seiten, die er verpasst hatte, zurückblätterte, vielleicht das Buch weglegen und vergessen, wieder zu dem Teil vorzublättern, wo die Welt in Stücke zerbrochen war.

Als ich später in den Zoo ging, lagen an den Sichtfenstern für das Publikum bereits Blumensträuße und Beileidskarten. Alles war so verlassen wie ein frisch ausgehobenes Loch in der Erde mitten in der Nacht. Bei diesem Begräbnis gab es keine Trauergäste. Irgendwie erschien es mir passend, dass niemand da war – diese Leere sprach von seinem großen Geist, der eine Spur davon hinterlassen hatte, dass er gelebt hatte. Aber dann war er zu einem anderen Ort verschwunden, wo Menschen nicht nur starren, um zu starren.

Als ich in den hinteren Bereich ging, stellte ich fest, dass sich nicht viel verändert hatte seit gestern Morgen, als Congo plötzlich kollabiert war und Tierärzte und Techniker um ihn herumgeschwärmt waren und lärmend um seinen in Auflösung befindlichen Geist gekämpft hatten. Lange Zeit sah ich auf die

Stelle. Es war nur ein Stück Fußboden, ein kleiner Fleck; aber kein Ort auf der Erde würde jemals sein wie dieser.

Die anderen Gorillas weinten eine Woche lang, und ihr Wehklagen erfüllte die Flure und durchdrang das Glas. Sie fühlten sich verloren, und ich empfand genauso. Durch die Gorillas hatte ich gelernt, Gefühle zu empfinden und viele Emotionen zu teilen; nun wusste ich, was Trauer war.

Menschen sterben, und diejenigen, die sie überleben, sind traurig; aber Menschen können Entscheidungen über ihr Leben fällen. Ein Tod wie der von Congo jedoch – eines zutiefst versöhnlichen Wesens, das in seinem Leben keine Wahl gehabt hatte – ist niederschmetternd. Sein Tod, der an sich schon überwältigend war, symbolisierte für mich jeden Schmerz und Verlust, den ich je erlebt hatte, und die Gnade, die ich durch seine Nachsicht und die Anerkennung des Gorillavolkes gefunden hatte. Seither und deswegen ist die Verzweiflung, die ich immer noch von Zeit zu Zeit empfinde, größtenteils einer gewissen Art von Dankbarkeit und Freude gewichen.

Congos Heimkehr

Nach Congos Tod brachte ich es nicht mehr übers Herz, weiter im Zoo zu arbeiten. Bevor ich ging, verbrachte ich einen letzten Tag mit den Gorillas. Ich half bei der Futterung und saß noch im Büro bei ihnen. Am liebsten hätte ich geweint. Der Wunsch zu weinen war ein gutes Gefühl – sie waren meiner Tränen würdig. Ich schloss die Augen und spürte, wie eine feuchte Linie herausquoll. Ich roch die Gorillas und schmeckte die feuchte, von Grasduft erfüllte Luft im Mund. Ich hörte ihr Rascheln im Heu und das Klirren der Türen, durch die sie ihre Schlafkäfige verließen – und mich. Ich fühlte. Ich fühlte.

Als sie in ihrem Gehege waren, ging ich nach draußen und den Pfad entlang. Allein stand ich da, beobachtete sie und dachte über alles nach, was sie mich gelehrt hatten. Ich dachte an die Wiedergeburt, die ich in ihrer Mitte erlebt hatte. Jetzt kann ich mich an meine beiden Geburten erinnern, dachte ich. Ein Gedicht fiel mir wieder ein, das ich kurz vor meiner Begegnung mit ihnen geschrieben hatte.

Unser Staub wirbelt im langsamen Verstreichen der Jahre
Und lässt sich in unseren Träumen nieder, wenn hier der Wind nachlässt.
Er erhebt sich im Strom neuen Lebens
Und bildet Wolken hinter deinen Augen.

Und du kamst eines Abends zu mir, als ich im Zwielicht stand.
Mit einer Hand strecktest du mir Licht entgegen,
Und mit der anderen nahmst du mir Blut und Rosen,
Ein Geschenk, das ich dir gab, um deine roten Träume zu sehen.

So standen wir am Ende des Tages,
Im Blutrot des Sonnenuntergangs,
Im Rot unserer Jagd,
Im Rot unseres Lebens,
Das geht und wiederkehrt wie die Sonne.

Ich dachte an seine Heimat, und ich fand, Afrika sollte Congo zurückbekommen. Seine Organe und seine Knochen, um sich daraus zu erbauen. Afrika konnte vielleicht flüsternd seinen Geist für immer nach Hause holen und auf sein Herz vertrauen, um das Volk der Gorillas zu retten. Nun, da ich wegging, mit dem Vertrauen und dem relativen Frieden, die ich bei den Gorillas gefunden hatte, wusste ich, dass ich jeden Traum verwirklichen konnte. Mein erster Traum war es, Congo nach Hause zu bringen. Eine Reise an einen weit entfernten und fremdartigen Ort ist sogar für Menschen ohne Behinderung einschüchternd, aber für mich, das wusste ich, würde sie nichts weniger als ein Übergangsritual sein. In der physischen Welt würde ich allein gehen, aber ich wusste, dass das Volk der Gorillas bei mir sein würde: Ich ging in die gemeinsame Heimat unserer Vorfahren und brachte Congo nach Hause, und darauf konzentrierte ich mich, als der Termin näher rückte. Für mich war diese Reise ein Symbol für eine Ganzheit, die ich noch nie zuvor empfunden hatte.

Aber es gab Komplikationen. Als ich um Congos Asche bat, erklärte man mir, er sei noch Eigentum eines anderen Zoos. Man hatte vor, ihn in Stücke zu schneiden und Teile von ihm zur Untersuchung durch das ganze Land zu schicken. Er war ihr *Eigentum*, verstehen Sie. An den Stimmen und Gesichtern der Leute konnte ich ablesen, dass das nun wirklich leicht zu begreifen sein müsste. Aber ich kann nicht einmal heute daran denken, ohne mich so zerstückelt zu fühlen wie er.

Eine der Frauen, die bei seinem Tod dabei gewesen waren, öffnete meine Finger und legte ein kleines Haarbüschel hinein. Sie sagte mir, die Tierärzte hätten es abrasiert, als sie, kurz bevor er starb, versucht hatten, ihm eine Infusion in den Arm zu legen, und sie hatte das Haar von der rasierten Stelle aufgesammelt. Sie riet mir, diesen Teil von ihm nach Hause zu bringen. Und so flog ich zu einem Ort, wie er nicht weiter weg sein konnte, ohne den Planeten zu verlassen. Weiter hatte ich mich noch nie in die Menschenwelt hineingewagt. Aber für Congo hätte ich alles getan.

Endlich in Afrika angekommen, fand ich einen wunderbaren Platz unter einem Akazienbaum voller Webervogelnester. Die Sonne schien hell, und die Hitze umgab mich wie Congos lebendiger Atem. Ich kauerte nieder und suchte mir einen Stock, und dann grub ich und kratzte die puderfeine rote Erde auf, bis ich ein Loch gegraben hatte. Ich dachte darüber nach, wie interessant es ist, dass wir aus dem Dunkel kommen und am Ende ins Dunkel zurückkehren. Ich meditierte über den Umstand, dass das Loch, das ich grub, ungefähr so groß und tief war wie das, aus dem er zu uns gekommen war. Dann legte ich sein Haar auf den Grund und betrachtete es eine Zeit lang. Es kam mir so zerbrechlich vor. Sorgfältig bedeckte ich es mit Erde. In der Nähe meines Sitzplatzes fand ich ein Stück Rinde.

Ich schrieb *Congo* darauf und legte es auf den frischen Erdhügel. Ich sang ein Lied für ihn, und dann stand ich auf und ging in meine Zukunft.

Damit auch andere Menschen sich an diese Momente am Ende des Lebens meines Freundes erinnern können, schrieb ich an diesem Abend in mein Tagebuch:

> *Ich saß da und sah den einzigen Teil von ihm an, der jemals wieder afrikanischen Boden berühren wird – den ersten Teil von ihm, der ihn seit achtunddreißig Jahren berührt hatte. Ich stellte mir vor, wie seine großen, unschuldigen Augen staunend in die afrikanische Sonne blinzeln würden. »Willkommen zu Hause«, sagte ich. Und dann schloss ich das Loch und setzte die kleinen Pflanzen zurück, damit die Stelle wieder genauso aussah wie vorher.*

Und so geschieht es, dass wir unsere Schwellen überschreiten und der allgegenwärtige Geist einer Welt, die in Genesung begriffen ist, über unsere langen Spuren fällt.

Wie sollte ich nicht singen?

8

Die Gesänge der Ahnen: eine Familiengeschichte

Ihnen, liebe Leser, muss es merkwürdig vorkommen, dass ich all diese Veränderungen erleben und ein echtes inneres Wachstum erfahren konnte, ohne überhaupt zu wissen, dass ich das Asperger-Syndrom habe. Natürlich war mir klar, dass ich irgendwie anders bin, aber die Frage, wie ein autistischer Mensch bis ins Erwachsenenalter hinein nicht diagnostiziert werden konnte, ist vollkommen berechtigt. Tatsächlich ist das eine ziemlich komplexe Frage mit einer komplizierten Antwort. Wie schon früher in diesem Buch erwähnt, wurde das Asperger-Syndrom erst 1994 in das Diagnose- und Statistikhandbuch aufgenommen, und wie ebenfalls angesprochen, hatte ich ein lebenslanges Verhaltensmuster entwickelt, bei dem ich meine Intelligenz einsetzte, um normal zu erscheinen – eben »durchzugehen«.

Unter anderen Umständen hätte man bei zahlreichen Mitgliedern meiner Familie spezielle Störungen diagnostizieren können. Die meisten meiner Verwandten, darunter meine Großeltern, Tanten und Onkel sowie meine Mutter, haben und hatten alle schwere Allergien und ernste Atemwegskrankheiten, die man ihrerseits mit Störungen aus dem autistischen Spektrum in Verbindung bringt. Fachleute haben dieses Muster dokumentiert, aber das Warum lässt noch Raum für Spekulationen. Meine persönliche Überzeugung ist, dass die Verbindung elementarer Natur ist: Menschen, die keine Filter besitzen, haben Probleme mit ihrer Umgebung, gleich ob es um Licht und Geräusche geht oder Pollen und Staub; jedenfalls ist die Verteidigungsreaktion des Körpers stark. Ich glaube, dass dies zu vielen Krankheiten führt, in diesem Fall Autismus, Asthma und Allergien. Über die körperlichen Probleme hinaus ist die psychische Geschichte meiner Familie, wenn man die heutigen Diagnoseverfahren für Autismus in Betracht zieht, von großer Relevanz.

Zum Beispiel litt meine Großmutter unter Platzangst und verließ viele Jahre bis zu ihrem Tod das Haus kaum noch. Sie hielt unfassbare Monologe, die auch noch weitergingen, nachdem man hinausgegangen war, die Fliegengittertür geöffnet und wieder zugeknallt hatte. Sie hatte alle möglichen nervösen Ticks; sie war ein Rechenwunder und litt unter chronischer Schlaflosigkeit. Ihre Schwester hörte auf den Spitznamen Buggy, weil alle sie für ein wenig verrückt hielten.

Mein Großvater war ein wenig schrullig. Einmal fiel ihm ein Keks auf die Erde. Er stand einen Moment da, und dann schüttete er das ganze Blech auf den Boden, »damit es sich wenigstens lohnt, sich zu bücken und sie aufzuheben«. Im Umgang mit Menschen war er sanft wie ein Lamm, aber einmal ging er auf ein Spielzeug zum Aufziehen los und zerschlug es, nachdem er geduldig versucht hatte, die Bauanleitung zu lesen und es trotzdem nicht geschafft hatte, es zusammenzusetzen. Eines Morgens warf er einen Toaster, der nicht funktionieren wollte, aus dem Küchenfenster. Von seinem Bruder, meinem Großonkel Charlie, hieß es, er sei »zurückgeblieben«, und auch er hatte Wutausbrüche. Er redete generell nicht viel, doch es ist unklar, ob es eine bewusste Entscheidung war, mangelnde Fähigkeit oder eine organische Ursache hatte, denn als kleines Kind war er mit einem Stock im Mund gestürzt und hatte sich den Gaumen verletzt.

Mein Onkel mütterlicherseits besaß eine Fülle ungewöhnlicher Talente. Er konnte ohne Lineal eine zehn Zentimeter lange Linie ziehen, die jedes Mal bis auf den Millimeter exakt war. Er kannte die Kreiszahl Pi bis auf zweihundert Stellen hinter dem Komma und schrieb die Zahlen direkt aus dem Gedächtnis auf ein Stück Papier. Er konnte balancieren, eine seiner Lieblingsbeschäftigungen. Ob er an der Küchentheke stand oder am Tisch saß, er stapelte Untertasse auf Tasse, und darauf folgten nacheinander Bleistifte, Salz- und Pfefferfässchen, Löffel, Messer und Gläser. Meine Großmutter schrie ihn an und schimpfte, er würde noch alles fallen lassen und zerbrechen, aber seine Konzentration war durch nichts zu erschüttern. Er hatte eine Uniform aus Jeans, Jeanshemd und einer schwarzen Weste aus Polyester, die er in meiner Kindheit an jedem Tag trug, an den ich mich erinnern kann. Außerdem hatte er einen Tick, der aus einer Grimasse und einem Zucken der rechten Schulter bestand. Ich mochte diese Geste immer gern und fand sie überhaupt nicht seltsam.

Meine Mutter ist äußerst methodisch und absolviert ihre tägliche Arbeit immer mit einem gerüttelt Maß an Ritualen. Sie hat es schon immer gern gemocht, wenn Dinge auf eine gewisse Art und in einer bestimmten Ordnung erledigt wurden. In verschiedenen Phasen ihres Lebens litt sie an Depressionen und Schlafstörungen. Veränderungen hasst sie über alles, und man muss sie auf jede Aktivität und auf jede Änderung in Plänen im Voraus vorbereiten. Am liebsten ist sie allein und wohnt mit meinem Vater auf achtzig Hektar Land in den tiefen Wäldern von Montana, wo sie sich die meiste Zeit über aufhält und ihre tägliche Zwiesprache mit Hirschen, Kaninchen, Vögeln und Eichhörnchen jeder menschlichen Gesellschaft vorzieht.

Mein Vater, der als jüngerer Mann zu Zornanfällen neigte, ist durch sein größtenteils einsames Leben mit meiner Mutter in den Bergen milder geworden und hat Frieden gewonnen. Er braucht Ordnung und hat einen ganz speziellen Platz für jedes Teil seiner vielen Sammlungen, die von Marilyn-Monroe-Devotionalien bis zu Blechspielzeug reichen, von Erstausgaben bis zu antiken wissenschaftlichen Gerätschaften. Chaos, Menschen, die langsam und unkritisch denken, und zu viel Gesellschaft haben ihn schon immer aus der Fassung gebracht. Einmal, als ich zu Besuch war, saß ich auf der Hollywoodschaukel auf der Veranda, und er stand neben mir. Er umklammerte ein Fernglas und drückte es quengelig ans Gesicht. Seine Stirn war gerunzelt. »Siehst du? Da hinten? Nachbarn!«

Mein Großvater väterlicherseits war sein Leben lang drogensüchtig, ebenso wie die Brüder meines Vaters, die inzwischen beide an Hepatitis C gestorben sind. Seine Mutter litt an Panikattacken, und es fiel ihr immer schwer, Freundschaften zu schließen. Auch sie fühlte sich allein meist wohler als in Gesellschaft.

Ein Name dafür

Als ich klein war, herrschten allerdings noch andere Zeiten, und meine eigenartigen Familienmitglieder wurden meistens akzeptiert und in die Gesellschaft aufgenommen. Ihre Schrullen wurden sogar geschätzt, so wie das heute vielleicht nicht der Fall wäre, besonders in einer Familie, die ohnehin schon exzentrisch war. Außerdem komme ich aus einer Arbeiterfamilie, die von Kohlenbergleuten abstammt, und Arbeiter haben meist kein Geld für teure Diagnosen übrig; außerdem messen sie solchen Verfahren oft wenig praktischen Wert bei. In der Arbeiterklasse bestand und besteht noch heute aus historischen Gründen ein tiefes Misstrauen gegenüber der psychologischen Zunft. Wenn man dann noch berücksichtigt, dass meine Eltern überhaupt ungern Umgang mit anderen pflegten, ist es nicht erstaunlich, dass mein Verhalten einfach toleriert wurde.

Erst als ich erwachsen war und eigene Erfahrungen mit dem College, unterschiedlichen sozialen Hintergründen und verschiedenen Denkweisen gesammelt hatte, ging mir auf, dass das, was mich immer anders gemacht hatte, einen Namen haben könnte. Wie bei vielen Erwachsenen, die schließlich für autistisch erklärt werden, bedurfte es eines zusätzlichen letzten Schritts – nämlich der Diagnose eines jüngeren Familienmitglieds –, bis ich eine offizielle Einschätzung suchte. Tatsächlich ist dieser Verlauf sehr verbreitet. Autistische Züge neigen dazu, in der Familie zu liegen und sich dann in Einzelpersonen zu manifestieren, die dann trotz gewisser Schädigungen Nachkommen hervorbringen; und diese Kinder haben dann eine ausgewachsene Autismus-Störung. Wenn diese Kinder dann als autistisch erkannt werden, fügen sich für andere Familienmitglieder plötzlich die Teile des Puzzles zusammen.

In meinem Fall hatte ein jüngerer Cousin lange Zeit mit großen Problemen zu kämpfen, die meinen eigenen ähnelten. Er zog Grimassen und hielt seinen Körper in seltsamen Posen, redete Leute auf eine unverblümte Art an, die sie als grob empfanden, trotzte jeglicher Art von Autorität – wobei er in diesen Situationen überaus schlau und zu höchster Logik fähig war – und zeigte nervöse Ticks, wenn seine vielen Ängste und Überempfindlichkeiten an die Oberfläche kamen. Wie ich kam er wegen dieser Probleme und seiner Schwierigkeiten mit der Kontrolle von Impulsen in der Schule schlecht zurecht. Doch im Unterschied zu mir verhielt er sich aggressiv – er erklärte mir, dass er Menschen als verschwommene Objekte wahrnahm, die explosionsartig aufdringliche Reize aussandten; und obwohl ich besser als jeder andere verstand, warum er so handelte, tobte in meinem Inneren ein beständiger Kampf. Wenn ich ihn beobachtete, gewann ich Einsicht in mein Verhalten und meine Motivationen, doch es war schmerzhaft, ihn sich so benehmen zu sehen. Es war, als sähe ich in einen Spiegel. Wenn ich ihm zusah, stieg oft Zorn in mir auf. Ich fühlte mich peinlich berührt, weil es mich an mein eigenes Verhalten erinnerte und ich mich so sah, wie die Menschen mich früher wahrgenommen haben mussten. Bei dem Gedanken, was meine Seele durchgemacht hatte, wurde ich entsetzlich traurig und spürte von neuem meine ganze Isolation. Ich schwankte dazwischen, meinen Cousin vollständig zu akzeptieren und ihn ebenso vollständig abzulehnen. Ich fühlte mich genötigt, ihm zu helfen, aber gleichermaßen abgestoßen durch seine Nähe. Leider widersprachen unsere tief verwurzelten Bedürfnisse einander oft: Ich brauchte absolute Ruhe, aber er hustete laut und zwanghaft; ich wollte am liebsten unsichtbar sein und den durchdringenden Blicken Fremder aus dem Weg gehen, aber er zog immer die Aufmerksamkeit auf sich, wenn wir uns zusammen in der Öffentlichkeit zeigten; ich benötigte vollkommene Ordnung, aber er fand

Trost darin, Gegenstände zu befingern, nur um sie dann irgendwo fallen zu lassen, wenn er fertig mit ihnen war.

Am Ende hatte ich das Gefühl, ihm nur aus der Distanz helfen zu können. Ich konnte mich zutiefst mit seinen Erfahrungen identifizieren, und so begann ich, Nachforschungen anzustellen, um seinen Problemen einen Namen zu geben. Ich glich sein Verhalten mit einem immer schmaler werdenden Feld von Möglichkeiten ab, während ich zugleich ständig meine eigenen Erfahrungen mit seinen verglich. Niemandem, nicht einmal mir selbst gegenüber, gab ich zu, dass ich wusste, welche Probleme er hatte, weil ich sie selbst kannte. Als sich schließlich das Asperger-Syndrom als Grund für sein Verhalten herausstellte, wusste ich, dass die Diagnose stimmte. Eine Diagnose-Expertin bestätigte bald, dass ihm in der Tat genau das fehlte. Ich erinnere mich, dass sie sagte, andere Menschen aus seinem Umfeld hätten vielleicht dasselbe, da es eine starke genetische Komponente gebe. Aber damals schob ich diese Möglichkeit weit von mir, obwohl ich genau wusste, dass ich die wahrscheinlichste Kandidatin war. Jedes Mal, wenn meine Gedanken sich in diese Richtung bewegten, fielen mir bestimmte Dinge ein, die man mir erzählt hatte: Nur Jungen haben Asperger, Menschen mit Asperger haben keine echten Gefühle, sie haben keine Freunde, sie haben keine Lebenspartner, sie können überhaupt keine richtigen Beziehungen zu anderen aufbauen. Und dann war da noch das aggressive Verhalten. Damit konnte ich mich nun überhaupt nicht identifizieren.

Mit der Wahrheit leben

Ironischerweise machte mich die Diagnose meines Verwandten noch zorniger, wahrscheinlich, weil er jetzt Hilfe in der Schule bekam, mehr Verständnis zu Hause und einen Rahmen, in dem er sich selbst verstehen und anderen mitteilen konnte. Man konzentrierte sich auf seine Intelligenz als seine große Stärke und den Faktor, der ihn retten könnte. Er wurde geliebt und verstanden. Obwohl ich mich für ihn freute, weil dieses neue Wissen und Verständnis ihm Türen öffnete, war ein anderer Teil von mir wütend, weil ich nicht diese Möglichkeit gehabt hatte.

Meine Erregung wuchs und kochte über. Jedes Mal, wenn ich Gelegenheit hatte, mit meinem Cousin zusammen zu sein, explodierte ich irgendwann. Es war nur eine Frage der Zeit – manchmal passierte es mitten bei einem Familienbesuch und manchmal eine Woche später, doch die Entladung kam immer: Ich spürte einen plötzlichen Adrenalinstoß, als wäre die Luft dünn und ich zu Tode verängstigt; dann hatte ich den Drang, jeden und alles von meinem Körper wegzuschieben, und spürte anschließend ein erdrückendes Gewicht, als stürze alles über mir zusammen. Noch während ich, aus voller Brust schreiend, umherstampfte, fühlte ich mich traurig und beschämt. Ich hatte gegen meinen eigenen Moralkodex verstoßen und war wertlos. Ich konnte mich nicht kontrollieren und verdiente es, wenn man mich verachtete – zumindest ist es das, was ich hinter meinen böse blickenden Augen, meinem schreienden Mund und meinen geballten Fäusten empfand. Ich fühlte mich wie in einem Auto, dessen Bremsen nicht funktionieren: Von Grauen erfüllt sah ich zu, wie ich einen Fußgänger nach dem anderen niedermähte. Mit der Zeit stieß ich jeden vor den Kopf. Manchmal hatte ich das Gefühl, allen Frieden, den die Gorillas mir geschenkt hatten, verloren zu haben.

Meine Partnerin Tara bekam diese Wutausbrüche am stärksten zu spüren. Da sie von Natur aus ein freundlicher und geduldiger Mensch ist, versuchte sie, während der inneren Stürme, die ich plötzlich mit voller Wucht gegen sie lenkte, ruhig zu bleiben und mir Rückhalt zu geben. Ich konnte die Wahrheit nicht ertragen, weil sie eine Kritik an mir bedeutet hätte, und so gab ich ihr die Schuld – oder der ganzen Welt, oder dem Wetter. Es war immer dasselbe. Fast immer ging ich später zu ihr und entschuldigte mich mechanisch. Dann fühlte ich mich wie ausgehöhlt.

Als ich eines Tages wieder schrie und wütete und die Tür zuknallte, trat ein Ausdruck auf ihr Gesicht, den ich noch nie gesehen hatte. Ganz ruhig öffnete sie die Tür wieder und sagte:

»Ich möchte nicht mehr mit dir zusammen sein.« Ich wusste, dass es ihr ernst war. Ich wusste, dass ich in einem Augenblick die Sicherheit, Liebe und Stabilität zerstört hatte, von denen ich geglaubt hatte, sie gewonnen zu haben. Ich stand kurz davor, alles zu verlieren, was ich mir erarbeitet hatte.

Ich bat sie, nicht zu gehen. Ich erklärte ihr, ich würde herausfinden, was mit mir los war. Endlich erklärte ich ihr, was ich schon die ganze Zeit hätte zugeben sollen: dass ich mit meinen Gefühlen nicht zurechtkam, dass ich ständig verängstigt und überfordert war, dass ich nicht dachte wie andere Menschen – kurz gesagt, dass ich Kritik verdiente, aber auf Verständnis hoffte. Sie erklärte sich bereit, bei mir zu bleiben, wenn ich Hilfe suchte. So machte ich mich daran, eine Diagnose zu bekommen. Da ich wusste, wie sie lauten würde, und endlich meinen diesbezüglichen Ängsten ins Auge sah, war das eine ziemlich einfache Angelegenheit. Akribisch genau machte ich mich an die Arbeit und dokumentierte jeden autistischen Zug, den ich von meiner Geburt an bis in die Gegenwart gezeigt hatte. Ich rief meine Eltern an, stellte ihnen zwei Stunden lang Fragen und notierte alles, was sie sagten, auf einem selbst entworfenen Formular. Ich glaube, sie waren erleichtert zu hören, dass es eine Erklärung für alles gab, was sie durchgemacht hatten. Zugleich fühlte ich mich gerührt: Während des gesamten Gesprächs versicherte mir meine Mutter ständig, ich sei zwar seltsam und schwierig gewesen, aber etwas Besonderes, und sie und mein Vater hätten mich immer geliebt. Ich bat sie, sich nicht dafür zu entschuldigen, was sie gesehen und gedacht hatten; jetzt würde es uns allen helfen.

Nachdem ich meine Eltern und meine Schwester interviewt hatte, brachte ich meine eigenen detaillierten Erinnerungen in tabellarische Ordnung. Ich erdachte komplexe Diagramme, die, begleitet von Beschreibungen, demonstrierten, dass ich alle Kriterien für eine Störung aus dem Autismus-Spektrum erfüllte. Ich entdeckte sogar Tonbänder, die in meiner Kindheit aufgenommen worden waren, und schnitt sie zusammen, um meinen enormen Wortschatz, meine eigenartige Betonung einzelner Wörter und meinen mangelnden emotionalen Ausdruck aufzuzeigen. Dann rief ich eine Frau an, von der ich wusste, dass sie qualifiziert auf dem Gebiet der Störungen aus dem Autismus-Spektrum war.

»Ich möchte, dass Sie ein Asperger-Syndrom diagnostizieren«, sagte ich. Kurzes Schweigen am anderen Ende, dann sprach ich weiter. »Ich weiß, dass Sie Erfahrung auf diesem Gebiet haben, daher würde ich gern zu Ihnen kommen.« Eine weitere Pause.

»In Ordnung«, sagte sie. »Wie wäre es mit nächster Woche?«

Als ich in ihre Praxis ging, nahm ich meinen dicken Ordner mit meiner Dokumentation mit, und bevor sie allzu viel sagen konnte, legte ich schon los und erklärte jedes Diagramm und jeden Eintrag sowie das Notationssystem, das ich mir ausgedacht hatte, um Querverweise zu erleichtern. Ich gab ihr ein Extrablatt, auf dem ich die Gründe, aus denen ich eine Diagnose brauchte, detailliert aufgeführt hatte. Während meiner gesamten Präsentation hatte die Therapeutin einen Gesichtsausdruck, den ich nicht richtig zu deuten vermochte. Dann erklärte sie mir, dass mehrere Sitzungen nötig seien, um festzustellen, ob ich tatsächlich Asperger hätte. Ich war ein wenig enttäuscht, dass ich nicht mit einer Diagnose weggehen würde, denn ich hatte das Gefühl, ihr die Arbeit einfach gemacht zu haben. Während unserer letzten Stunde ging sie ihre Ergebnisse gründlich durch; dann lachte sie und meinte, die Art, wie ich ihr das Material präsentiert habe, sei allein schon fast aussagekräftig genug für eine Diagnose gewesen. Das verwirrte mich. Ich bin immer noch der Meinung, dass es töricht ist, sich nicht vorzubereiten, wenn man mit Fachleuten zusammenarbeitet.

Obwohl ich meine Diagnose nicht so rasch bekam, wie ich mir das gewünscht hätte, war das Endergebnis dasselbe. Als ich nach der letzten Sitzung auf dem Parkplatz in meinem Auto saß, spürte ich, wie eine Welle der Erleichterung in mir aufstieg, weil plötzlich alles einen Sinn ergab. Ich blickte auf mein Leben zurück – vielleicht ähnlich, wie es Menschen tun, bevor sie sterben – und dachte an all die schmerzlichen Erinnerungen, für die es jetzt eine Erklärung gab. Wie jemand, der an einem Zwölf-Punkte-Programm zur Verhaltensänderung teilnimmt, fühlte ich beinahe einen Zwang, Kontakt zu jedem Menschen aufzunehmen, der jemals – gleich, ob positiv oder negativ – die Auswirkungen meines Autismus zu spüren bekommen hatte. Durch die Erkenntnis, dass ich nicht absichtlich jemanden beunruhigt oder verletzt hatte, fühlte ich mich besser und schlechter zugleich.

Ich bin immer sehr ärgerlich, wenn ich Familienmitglieder einer autistischen Person – für gewöhnlich geht es um ein Kind – treffe, die dem geliebten Menschen nichts von der Diagnose sagen, weil sie nicht wollen, dass er oder sie »abgestempelt« wird. Ich kann ihnen versichern, dass Autisten nicht nur immer wissen, dass sie anders sind, sondern auch zutiefst darunter leiden, dass sie den Grund nicht kennen. Während sie noch versuchen, sich selbst zu verstehen, ohne einen Namen für ihr Leiden zu haben, drückt die Umwelt ihnen bereits einen Stempel auf – und das normalerweise weit weniger nachsichtig, als wären sie richtig darüber aufgeklärt. Man hat mir erklärt, die fraglichen Menschen wollten den Autisten vor dem »Stigma« des Autismus bewahren. Ich glaube, diese Leute erkennen nicht, wie stigmatisiert Menschen mit Autismus sind – wegen ihres Verhaltens und nicht wegen irgendeines Etiketts –; und wenn sie nicht wissen, was mit ihnen los ist, werden sie ihr Verhalten sehr wahrscheinlich nicht verändern. Außerdem neigen im Allgemeinen Autisten nicht dazu, etwas auf die Meinung anderer zu geben. Vielleicht liegt es daran, dass es ihnen so schwer fällt, herauszubekommen, was andere Menschen denken.

Ich nahm den mehrseitigen Bericht mit nach Hause und zeigte ihn Tara. Sie war nicht im Geringsten überrascht, doch zuerst reagierte sie nicht positiv. Der Gedanke, dass ich jetzt »offiziell« behindert war, gefiel ihr nicht. Für sie war es beinahe, als schreibe die Diagnose unausweichlich fest, dass ich nie in der Lage sein würde, eine tiefe Verbindung zu ihr aufzubauen, wirklich für sie da zu sein oder mich zu ändern. Das kann man ihr kaum übel nehmen, lässt doch die festgelegte Beschreibung aus dem psychologischen Handbuch Menschen mit Asperger als Inbegriff kalten Desinteresses, vollständiger Gleichgültigkeit gegenüber anderen und totaler Ichbezogenheit erscheinen. Was Tara lernte – und ich besonders interessant finde –, ist, dass die Charakteristika, die im Handbuch beschrieben werden, *Bewältigungsstrategien* schildern und nicht unbedingt eine angeborene Orientierung. Es sieht so aus, als wollten Menschen mit Asperger sich anderen nicht öffnen, aber die Frage ist oft nicht, ob sie wollen, sondern ob sie ein gutes Gefühl dabei haben: Zum Beispiel müssen sie sich wohl in ihrem Körper und mit den Menschen fühlen, die sie vielleicht gern kennen lernen würden. In der Vergangenheit habe ich mich häufig nicht in der Lage gefühlt, auf Menschen zuzugehen, weil ich mich körperlich unwohl fühlte.

Ich wollte beweisen – mir selbst ebenso sehr wie Tara –, dass ich nicht als lebendes Diagnoseschema durch die Welt zu laufen brauchte, und stellte einen Aktionsplan auf. Zunächst informierte ich mich über Medikamente gegen die Komponenten von Asperger, die mit Angstproblemen und Besessenheit bzw. Zwanghaftigkeit zu tun haben. Ich hatte gute Argumente gegen eine medikamentöse Behandlung gehört, vor allem, wenn es um Kinder im Wachstum ging; ich bin aber der Meinung, dass die Langzeitschäden durch Adrenalinstress schlimmer sein können als die Nebenwirkungen von Medikamenten. Mit der Zeit fand ich heraus, dass die beste Medikamentenkombination für mich aus Gabapentin bestand, einem eigentlich für Kinder bestimmten Antiepileptikum, bei dem selten Nebenwirkungen auftreten, Bupropion, einem Antidepressivum, das meine Neigung zu Zwangshandlungen bekämpft, und Alprazolam, einem Beruhigungsmittel, durch das ich besser schlafe, weil es meine nächtlichen Panikattacken und mein Bedürfnis, ständig Füße und Beine zu bewegen, verringert. Ich fing an, ein Tagebuch zu führen, das mir helfen sollte, meine Handlungen zu reflektieren und zu einem besseren Verständnis von Ursache und Wirkung in sozialen Beziehungen zu gelangen. Dann machte ich mir eine Liste von Trostaktivitäten – zum Beispiel, mir Wurzelbier oder eine Kopfmassage zu besorgen –, bei denen ich Zuflucht suchen konnte, wenn ich spürte, dass ein Wutanfall im Anzug war. Und ich gestattete mir, zum Trost einige meiner harmloseren Rituale beizubehalten, die mir helfen sollten, mein Gleichgewicht zu wahren, damit ich nicht in die typischen Extreme verfiel, zuerst »normal« zu erscheinen und anschließend vollständig handlungsunfähig zu sein.

Eine weitere meiner Strategien bestand darin, an einer Online-Diskussionsgruppe teilzunehmen, die sich an Erwachsene aus dem autistischen Spektrum mit einer Universitätsausbildung richtete. Viele der Teilnehmer sprachen sehr aufrichtig und vertrauensvoll über ihre Probleme. Unsere Diskussionen handelten von den Schwierigkeiten des Lernens in einer traditionellen Umgebung, von den Problemen damit, Liebe zu zeigen; davon, was wir an oberflächlichen sozialen Nettigkeiten am meisten hassten, und kreisten um die Frage, wie man die Welt ändern müsste, damit sie ein besserer Ort für alle Lebewesen wird. Durch das, was ich in der Gruppe lernte, konnte ich unterscheiden, welche Teile meiner selbst wahrscheinlich von den autistischen Teilen meiner Persönlichkeit angetrieben werden, und was an mir einfach besonders ist, weil ich ein einzigartiges Individuum bin. Mit diesem Bewusstsein ausgerüstet, begann ich anderen Menschen von meinen Gedanken und Gefühlen zu erzählen und zu erklären, warum ich gewisse Dinge tat.

Diese Erkenntnisse bewogen mich dazu, Bücher zu diesem Thema zu veröffentlichen. In meinem Wunsch, die Welt zu verbessern, bin ich als Mensch mit Asperger nicht einzigartig. Aber die Gorillas haben mir die Kraft geschenkt, zu erkennen, dass meine Verantwortung wichtiger ist als meine Bequemlichkeit, wenn ich erfolgreich zur Verbesserung dieses Planeten beitragen will. Und ich glaube, das trifft auf jeden zu, der wirklich menschlich ist.

Manchmal fühle ich mich, als säße jetzt ich im Zoo. Wie jeder gute Gorilla, der durch häufig unangenehme Umstände eingeschränkt ist, habe ich Geduld entwickelt und zu einem Grundpfeiler meines Verhaltens gemacht. Menschen kommen, um mich reden zu hören, zu sehen, wie ich mich benehme und wie ich aus der Nähe ausschaue. Die meisten von ihnen geben mir etwas zurück und machen es mir leichter, weiterhin die Hand auszustrecken und im Kleinen zu kommunizieren – indem ich mir zum Beispiel die Zeit nehme, mit der Kassiererin im Supermarkt zu reden – oder im Großen, indem ich Bücher schreibe, die Tausende von Leben berühren.

9

Erfolge

Manchmal fällt es nicht leicht, sich zu öffnen und zu kommunizieren – auch Trauer und Reue können die Folge sein. Manche meiner Familienmitglieder und Freunde waren zutiefst betrübt, nachdem sie das Manuskript dieses Buchs gelesen und erfahren hatten, wie ich meine Welt erlebe. Sie hoben hervor, dass ich doch auch glückliche Zeiten gehabt hätte, obwohl die Geschichte so traurig ist. Das stimmt, und meine Erinnerung an diese Zeiten ist so lebhaft wie meine Erinnerung an Traurigkeit und Isolation. In dieser Geschichte geht es nicht immer um die Zeiten, in denen ich glücklich war – sie wurde geschrieben, um die Reise eines autistischen Menschen von der Geburt an bis ins Erwachsenenalter zu dokumentieren, und anscheinend sind leider die schlimmen Erinnerungen die relevantesten. Trotzdem habe ich glückliche Zeiten erlebt.

Von anderen erwachsenen Autisten habe ich gehört, dass trotz vereinzelter glücklicher Episoden in ihrer Kindheit Isolation, Verwirrung und Depression selbst ihre besten Erinnerungen überlagern und sie erst als Erwachsene erkannt haben, dass ihre Einzigartigkeit auch viele gute Seiten hat. Dem kann ich nur beipflichten: Je reifer ich werde, desto mehr genieße ich mein Leben. Ich finde, dass es wichtig ist, diese Zeiten mit anderen Menschen zu teilen und ihnen Hoffnung zu schenken.

Endlich eine wunderbare Lernerfahrung

Während der frühen Jahre unserer Beziehung bewarben Tara und ich uns beide für ein Graduiertenstudium und begannen, an unserer Promotion zu arbeiten. Ich durchkämmte die Welt nach einem Doktorandenprogramm, bei dem ich weiter so arbeiten könnte, wie ich das brauchte, nämlich allein; und bei dem ich die Verbindung zu den Gorillas würdigen könnte, die mich überhaupt erst so weit gebracht hatte. Zu dieser Zeit war Europa den Vereinigten Staaten in bezug auf fortschrittliche Ideen und interdisziplinäre Abschlüsse weit voraus. Außerdem besteht in diesem Teil der Welt eine lange Tradition, eher auf die Betreuung durch Mentoren zu setzen und weniger auf die Teilnahme an Lehrveranstaltungen, wie das hier in den USA der Fall ist.

Meine Forschungen über die Gorillas und eine immer größere Faszination für die Kernideen oder Archetypen brachten mich dazu, einen großen Teil des Werks von C. G. Jung zu lesen, und dies wiederum bewog mich, Universitäten in der Schweiz in Betracht zu ziehen. Nach langer Suche fand ich eine Hochschule, die meinen Kriterien entsprach. Aber man erklärte mir, dass die Anforderungen strenger seien und man meine vorherigen Abschlüsse nicht vollständig anerkennen würde. Ich müsste eine Aufnahmeprüfung ablegen und meine Diplomarbeit neu schreiben, bevor ich meine Promotion in interdisziplinärer Anthropologie beginnen konnte.

Um in ein fremdes Land zu reisen, wo nichts Vertrautes mir Trost schenken konnte, musste ich meine schlimmsten Ängste überwinden. Ich nahm mich zusammen, flog nach Herisau im Kanton Aargau und fuhr zur Universität, wo ich meine mündlichen Prüfungen ablegte, mein Studium dokumentierte und erläuterte und die Methoden und Ergebnisse meiner bisherigen Forschungen detailliert darlegte. Ich verteidigte meine neue Abschlussarbeit und erläuterte ihre Relevanz für das Thema meiner Doktorarbeit. Als das erledigt war, verteidigte ich das Thema meiner Doktorarbeit. Ich bestand meine Prüfungen, und mein Programm und das Thema meiner Doktorarbeit wurden bewilligt.

Nach meiner Rückkehr in die Staaten wählte ich meine Betreuer aus, und nachdem sie genehmigt worden waren, schrieb ich während der nächsten Jahre an meiner Doktorarbeit. Stolz bestand ich mein Rigorosum mit den besten Noten der Universität. Ich hatte das Gefühl, dieser Triumph gehöre den Gorillas ebenso wie mir.

Sobald ich einmal eine Universität gefunden hatte, die meinen Lernbedürfnissen Rechnung trug, und die Richtung, die meine Dissertation einschlagen sollte, fiel mir das Studium ziemlich leicht. Aber Tara erging es anders. Sie hatte schon vorher an einem Graduiertenprogramm teilgenommen und schlechte Erinnerungen daran. Sie war mit ihrem ersten Partner verheiratet gewesen – einem Mann, der an seinem Doktor in Philosophie arbeitete –, und sie besuchten beide die Universität von Rochester. Ihr Mann schlug sich in dieser Umgebung hervorragend, aber sie hatte sich fremd und einsam gefühlt. Er wollte noch keine Familie gründen, sondern zuerst seine Doktorarbeit abschließen und einen Job finden, aber Tara hatte sich sehr nach der Intimität einer Familie gesehnt, und sie einigten sich darauf, dass sie versuchen würden, noch während ihres Studiums ein Baby zu bekommen. Leider machte aber die Kombination aus Isolation, Depression und Hormonen es Tara fast unmöglich, ihr eigenes Studium weiterzuführen. Das Schlimmste kam, als Tara zu ihrer mündlichen Prüfung antrat und durchfiel. Sie beherrschte die Materie, und die Prüfungskommission wusste, dass sie sie beherrschte, aber obwohl sie ihr helfen wollten und gut zuredeten, konnte sie nur auf den Tisch starren, vollkommen blockiert und unfähig zu sprechen. Nachdem die Prüfer viele Male versucht hatten, die Diskussion in Gang zu bringen, teilten sie Tara widerstrebend mit, dass die Zeit um sei und sie das Examen nicht bestanden habe.

Es ist Tara hoch anzurechnen, dass sie Jahre später, nach ihrer Scheidung und nachdem sie zu sich selbst gefunden hatte, noch einmal einen Versuch startete. Dass jemand nach einem solchen Rückschlag noch einmal erfolgreich ein Studium abschließt, kommt selten vor und ist schwierig, und Tara wusste, dass es nicht einfach werden würde. Aber die Leute an der Universität von Rochester hatten Tara gemocht und respektiert, daher nahmen sie sie gern wieder auf, als sie sich erneut bewarb. Tara war also wieder Studentin. Ich bewunderte ihre Entschlossenheit, und ich willigte gern ein, als sie mir ein Versprechen abnahm. »Ganz bestimmt wird es Momente geben, in denen ich aufgeben will. Dann zähle ich darauf, dass du mich weitertreibst. Erinnere mich einfach an all die Gründe, aus denen ich es tun *muss*«, erklärte sie.

Nur wenige Wochen später fühlte sie sich überfordert und machte einen Spaziergang um den See in der Nähe unseres Hauses. Lächelnd kehrte sie zurück. Als sie hereinkam, war sie sichtlich im Einklang mit sich selbst. »So«, verkündete sie, »mir ist klar geworden, dass ich es nicht zu tun brauche. Ich kann einfach alles hinwerfen. Ich habe es nicht nötig, mir diese Tortur anzutun.«

Jetzt steckte ich in einer gewaltigen Zwickmühle. Sie wirkte so entspannt und glücklich – aber ich hatte versprochen, sie zum Durchhalten zu zwingen. Ich begann alle Gründe aufzuzählen, aus denen sie das Studium nicht abbrechen durfte. Als ich weitermachte, fing sie an zu weinen. Sie schluchzte, und ich hielt sie fest. Ich fühlte mich schrecklich und fragte mich, ob ich das Richtige tat. Aber schließlich stimmte sie mir zu, und dies war das letzte Mal, dass sie ernstlich darüber nachdachte, das Programm aufzugeben. Heute ist sie froh, dass ich sie zum Weitermachen gedrängt habe. Es dauerte nicht lange, bis wir froh über ihre Entscheidung waren, die am Beginn einer der besten Zeiten unseres Lebens stand.

Bis spät in die Nacht diskutierten wir über unsere Ideen und die Thesen, an denen wir arbeiteten. Unsere Interessensgebiete ergänzten sich: Zu einer Zeit, als fast die ganze akademische Welt dem Postmodernismus huldigte, interessierten Tara und ich uns für den Essenzialismus. Tara schrieb ihre Dissertation über Geschlechterrollen bei den amerikanischen Indianern, wie sie in ihrer eigenen Literatur dargestellt werden. Sie beleuchtete das Phänomen anscheinend bei der Geburt festgelegter Identitäten bei gewissen eingeborenen Kulturen und die Art, wie man sie sogar bei ganz kleinen Kindern erkannte. Man war der Meinung, dass sie in bestimmte Geschlechterkategorien fielen, und bildete sie entsprechend für ihre kulturelle Rolle aus. Ich fand es faszinierend, dass man transsexuelle Jugendliche für etwas Besonderes hielt und sie sehr früh in die Lebensweise ihrer Vorfahren und ihre Verantwortung, als Schwelle in die Geisterwelt zu fungieren, einführte. Tara glaubte, vieles weise darauf hin, dass bestimmte Menschen mit diesen besonderen Fähigkeiten und Kenntnissen geboren wurden, die ihnen eine Grundlage für ihre formelle Ausbildung unter Anleitung der Älteren boten.

Ich meinerseits untersuchte die Hypothese eines Ahnengedächtnisses als physikalisches Phänomen, das eher als Umweltkomponente existiert denn als erkennbare Spur im Gehirn – in anderen Worten, die Möglichkeit, dass unser Bewusstsein und unsere Erinnerungen nicht spezifisch für uns als Individuen sind, sondern Teil eines flexiblen Netzes, das unsere Psychologie und Morphologie prägt.

Ich bezog theoretische Physik, Anthropologie, die Jung'sche Psychologie, Philosophie und Folklore ein, um die Geschichten, die sich mit den Anfängen der Menschheit beschäftigen, aus einem stark interdisziplinären Blickwinkel zu betrachten. Mein zweiter Schwerpunkt war die universell verbreitete Geschichte von dem archaischen »Affenmenschen«, der für viele Kulturen die erste richtige Person darstellt.

Tara und ich arbeiteten achtzehn Stunden täglich für unser Studium. Das war eine wunderbare Zeit. Schweigend saßen wir nebeneinander, lasen und dachten nach. Wenn es dann sehr spät wurde, gingen wir zusammen auf ein Bier in die Stadt, bei dem wir einander herausforderten, uns gegenseitig unterstützten und das Wunder spürten, das aus unseren Ideen und Thesen mehr machte als die Summe ihrer Teile. Es fühlte sich gut an, eine vollkommene Freundin zu haben, mit der ich zusammen sein und über alles diskutieren konnte, egal wie »komisch« meine Ideen waren. Nichts anderes zu tun zu haben, als tief und diszipliniert nachzudenken, war herrlich – zumindest einige Jahre lang.

Obwohl sie extrem nervös war, stieg Tara in ein Flugzeug nach Rochester, um an der Universität ihre Dissertation zu verteidigen. Und sie schlug sich ausgezeichnet. Sie genoss das Rigorosum sogar, weil es ihr Gelegenheit gab, ihre Gedanken mit Menschen zu teilen, die sie seit langem bewunderte und mochte. Endlich erhielt sie die Anerkennung, die sie verdiente.

Meine eigene Doktorprüfung war eine merkwürdige Angelegenheit wie aus einem Film von David Lynch. Ich war davon ausgegangen, dass ich für mein Rigorosum noch einmal in die Schweiz reisen müsste; aber zufällig ergab sich, dass meine Prüfungskommission zu einer Konferenz nach Las Vegas kommen würde. Der Zeitpunkt war zwar noch ziemlich früh, aber ich schloss meine Dissertation ab, weil ich damit rechnete, dass man mich auffordern würde, sie in den Vereinigten Staaten zu verteidigen. Von Anfang an empfand ich die Atmosphäre als surrealistisch. Als ich aus der Maschine stieg, sah und hörte ich gleich die Spielautomaten, die im Flughafen blitzten und plärrten. Müde aussehende Frauen mit blondiertem Haar hingen schlaff auf ihren Hockern, beteten zu ihren geizigen Göttern und flehten um Erlösung in Gestalt glänzender Vierteldollarmünzen, die ihre starren Gottheiten nur selten aus ihren Eingeweiden hervorwürgten. Paare, die nicht wirkten, als seien sie verliebt, sahen alles andere an, nur nicht den Partner, und trugen völlig schockierte Mienen. Ich nahm ein Taxi zu dem Hotel, in dem meine Prüfung stattfinden sollte, und versuchte, zwischen den grellbunten Postern von beineschleudernden Showgirls mit unnatürlich breitem Lächeln, dem Scheppern und Surren der räuberischen Maschinen, die mit noch mehr kleinen, runden Metallstücken in Gang gesetzt wurden, und der scheußlichen Dekoration, die innerhalb der Stadtgrenzen von Las Vegas als guter Geschmack gilt, noch einmal meine Notizen durchzugehen.

Mein Rigorosum verlief irgendwie enttäuschend. Zwar waren mehrere Personen anwesend, bei denen ich froh war, sie endlich persönlich zu treffen und ein wenig kennen zu lernen; aber als die Prüfung dann ernstlich begann, wartete ich vergeblich auf die richtig schwierigen Fragen. Tara war, während ich an meiner Dissertation schrieb, in jeden kleinen Schritt auf diesem Weg einbezogen gewesen, und sie hatte mit mir am Tag zuvor eine Probeprüfung veranstaltet, die sehr schwierig gewesen war. Irgendwie hatte ich das Bedürfnis, während der Prüfung ein gewisses Maß an Unbehagen zu erfahren – eine letzte geistige Anstrengung, bevor ich meine Dissertation losließ, damit sie ganz allein ihren Weg durch Zeit und Raum antrat. Nicht, dass mein Komitee nicht klug gewesen wäre – später, als wir bei einem Drink feierten, führte ich mit einem der Mitglieder ein sehr anspruchsvolles Gespräch über meinen Lieblingsphilosophen Paul Feyerabend. Und es lag auch nicht daran, dass sie das Material nicht gekannt hätten – sie hatten es wieder und wieder gelesen. Der Grund war einfach, dass niemand so besessen von dem Thema der Arbeit sein konnte wie ich. Vielleicht war das eine gute erste Lektion, als ich das Studentendasein hinter mir ließ und meine berufliche Laufbahn begann.

Endlich sesshaft

Der nächste Schritt in diesem Prozess bestand darin, einen Job zu suchen, und das machte mich ein wenig beklommen. Ursprünglich hatte ich das Studium nur um meiner selbst willen begonnen, aber meine Erfolge auf zwischenmenschlichem und wissenschaftlichem Gebiet brachten mich auf den Gedanken, ich könnte vielleicht unterrichten. Ich schickte ungefähr dreizehn Bewerbungen ab und erhielt nicht eine Antwort. Die einzige Hochschule, die ein Interesse daran gezeigt hatte, mich einzustellen, war das Fairhaven College an der Universität von Western Washington, aber sie hatten Hunderte von Bewerbungen um die Stellung erhalten, um die ich mich bewarb, und der Kandidat, den sie schließlich einstellten, war nicht nur wunderbar qualifiziert, sondern auch ein überragender Lehrer. Reichlich ironisch, aber das war der Teil der Gleichung, über den ich niemals richtig nachgedacht hatte: Dazu gehörten kommunikatives Geschick und die Fähigkeit, ein gutes persönliches Verhältnis zu den Studenten aufzubauen. Im Rückblick wäre es eine Katastrophe geworden, wenn ich eine feste Stelle bekommen und einen ganzen Kurs unterrichtet hätte. Der Druck wäre enorm gewesen, den extremen sozialen Anforderungen einer Klasse und eines Instituts standzuhalten. Da ich kaum damit zurechtgekommen war, mich als Studentin auf dem Campus aufzuhalten, weiß ich wirklich nicht, wie ich auf die Idee kam, ich könnte es irgendwie schaffen, große Gruppen zu unterrichten.

Ich überlegte, dass ich wohl meine Grenzen akzeptieren musste, und fand mich damit ab, dass eine Vollzeitstelle als Dozentin nicht meinen Bedürfnissen entsprach. Als ich mich fragte, was ich tun wollte und worin ich *gut* sein würde, setzte ich mich hin und begann mein erstes richtiges Buch zu schreiben. Ich hatte den Gorillas immer gelobt, nach Beendigung meiner Ausbildung etwas für sie zu tun, also machte ich mich daran, ihre Geschichte zu erzählen. Indem ich über die bedeutende Rolle der Familie bei ihnen erzählte und von der Zeit, in der ich ihnen verbunden gewesen war, machte ich mir das Leben auf einer neuen Ebene zu Eigen. Von Anfang an hatte ich mir die zentralen Teile des Lebens gewünscht, die sie besaßen: Verbundenheit, Frieden, ein Umfeld, eine Familie. Tara und ich hatten schon früher darüber gesprochen, irgendwann einmal ein Kind zu bekommen, und nun hatten wir beide das Gefühl, es sei so weit. Zwar hatte noch keine von uns eine volle Arbeitsstelle, aber wir hatten eine ganze Reihe von Zielen erreicht, die wir verwirklichen wollten, bevor wir eine Familie gründeten. Wir hatten unseren Abschluss gemacht und wussten, wohin wir wollten. Obwohl wir noch nicht alt waren, wurden wir älter. Das waren, logisch gesehen, alles gute Gründe, aber ich glaube, wir hatten auch intuitiv das Gefühl, die richtige Zeit sei gekommen. Und ob nun die Sterne richtig standen – eine unsichtbare kosmische Konstellation zu unseren Gunsten – oder ob wir einfach Glück hatten, jedenfalls behielten wir Recht. Von allen potenziellen Persönlichkeiten, die unser Sohn hätte werden können, war dieser eine Mensch, den wir damals in die Welt setzten, perfekt. Er ist meine Seele geworden.

Wir gründen eine Familie

Nachdem wir beschlossen hatten, ein Baby zu bekommen, dachten Tara und ich viel darüber nach, wie wir dieses Projekt auf eine Weise gestalten könnten, die meinen Einfluss auf die Entwicklung des Kindes vergrößern würde. Uns beiden war klar, dass Tara das Baby austragen sollte: Sie ist vollkommen gesund, hat schon einmal ohne Komplikationen ein Kind zur Welt gebracht und die Schwangerschaft sogar genossen. Bei mir würde ein Fötus wegen meiner Krankengeschichte – Asthma und meine »allgemeine Disposition«, wie wir es vor meiner offiziellen Diagnose nannten – und des Umstands, dass ich nicht den Wunsch hegte, eine Geburt zu erleben, sowie der Medikamente in meinem Blutkreislauf keine günstige Umgebung finden. Ich wusste, dass ich unser gemeinsames Kind lieben würde, ob ich nun biologisch verwandt mit ihm wäre oder nicht. Ich bin immer der Überzeugung gewesen, dass man die Rolle der Genetik außerordentlich überschätzt, und schließlich wusste ich, dass unser Kind ohne mich oder meine Familie nie entstanden wäre, eine Tatsache, die ebenso stark wog wie das Erbgut. Dennoch dachte ich viel über meine Rolle nach und fand die Vorstellung aufregend, dass meine Entscheidungen den Menschen, den wir auf die Welt bringen würden, auf eine sehr fundamentale Weise beeinflussen würden. Tara und ich waren uns zum Beispiel einig darüber, dass ich den Samenspender auswählen sollte. Ich wollte, dass er mir so ähnlich wie möglich sah, und ich hegte große Zuversicht, dass ich die richtige Person finden würde.

Die Klinik für unfruchtbare Paare, an die wir uns wandten, arbeitete nur mit einer Samenbank, und sobald wir den Katalog der verfügbaren Spender erhielten, begann ich, Ausschau nach der richtigen Person zu halten. Ich suchte mehrere potenzielle Spender aus, deren ethnisches Erbe sich mit meinem deckte, und bestellte bei der Samenbank ihre Kurzprofile – von den Spendern ausgefüllte mehrseitige Fragebögen. An dem Tag, an dem die Profile in der Post waren, riss ich den Umschlag auf und studierte das ganze Sortiment. Der erste Kandidat hatte zur Antwort auf die Frage »Was ist Ihr Lieblingstier?« geschrieben: »Ich mag Tiere allgemein nicht besonders«. Der flog gleich beiseite und aus dem Rennen. Der nächste Kandidat tat so, als fülle er ein Bewerbungsformular aus. Er gab sich sehr steif und formell und wählte seine Worte offensichtlich, um sein Gegenüber zu beeindrucken. Sein höchstes Ziel im Leben war es, schnell reich zu werden – und zwar, wie er andeutete, um jeden Preis. Ich wusste, dass er nicht das Gegenstück war, das ich suchte. Auch die Kandidaten in den nächsten paar Profilen passten ganz und gar nicht. Als ich zu dem Profil auf dem Grund des Stapels kam, war ich schon dabei, die Hoffnung zu verlieren.

Zuerst fiel mir auf, dass es aussah, als wäre es in meiner Handschrift und meinem Stil geschrieben. Der Autor hatte die vorgegebenen Zeilen ignoriert, bis auf die Ränder geschrieben und das Blatt sogar gedreht, um Gedanken zu Ende zu führen. Dann las ich seine Antworten auf die Fragen. Er war intelligent, respektlos, offen, aufrichtig und sich über seine Stärken und Schwächen im Klaren. Auch seine Antworten waren ungewöhnlich. Auf die Frage nach seiner Lieblingsfarbe hatte er geschrieben, er möge eine gewisse feine Farbnuance auf dem Rücken eines bestimmten Tieres. Gefragt, wo er sich selbst in zehn Jahren sehe, hatte er geantwortet, er wolle ins Weltall reisen, ein ungewöhnliches Fleischtier züchten und für ein politisches Amt kandidieren. Als Lieblingstier hatte er sich ein kleines, unaufdringliches Tier ausgesucht, was ich aus irgendeinem Grund rührend fand. Ich wusste, dass ich den Richtigen gefunden hatte.

Ich ließ das ausführliche Profil sowie die Tonbandaufnahme eines Interviews mit ihm kommen und erfuhr daraus eine Menge über seine Familie und seine Lebensgeschichte. Er erzählte eine komische Anekdote über eine wilde Verwechslungskomödie, die er und seine Freunde eines Nachts mit ihrem Auto aufgeführt hatten, und ich lernte mehr über seinen Sinn für Humor. Ich kannte natürlich die Regeln und wusste, dass er anonym bleiben musste, aber trotzdem wünschte ich, ich hätte diesen Mann kennen lernen können. Er kam mir vor wie jemand, den ich gern zum Freund gehabt hätte.

Tara und ich gingen zum Ultraschall, und die Spezialistin stellte fest, auf welcher Seite Taras Eisprung stattfinden würde. Während der nächsten paar Tage behielten wir die Entwicklung des Eis im Auge, und als es fast bereit war, erhielt Tara eine Injektion, die dafür sorgen sollte, dass ihr Eisprung innerhalb der nächsten vierundzwanzig Stunden stattfinden würde. Schon mehrere Jahre, bevor wir ein Kind planten, hatte ich ein Tagebuch für unser Baby begonnen, und das setzte ich jetzt fort, erzählte ihm davon, welche Entscheidungen wir trafen und warum, und hielt meine privaten Gedanken über die Zeugung unseres Kindes und meine eigene Vergangenheit fest. An dem Tag, an dem wir unseren Termin für die künstliche Befruchtung hatten, schrieb ich:

Heute Morgen bin ich um drei aufgestanden, weil ich nicht schlafen konnte. Der große Tag ist da! Ich sah zu, wie die Sonne aufging, und dachte an dich. Du wirst die Morgendämmerung meines neuen Lebens sein. Um zwölf gingen deine Mama und ich zu unserem Termin, und ich machte Fotos von der Befruchtung. Die Ärzte brachten etwas Sperma ganz in die Nähe des Eis und meinten, es dürfte nur eine halbe Stunde dauern, bis sich beide träfen. Ich schreibe dies hier am Abend um zwanzig vor sieben, also hast du vielleicht schon zu wachsen begonnen. Nach dem Termin holten wir uns bei Barter's-Drive-in-Imbiss vegetarische Burger, Pommes frites und Zwiebelringe. Den ganzen Tag über waren wir uns ganz nahe, umarmten uns immer wieder und wünschten dir Glück für deinen Start ins Leben.

Sechsundzwanzig Tage später schrieb ich:

Heute hat dein Herz zu schlagen begonnen. Hören werden wir es erst in ungefähr einem Monat, aber wir haben nachgelesen und wissen, dass das Herz jedes Menschen am gleichen Tag nach der Zeugung zu schlagen beginnt. Wenn du jetzt beim Lesen deinen Puls fühlst, kannst du dich an das genaue Datum erinnern, an dem dein Herz zu schlagen begann, und daran denken, dass es nicht aufhören wird und seit heute, dem Tag, an dem ich dies schreibe, nicht aufgehört hat.

Dies war der Tag, an dem unsere Herzen gemeinsam zu schlagen begannen.

Tara hatte eine gesunde, ruhige Schwangerschaft. Manchmal, wenn ihre Hormone verrückt spielten, war es schwer, mit ihr auszukommen. Schließlich gab ich den Versuch auf, rational zu argumentieren, und griff auf eine Standardantwort zurück, die meistens funktionierte, wenn sie nicht mehr konnte. »Du bist wunderschön«, sagte ich dann im Brustton der Überzeugung. »Was kann ich für dich tun?«

Als der errechnete Geburtstermin näher rückte, waren alle voller gespannter Erwartung. Am 17. Dezember kam meine Schwester Davina mit dem Flugzeug, um die Weihnachtsferien bei uns zu verbringen. Sobald sie da war, waren wir beide so begierig darauf, das Baby kennen zu lernen, dass wir Tara überredeten, eine Portion Rizinusöl zu nehmen. Mehrere Menschen hatten geschworen, falls sie bereit sei, werde es die Wehen einleiten. In dem Versuch, es ihr angenehmer zu machen, mixte ich ein Omelett mit Rizinusöl zusammen – vermutlich wäre es angenehmer gewesen, das Zeug einfach herunterzuwürgen –, und Tara, die es ebenso eilig hatte, unseren Kleinen zu sehen, ergab sich in ihr Schicksal und aß den ganzen fettigen Papp. Wenige Stunden später hatte sie Kontraktionen – allerdings nicht nur in der Gebärmutter. Plötzlich bekam sie den schlimmsten Brechdurchfall ihres Lebens. Von der Toilette aus verkündete sie, sie werde sterben. Ich half ihr in den improvisierten Whirlpool, den ich konstruiert hatte, und das schien zu helfen. Ohne Unterlass rieb ich ihr den Rücken, damit die Muskeln sich entspannten. Ich gab ihr Eiswasser und Eis am Stiel, drehte sanfte klassische Musik auf und sprach ihr leise Mut zu. Jetzt wurde es ernst und das Baby würde innerhalb der nächsten Stunden auf die Welt kommen, so viel war uns klar. Wir riefen die Freundinnen an, die wir dabeihaben wollten; eine fuhr den weiten Weg von Salem, Oregon, bis nach Tacoma, und eine andere kam aus Portland.

Bis alle an Ort und Stelle waren, hatte Tara starke Wehen und litt große Schmerzen. Das Schlimmste war, dass sie mich anflehte, ihr doch bitte, bitte zu helfen, und es nichts gab, was ich tun konnte. Ein bisschen schien es zu helfen, als ich von sanften, beruhigenden Worten zu einem etwas gebieterischen Ton überging und ihr versicherte, sie *werde* es überleben, sie *werde* das Baby bekommen und *alles werde gut werden.* Ich schaffte es, meiner Stimme nicht anmerken zu lassen, dass ich mich gleichzeitig selbst zu überzeugen versuchte.

Endlich kam die Hebamme, und ich fühlte mich etwas besser; aber trotzdem musste ich einmal hinausgehen, um mich zu übergeben. Zuzusehen, wie Tara sich in solchen Schmerzen wand, war schlimmer, als sie selbst zu empfinden. Ich weiß noch, dass ich auf dem Rückweg vor mich hinflüsterte, dass ich so etwas nie, nie wieder tun würde. Vielleicht, wenn man *mir* eine Epiduralanästhesie verabreichte, die vom Hals *aufwärts* wirkte – das wäre die einzige Möglichkeit.

Um elf Minuten nach vier bist du zur Welt gekommen. Wir alle halfen deiner Mama, sich bereit zu machen. Innerhalb von zwei Stunden öffnete ihr Muttermund sich von dreieinhalb bis auf zehn Zentimeter. Sobald ihr Muttermund ganz geöffnet war, presste sie einmal heftig, und dein Kopf kam zum Vorschein. Noch einmal kräftig pressen, und du kamst herausgeflutscht. Mit einem Schwall Wasser, etwas Blut und der Nabelschnur bist du quer über das Bett geschossen. Die Hebamme hat dich auf den Bauch deiner Mama gelegt, und ich habe dich mit einem Hand-

tuch abgerieben, bis du kurze, ruhige Atemzüge gemacht hast. Wir alle weinten, weil wir überglücklich waren. Wir haben dir den Weg in diese Welt gezeigt, und du wirst uns wahrscheinlich hinausbegleiten. Alle haben wir uns um dich herumgekuschelt, und die Hebamme untersuchte dich, um zu schauen, ob alles in Ordnung war, und sie stellte fest, dass du vollkommen warst.

Als mein Sohn geboren wurde, schluchzte ich. Noch nie hatte ich so heftig geweint. Die Liebe, die ich für ihn empfand, überwältigte mich vollständig. Ich streichelte seinen Rücken und sah in seine Augen, während er sich auf Taras Brust hochschob und umschaute, bevor er sich an sie schmiegte und nach einer Brustwarze tastete. »Er ist so winzig … Wie soll ich bloß für ihn sorgen?« – etwas anderes vermochte ich nicht zu sagen.

Ich bin mir sicher, dass die meisten frisch gebackenen Eltern dieses Gefühl haben, und wie andere Eltern brachte ich es doch fertig und überraschte mich selbst damit, wie leicht es mir fiel, eine Routine zu finden und für meinen Sohn zu sorgen. Tara legte wieder lange Arbeitstage ein, denn sie fühlte sich jetzt unter Druck gesetzt, sich einen Vollzeitjob zu sichern. Für uns alle war es schwer, dass sie so oft fort war. Ich reagierte auf meine neuen, schwierigen und unvertrauten Lebensumstände mit einem Rückfall in meine Gewohnheit, alles exakt zu strukturieren. Um halb sieben wachte ich auf und sang meinem Sohn vor, bis er aufwachte. Dann gab ich ihm eine Flasche Muttermilch und sang noch ein bisschen weiter. Anschließend standen wir auf, und er spielte mit Materialien, die dazu gedacht waren, alle seine Sinne anzuregen. Ich ließ ihn an Gewürzen und Ölen riechen, was ihm immer Spaß machte, denn dann strampelte und kicherte er. Ich hatte einen Beutel mit Stofffetzen mit unterschiedlichen Strukturen und Mustern, und er liebte es, danach zu greifen und sie herumzuschwenken. Wir hörten Musik. Gegen Mittag krochen wir in den Whirlpool, und mein Sohn schlummerte ein paar Stunden auf meiner Brust. Während er schlief, schrieb ich im Kopf, redigierte oder schrieb den Text um, damit er fertig war und nur noch zu Papier gebracht werden musste, wenn ich Zeit fand, mich an den Computer zu setzen. Als er ganz klein war, schlief er eine Menge, und ich konnte etliches schreiben. Manchmal schaute ich alte Fernsehserien wie *Dark Shadows* oder *Lost in Space* an und dachte viel an die Zeit, als ich klein war und meine Mutter und meine Großmutter diese Sendungen ansahen, während ich in der Nähe döste oder krabbelte.

Mein Sohn brachte alle Entwicklungsschritte rasch hinter sich und schien von Anfang an eine starke Verbindung zu Tieren zu haben. Sein erstes Lächeln galt unseren Hunden, und sein erstes Wort mit acht Monaten war »Fisch«, ein leises »Fsssch«, das aus seinem Mund kam, als er mit mir in der Wanne saß und den Stachelfisch, den er schon immer geliebt hatte, in der Hand hielt. Er hielt sich für sein Leben gern im Freien auf und betastete die Bäume und das Gras. Da wusste ich, dass ich ihm den richtigen Namen gegeben hatte.

Teryk Brydanialun Prince-Hughes

Und dies ist die Geschichte deines Namens. Solange ich denken kann, habe ich mich für unsere Vorfahren interessiert und alle, die vor uns da waren, sogar für die, die vor Millionen von Jahren lebten. Als ich klein war, habe ich sogar in meiner Einbildung mit ihnen geredet, und sie haben mir geantwortet. Deswegen beschloss ich, als ich älter wurde, zur Schule ging und ein Doktor der Philosophie wurde, unsere Vorfahren zu studieren und die Geschichten, die die Menschen in aller Welt über sie erzählen. In Sibirien gibt es eine Geschichte über Teryk, dessen Name »Morgenröte-Mann« bedeutet. Mir gefiel der Name, weil mein eigener, »Morgenröte«, darin steckt. Er ist einer der Namen für unsere Vorfahren und bedeutet auch »einer aus dem ersten Volk«. Du wirst deinen Namen dein ganzes Leben lang tragen, und daher sollte er etwas darüber aussagen, woher du gekommen bist. So halten es die meisten Menschen auf der Welt.

Dein zweiter Vorname ist ebenfalls etwas ganz Besonderes. Er lautet Brydanialun und setzt sich aus drei gälischen Wörtern zusammen:

bryd = Herz
anial = wild
un = einer

Er bedeutet »Herz des wilden Wesens«. Zum einen ist er etwas Besonderes, weil Gälisch die alte Sprache deiner Vorfahren ist. Mein Opa, dein Uropa Eddings, pflegte deine Oma Joyce »Großes« und mich »Kleines« zu nennen. Ich weiß, wenn er noch am Leben wäre, hätte er auch einen solchen Namen für dich. Außerdem ist dein Name etwas Spezielles, weil ich mich, als ich deine Vorfahren studierte, mit Gorillas anfreundete, sie beobachtete und von ihnen lernte. Unsere Vorfahren sind dieselben, und indem ich von ihnen lernte, lernte ich eine Menge darüber, wie unsere frühesten Vorfahren lebten. Außerdem sind sie noch am Leben, und sie sind sanft. Der sanfteste und liebevollste Gorilla, den ich je gekannt habe, hieß Congo. Wir beiden waren die besten Freunde. Er hatte ein sehr schweres Leben, aber er war freundlich zu allen, besonders zu mir.

Er starb am 27. Februar 1997. Ich war sehr traurig. Die Menschen, bei denen er gewohnt hatte, wollten wissen, warum er krank geworden und gestorben war, daher schickten sie verschiedene Körperteile von ihm an andere Leute, damit sie sie untersuchten und herausfanden, was passiert war. Ich hätte ihn am liebsten nach Afrika zurückgebracht, wo er geboren war, damit er dort in die Erde zurückkehren konnte. Einer der schwersten Tage für mich war der, an dem sie sein Herz wegschickten, damit Ärzte es untersuchten.

In unserer Kultur ist das Herz für uns immer der Körperteil, wo die Liebe und die Gefühle herkommen. Ich mochte gar nicht darüber nachdenken, dass Congos Herz uns verließ. Doch nach einiger Zeit verstand ich, dass Congos Liebe überall war und in den Menschen lebte, die mich lieben. Dich liebe ich auf eine Weise, wie ich nie jemand anders lieben werde, und auf gewisse Weise bist du für mich Congos Herz. Du bist das Herz des wilden Wesens.

Ich glaube, dass Congos Geist in dir lebt und dich beschützt.

Vielleicht wirst du eines Tages mit ihm reden, so wie ich früher mit meinen Vorfahren gesprochen habe.

Tara macht Karriere

Tara hatte während ihrer Schwangerschaft ungefähr siebzig Bewerbungen verschickt, aber sie bekam nur ein Angebot: eine Aushilfsstelle am Pierce College in Tacoma. Die Aussicht auf einen Umzug noch während Taras Schwangerschaft war erschreckend, aber wir beschlossen, dass der Job das Richtige wäre, um uns über die Runden zu helfen, bis sie sich im folgenden Jahr wieder auf dem Arbeitsmarkt umtun konnte. Daher packten wir alles ein, und Tara fuhr für ein Wochenende hinunter und fand eine billige Wohnung, wo man Hunde halten durfte. Leider lag sie in einer ziemlich rauen Gegend. Die Häuser, auch unseres, waren zugig und schlampig gebaut. Unsere Nachbarn, die wir niemals kennen lernen sollten, prügelten sich ständig vor dem Haus mit der Polizei und beglückten uns zu jeder Tages- und Nachtzeit mit farbigen Kraftausdrücken.

Die meiste Zeit blieb ich in der Wohnung. Während der ganzen anderthalb Jahre, die wir in Tacoma lebten, ging ich kaum aus dem Haus. Aber ich schloss zwei Bücher ab und brachte sie bald beide bei Verlagen unter. Es bestand die Möglichkeit, dass Taras Aushilfsstelle in eine feste umgewandelt würde, und sie verbrachte oft Zwölf-Stunden-Tage am College, um sich unentbehrlich zu machen.

Tara bekam tatsächlich die Gelegenheit, sich am Pierce College um eine Dauerstelle zu bewerben, aber am Whotcom Community College in Bellingham, wo sie viele Jahre unterrichtet hatte, war ebenfalls eine feste Stelle zu vergeben. Es gab mehrere Hundert Bewerber, und wir versuchten, unsere Hoffnungen nicht zu hoch zu hängen, aber ihr Bewerbungsgespräch verlief gut, und es war klar, dass ihre alten Kollegen sie vermissten und wussten, dass sie eine ausgezeichnete Dozentin war. Erfreut erfuhren wir, dass drei Bewerber in die engere Wahl gekommen waren und dass Tara dazugehörte. Nach einer qualvollen Wartezeit teilte man uns mit, dass das College alle drei Finalisten fest anstellen würde. Das war eine wunderbare Nachricht, nicht nur, weil wir den Job so gern haben wollten, sondern weil die anderen beiden Kandidaten bereits in Teilzeit am College arbeiteten und Tara sie von früher kannte. Es war also ein großer gemeinsamer Triumph für alle. Unsere Freunde waren überglücklich und steckten eine Menge Energie in unseren Umzug. Eine Freundin berichtete von einem Haus, das perfekt für uns wäre und in ihrer Nachbarschaft zum Verkauf stand, und führte uns hin. Es hatte einen großen Garten mit vierzehn hohen Bäumen, darunter drei Apfelbäume. Der gesamte Hinterhof war von einem hohen Zaun umgeben, und er war so groß wie ein Acker und ebenso zugewuchert. Das Haus war in den späten Zwanzigerjahren gebaut und klein, aber es hatte drei Zimmer. Wir konnten nicht richtig ins Innere schauen, aber wir verliebten uns schon in das, was wir sahen. Ich hatte mir immer gewünscht, auf dem Land zu leben, und Tara wollte in der Stadt wohnen, und dies war der perfekte Kompromiss. Wir trafen uns mit dem Makler, und ich freute mich, dass er sich zurückhielt und nicht um uns herumstrich, als wir uns drinnen umschauten. Das Haus gefiel mir, aber als ich die Küche betrat, war ich wie hypnotisiert. Sie sah genauso aus wie die meiner Großeltern. Zu beiden Seiten des Fensters über dem Spülbecken hingen drei gerundete Borde, die mit silbrigen Metallstreifen abgesetzt waren. Darüber und über den Schranktüren befand sich eine Holzverkleidung, und gleich unter dem Spülbecken waren drei Ventilationsschlitze. Mir war, als gehe ich auf das Fenster in der Küche meiner Großeltern zu. Ich wollte das Haus haben, und Tara war gleichermaßen begeistert. Wir unterzogen uns der schwierigen Prozedur des Feilschens und bekamen das Haus schließlich für sehr wenig Geld.

Das einzige Problem war, dass wir es uns nicht leisten konnten, Miete in Tacoma und gleichzeitig die Hypothek für das neue Haus zu zahlen, aber Tara musste das Winterquartal am Pierce College beenden. Schließlich beschlossen wir, dass Tara pendeln und einen Teil der Woche in Tacoma übernachten würde, um ihren Lehrverpflichtungen nachzukommen. Das wurde eine schwierige Zeit: ein neugeborenes Baby, ein neuer Job, ein neues Haus, das Pendeln und noch dazu der Umstand, dass ich mich mit Ängsten auseinander setzen musste, die die Nachwirkung dieser stürmischen Veränderungen waren.

Aber jetzt war ich mit meiner Diagnose bewaffnet und nutzte sofort den Vorteil, den es bedeutete, meine Bewältigungsstrategien zu erweitern. Ich stellte einen detaillierten Plan auf, um mich besser anzupassen und zu einer besseren Partnerin, Freundin und Mutter zu werden. Wie immer nahm ich meine moralische Verpflichtung gegenüber der Menschheit sehr ernst, aber jetzt fand ich wirkungsvollere Mittel als früher, mich anderen gegenüber zu öffnen. Es half ungeheuer, dass ich einfach in der Lage war, den Leuten zu sagen, dass ich an einer Form des Autismus litt, und zu erklären, warum ich bestimmte Dinge tat, damit sie meine Schroffheit nicht persönlich nahmen. Und ich begann meine Grenzen zu erkennen. Ich fühlte mich nicht länger tief im Zwiespalt, weil ich das Bedürfnis hatte, den Menschen zu entrinnen, sondern ich wusste, dass das für meine geistige Gesundheit notwendig war. Jetzt trug ich nicht mehr die Last, ständig unter Schmerzen Grenzen überschreiten zu müssen, einfach weil sie da waren. In dem Maß, wie ich diese Entdeckungen machte und entspannt mit ihnen umging, konnte ich das Leben mit anderen tatsächlich besser aushalten.

10

Gemeinsame Lieder

Schon immer bin ich gut mit anderen Menschen zurechtgekommen, die mit Affen arbeiten. Ich glaube, weil sie so viel Erfahrung mit Primaten wie mir und so viel Empathie für sie haben, sehen sie mich, wie ich bin: als einen auf paradoxe Weise zugleich einfachen und komplexen Organismus. Unter solchen Menschen habe ich mich seit jeher selbst in größeren Gruppen wohl gefühlt. Wie schon erwähnt, fand ich meine erste berufliche Heimat im ChimpanZoo, der Abteilung des Jane-Goodall-Instituts, das sich der Aufgabe widmet, das Leben von Affen in Gefangenschaft zu verbessern. Der ChimpanZoo befindet sich in Tucson, Arizona, aber die Konferenzen werden im ganzen Land abgehalten, und ich habe praktisch alle besucht. Im Lauf der Jahre hatte ich die Möglichkeit, mit fast allen der geachtetsten Forscher, die mit Affen in Gefangenschaft arbeiten, zu sprechen oder zusammenzuarbeiten.

Jane Goodall selbst ist mir, wie für Dutzende andere, eine wichtige Mentorin gewesen. Sie gehört zu diesen seltenen Menschen, die einem das Gefühl vermitteln, dass sie mehr sind als das, was wir von ihnen sehen. Jane steht mit je einem Fuß in zwei Welten: der gegenwärtigen, physischen und derjenigen, die größer ist, als die meisten Menschen erkennen. Jane ist eine Pforte. Sie versteht das, und im Gegensatz zu mir scheint sie aus dem Zusammensein mit vielen Menschen Kraft zu schöpfen. Nie bleibt sie lange an einem Ort, sondern reist lieber unermüdlich durch die Welt und versucht, die Menschen aufzuklären, bevor es für die Affen zu spät ist. Regelmäßig hält sie öffentliche Vorträge und bleibt dann noch viele Stunden sitzen, um Bücher zu signieren und mit den Menschen zu reden, die Schlange stehen, um sie zu sehen und mit ihr zu sprechen, und sie bricht nie auf, bis auch der Allerletzte an die Reihe gekommen ist.

Bei jeder ChimpanZoo-Konferenz hält Jane einen öffentlichen Vortrag. Es ist zur Tradition geworden, dass einige von uns nachher mit ihr essen, Wein trinken und bis spät in die Nacht Geschichten erzählen. Bei der letzten Konferenz erzählte Jane mit ihrer gelassenen, aber lebhaften Miene eine der erstaunlichen Geschichten, aus denen der Stoff ihres wohl gelebten Lebens gewebt ist, und ich hatte das Gefühl, mich in der Gegenwart einer lebenden Heiligen zu befinden: keine Heilige von der Art, die niemals Fehler macht oder nie zögert, sondern eine, die sich schmutzig macht, weil sie sich zu allen verborgenen Winkeln in unserem Inneren hinabgräbt. Dann hält sie den Boden unter uns fest, während sie unsere Seelen zu einem höheren Ort erhebt, von dem wir ahnten, dass er da war, den wir aber allein nicht erreichen konnten.

Als Jane sich bereit erklärte, das Vorwort zu meinem ersten Buch zu schreiben, war das, als empfinge ich ein Sakrament. Vielleicht weil ich autistisch bin, verstehe ich nicht, dass man beeindruckt von Menschen ist, bloß weil sie berühmt sind. Meine Verehrung für Jane ist in ihrer Gegenwart gewachsen. Bei verschiedenen Gelegenheiten habe ich mit ihr zu Abend gegessen oder Podiumsdiskussionen moderiert, an denen sie teilnahm. Ich habe an kleinen, intimen Workshops mit ihr teilgenommen, bei denen hart gesottene Wissenschaftler in Tränen ausbrachen, und zugesehen, wie sie volle Säle fesselte und jedem Zuhörer das Gefühl gab, etwas Besonderes zu sein. Sie hat mein höchstes Kompliment verdient – sie ist einzigartig.

Jane ist jedoch nicht die einzige Forscherin, die meine Philosophie geformt hat. Ich hatte die Ehre, mit Roger und Debbi Fotus, Virginia Landau, Sally Boysen, Lyn Miles, Penny Patterson, Duane Rumbaugh und Sue Savage-Rumbaugh zu sprechen und von ihnen zu lernen. Sie alle – und die Menschenaffen, mit denen sie arbeiten – haben einen großen Einfluss auf meine Gedanken über die Kultur der Affen und die Probleme gehabt, vor die uns heute ihre Erhaltung stellt.

Sue Savage-Rumbaugh stellte mich Kanzi vor, einem Bonobo, dessen Versuch, mit mir zu kommunizieren, mich zu Tränen rührte. Bei unserer ersten Begegnung bat er mich, Fangen mit ihm zu spielen, und so rannten wir am Zaun auf und ab, vor und zurück; er setzte sein breites Bonobolächeln auf, und ich verfiel in meine natürliche Gorillahaltung. Plötzlich blieb er stehen, griff nach dem Lexigrammbrett, das die Symbole enthielt, mit denen er sich für gewöhnlich verständigte, vollführte eine Reihe von Gesten und wies dann auf das Lexigrammbrett. Ich musste mich entschuldigen und erklären, dass ich nicht verstand, was er sagen wollte. Sue und ich entdeckten, dass er erkannt hatte, dass ich ein »Gorilla« war. Er hatte sich an die Videos über Koko erinnert, den Gorilla, der die Gebärdensprache beherrscht, die Hypothese aufgestellt, dass Gorillas sich durch Zeichen verständigen, und dann *korrekte* Gebärden der Zeichensprache eingesetzt, um zu fragen: »Du ... Gorilla ... Frage?« Schließlich hatte er zur Betonung noch auf das Lexigrammzeichen für »Gorilla« gedeutet. Niemand, nicht einmal Sue, hatte geahnt, dass er Zeichen behalten hatte, als er das Koko-Video ansah. Er hatte seine Erkenntnisfähigkeit und seine Gefühle eingesetzt, um die kommunikative Kluft zwischen uns zu überbrücken.

Ich gewann Kanzi sehr lieb, und er nannte mich weiter Rilla, wenn ich zu Besuch kam. Vielen Menschen ist nicht klar, dass Bonobos tatsächlich Englisch sprechen. Es ist, als höre man jemandem zu, der einen sehr starken Akzent hat; sobald man einmal die durchgehenden Muster in seiner Sprache begriffen hat, weiß man mit absoluter Sicherheit, was er sagt. »Los! Gruppenraum auf, Gorilla«, pflegte Kanzi zu sagen, sobald er mich sah. Als ich den Satz zum ersten Mal hörte, war ich entzückt und überrascht. Es war wie eine Offenbarung: *Er redete mit mir!* Dass Menschenaffen kommunizieren, wusste ich schon lange, aber mich auf Englisch mit einem Affen zu unterhalten, erweckte in mir wider aller Vernunft die Hoffnung, dass eines Tages in naher Zukunft ein Affe vor die Schranken des Obersten Gerichtshofs tritt und sagt: »Ich will meine Freiheit.«

Manches von dem, was Affen uns erzählen, erinnert uns an das Leid, das sie belastet. Kanzis Kamerad Michael konnte in der Gebärdensprache seine schrecklichen Erinnerungen daran beschreiben, wie er als Baby eingefangen worden war.

Chantek, ein Orang-Utan, der die Gebärdensprache von der Forscherin Lyn Miles gelernt hat, ist ein sanfter, freigebiger Charakter. Er liebt es, Gegenstände, die ihn faszinieren, auf Halsketten zu fädeln und Mobiles daraus zu basteln. Oft macht er den Menschen, die ihn im Zoo von Atlanta, wo er im Moment wohnt, besuchen, seinen Schmuck und seine wunderschönen Kunstwerke zum Geschenk. Als ich zum ersten Mal mit Lyn zu ihm ging, war ich gerührt von seiner einfachen Ausstrahlung und großzügigen Natur. Ich hatte ihm eine Erdbeere mitgebracht, die ich in eine Serviette gewickelt hatte, weil sie sehr saftig war. Chantek sah den Saft auf der Serviette, lief herbei und betrachtete besorgt meinen Finger. »Verletzt! Verletzt!«, gebärdete er. Er beruhigte sich erst, nachdem ich ihm gezeigt hatte, dass meine Hände auf beiden Seiten keine Wunden hatten. Ich hatte etwas Zeichensprache gelernt, und so konnte ich ein wenig mit ihm reden, damit ich nicht unhöflich erschien.

»Du machst immer Halsketten für andere Leute«, bedeutete ich ihm. »Aber dieses Mal mache ich eine für dich.« Ich fädelte ein paar Perlen auf und knotete die lange Schnur zusammen. Lyn reichte ihm die Kette, und er zog sie über den Kopf, nahm sie wieder ab und gab sie mir. Ich sollte sie behalten. Dieses Orang-Utan-Männchen, das so viel Entbehrung und Vernachlässigung erfahren und doch bei meiner Ankunft so besorgt gewesen war, weil es glaubte, ich litte Schmerzen, rührte mich zutiefst. Und jetzt wollte es mir etwas schenken, das ich mitnehmen konnte.

Die Gorillas sind mein erstes Volk gewesen; aber alle Affen in Gefangenschaft leiden, und in freier Wildbahn sind sie vom Aussterben bedroht. Das hat sehr viel damit zu tun, wie Menschen andersartiges Leben um sich herum achten oder missachten. Dieser Mangel an Respekt erstreckt sich auf alle Affen, andere Tiere und auch die Pflanzen und die Elemente. Die Überzeugung, dass wir andere Lebewesen zu respektieren haben, ist allen Menschen gemeinsam, die sich für die Affen einsetzen, wenngleich die meisten das Gefühl haben, sich nur auf eine Spezies zugleich konzentrieren zu können und vielleicht die auswählen, die sie besonders anspricht, so wie mich die Gorillas.

Obwohl man optimistisch glauben könnte, dass alle, die für den Primatenschutz eintreten, eigentlich einer Meinung sein müssten, wissen diejenigen unter uns, die sich seit Jahren für das Wohl gefangener oder wild lebender Affen einsetzen, dass die Sache so einfach nicht ist. Menschen, die sich leidenschaftlich für Tiere engagieren, stellen oft fest, das sie sich stark mit einer bestimmten Herangehensweise an die komplexen Probleme, vor denen wir stehen, identifizieren. Da alle, denen ich begegnet bin, hochherzige Absichten hegen, neige ich zu der Überzeugung, dass sie alle im Grund Recht haben und ihnen eine unschätzbare Rolle dabei zukommt, in dieser gewalttätigen Welt zu friedlichen Lösungen zu kommen. Ich gebe mir große Mühe, die verschiedenen Strategien, die mir begegnen, in Übereinstimmung zu bringen; und wenn mir das nicht gelingt, dann rufe ich mir ins Gedächtnis, dass die dynamische Spannung, die aus unvereinbaren Meinungen resultiert, genau der Ort ist, an dem neue Schöpfungen entstehen – nicht unbedingt aus menschlichen Bemühungen, sondern aus etwas Kreativerem.

Gelehrte haben viele Bände über die Themen geschrieben, die wir immer noch diskutieren: Sind Affen tatsächlich Persönlichkeiten? Was sind die Verpflichtungen der Menschheit ihnen gegenüber? Dürfen wir sie auf Arten benutzen, die missbräuchlich sind? Haben sie ein Recht auf Freiheit? Und, ja, wie sollte diese Freiheit aussehen?

Um diese Fragen auf intelligente Weise anzugehen, ist meiner Meinung nach etwas historischer Hintergrund von Bedeutung. Die Tendenz nimmt zu, den heutigen Umgang mit Primaten – und anderen Tieren – mit der Sklaverei gleichzusetzen, die in den

Vereinigten Staaten bis vor einhundertfünfzig Jahren praktiziert wurde. Ich bin ebenfalls der Meinung, dass dieser Vergleich stichhaltig ist. Die Parallelen drängen sich geradezu auf. Oft, wenn ich mich mit diesen Themen beschäftigte, musste ich das Buch umdrehen und den Umschlag ansehen, damit mir wieder einfiel, ob ich gerade eine Rechtfertigung der Sklaverei im Vorkriegssüden las oder eine unserer heutigen Begründungen dafür, Affen in Gefangenschaft zu halten. Die üblichen Rechtfertigungen sind dieselben: Die betreffenden Lebewesen gehörten zu unterschiedlichen Spezies, die Menschen profitierten finanziell – oder sogar medizinisch – von ihrer Versklavung, sie seien unfähig, für sich selbst einzutreten, intellektuell weit unterlegen, sie hätten keine Seele, oder ihnen fehle die Fähigkeit zu spirituellem Verständnis und zur Erleuchtung, sie seien von Natur aus gefährlich, und man solle ihnen nicht gestatten, frei unter uns zu leben, und sie seien offensichtlich körperlich anders als wir, abstoßend und verdorben. Diese Behauptungen sorgen heute für ein ebenso erhitztes politisches Klima und verbissenes Meinungsbild wie vor einhundertfünfzig Jahren.

Diejenigen unter uns, die finden, dass man Affen zu Unrecht als allzu unterschiedlich von uns betrachtet – wir, die wir uns darüber klar sind, dass Affen in vollem Ausmaß fähig zu moralischem Handeln, Liebe, Selbsterkenntnis, rationalem Denken und spirituellem Bewusstsein sind –, müssen uns noch mit einer zweiten historischen Realität auseinander setzen. Wer sich vornimmt, ein Unterdrückungssystem zu demontieren, das als selbstverständlicher Teil seiner Kultur betrachtet wird, muss wissen, dass er einen klaren Aktionsplan vorlegen und erklären muss, wie genau die Befreiung der letzten versklavten Wesen umgesetzt werden soll.

Wenn wir uns wiederum an der Geschichte orientieren, dann existieren, allgemein gesprochen, zwei Möglichkeiten, den Rechtfertigungen für die Versklavung einer Gruppe fühlender Lebewesen etwas entgegenzusetzen. Die eine besteht darin, die fraglichen Wesen zu schützen, indem man überzeugende Argumente dafür anführt, dass sie uns so sehr gleichen, dass sie diesen Schutz verdienen. Die zweite Option sieht so aus, dass man das derzeitige kulturelle Denken nicht anficht, aber die Vorstellung verbreitet, dass – selbst wenn die fraglichen Wesen nicht wie wir sind – sie doch leiden, wenn sie missbraucht werden, und des Schutzes durch das Gesetz würdig sind. Meiner Meinung nach wird eine Version der zweiten Herangehensweise von der dominierenden menschlichen Kultur bereits in unterschiedlichem Maß akzeptiert, und aus diesem Grunde ist es einfacher, dort anzusetzen. Beispielsweise haben wir Organisationen wie die Vereinigung amerikanischer Zoos und Aquarien und andere Tierschutzverbände, die Anlagen, in denen Tiere gehalten werden, überwachen. Mit unterschiedlichem Erfolg setzen sie sich dafür ein, dass die begrenzte Leidensfähigkeit, die viele Menschen den Tieren zugestehen, nicht zu weit überschritten wird. Historisch gesehen deutet vieles darauf hin, dass die Menschheit diesen Weg der langsamen Sensibilisierung für die Gefühle einer anderen Art beschreiten muss, wenn wir einen dauerhaften Wandel erreichen wollen. Als Spezies gesehen sind wir nicht allzu erpicht darauf, anderen Lebewesen die Freiheit zu schenken.

Unsere Vorurteile – zum Beispiel die Art, wie wir die Körper anderer Spezies als anders und unterlegen betrachten, oder unser Glaube, dass sie nicht so schlau oder hoch entwickelt sind wie wir – verändern sich in unterschiedlichem Tempo, in dem Maß, in dem die Menschen sich an die Vorstellung gewöhnen, dass ihre Annahmen falsch sein könnten. Es könnte allerdings Generationen dauern, bis die Nebenprodukte dieser Vorurteile – der *Gebrauch* anderer Spezies, um Profit aus ihnen zu schlagen, oder die Vorstellung, dass sie Menschen brauchen, damit sie sich selbst oder anderen keinen Schaden zufügen – überwunden sind. Aber soweit wir wissen, haben die Menschenaffen und andere gefährdete oder leidende Arten nicht mehr so viel Zeit.

Damit wären wir wieder bei der Linie, die einen sozialen Wandel für die Affen verficht, und dem Argument, dass sie auf Grundlage ihrer Ähnlichkeit mit uns als Persönlichkeiten zu betrachten sind. Wie ich hoffentlich mit der Geschichte meiner persönlichen Entwicklung aufgezeigt habe, erfüllen Menschenaffen alle Kriterien, die man gegenwärtig für vernunftbegabte Wesen anlegt: Selbsterkenntnis, einen Begriff von Vergangenheit, Gegenwart und Zukunft, die Fähigkeit, komplexe Regeln und ihre Konsequenzen auf emotionaler Ebene zu begreifen, die Entscheidungsfähigkeit, solche Konsequenzen zu riskieren, Empathie und die Fähigkeit zum abstrakten Denken. Wenn Affen es verdienen, dass man ihnen auch nur einige Persönlichkeitsrechte zugesteht, dann müssen wir die schwierigen Fragen angehen, die sich uns stellen, denn wir sind die einzige Spezies, die in der Lage ist, ihnen diese Rechte zu gewähren.

Wie sieht beispielsweise der optimale Lebensraum für Affen in Gefangenschaft aus? Viele dieser Umgebungen würden wir nicht als angemessen für vernunftbegabte Wesen betrachten: Affen können nur sehr begrenzt darüber bestimmen, wie und wo sie leben, und sie sind der Willkür der Menschen ausgeliefert. In Schilderungen, die während der Zeit der Abschaffung der Sklaverei aus der Sicht der Sklaven geschrieben wurden, werden immer wieder mehrere Schlüsselbegriffe von Freiheit angesprochen: die Wichtigkeit der Bestimmung über den eigenen Körper, was die Arbeit, Strafen oder anderes angeht, was ihm Schaden zufügen könnte, die Freiheit der Bewegung sowie Einfluss auf der Regierungsebene – was im Falle der Affen eines Tages so weit gehen könnte, dass sie ein Mitspracherecht dabei haben, was mit ihrer angestammten Heimat geschieht oder welche Arten von Freiheit ihnen zustehen. Es wird – wie die Unterdrückung von Menschen durch andere Menschen gezeigt hat – Jahre dauern, eine gesellschaftliche Atmosphäre zu schaffen, in der Affen all diese Freiheiten genießen können. Aber ich glaube, dass wir diese Freiheiten und ihre Bedeutung definieren müssen.

Eine andere schwierige Frage ist die, ob gefangene männliche und weibliche Affen Kinder haben sollten. Für beide Seiten gibt es stichhaltige Argumente. Für Tierversuchsgegner, die versuchen, Affen aus Labors zu befreien und sie in Tierpflegestationen zu bringen, ist die ethische Antwort klar: Kein Kind sollte in ein Labor hineingeboren werden, und es gibt gar nicht genug

Auffangstationen, um alle lebenden Affen unterzubringen und erst recht keine größeren, natürlichen Schutzräume, in denen sie ausreichend Freiheit genießen könnten, um auf eine Art, die sich ihrer naturgegebenen Kultur annähert, Familien zu gründen.

Dieses Problem stellt sich insbesondere für das Volk der Schimpansen, da die Regierung sie nicht als gleichermaßen gefährdet betrachtet wie Bonobos, Orang-Utans und Gorillas. Viele werden unter schrecklichen Bedingungen gezwungen, sich fortzupflanzen, um die Labors mit Nachschub zu versorgen. Ein vielleicht edleres Argument dafür, Affen Junge bekommen zu lassen, besteht darin, dass die Affen in Freiheit nicht überleben werden und man ihnen daher gestatten müsse, in Gefangenschaft Kinder zu bekommen. Dies ist die Haltung der meisten Zoos. Und wirklich, wenn wir die Affen als Persönlichkeiten betrachten, dürfen wir ihnen die grundlegendste, schönste und lebensbejahendeste Erfahrung von allen nicht verweigern, nämlich Kinder zu bekommen. So wie bei allen anderen Fragen, vor denen wir stehen, wenn wir für die Freiheit der Affen eintreten, gibt es Beispiele, die diese Ansicht bestätigen: In manchen Zoos scheinen Affenfamilien insofern glücklich zu leben, als sie sich langzeitiger, intakter Familienbeziehungen erfreuen, Affenmännchen und -weibchen einander lieben und ihrer Vertrautheit auf natürliche Weise Ausdruck verleihen, indem sie intime Beziehungen pflegen und gemeinsam Kinder bekommen. In anderen werden Affen ständig ihren Familien entrissen, um »den Genpool zu bereichern«, indem man sie zwingt, sich anderswo fortzupflanzen. Aus offensichtlichen Gründen halten viele einflussreiche Befürworter der Affenrechte nicht viel von dieser Praxis. Aber wenn ich mit den extremsten Gegnern der Fortpflanzung in Gefangenschaft spreche, dann läuft der Hauptgrund für ihre ablehnende Haltung fast immer auf ihre Überzeugung hinaus, dass die betroffenen Affen den physischen Raum haben sollten, ihre Kultur zu reproduzieren.

Ein noch grundlegenderes und brennenderes Problem ist der Einsatz von Affen in der biomedizinischen Forschung. Die Befürworter behaupten, dass der Schmerz und das Leiden von Affen für die Menschheit von so hohem Nutzen ist, dass er den Verlust der Freiheit, die Isolation von anderen Lebewesen, ihre endlose Qual und oft schlussendlich ihren Tod aufwiegt. Aber diese Argumente sind schon früher vorgebracht worden und lauten immer gleich, egal, ob sie von dem Arzt Anfang des 19. Jahrhunderts stammen, der im Namen der Wissenschaft einen Schwarzen aufschnitt, um zu sehen, wie tief die braune Farbe reichte; oder den Ärzten, die bei afroamerikanischen Männern Syphilis unbehandelt ließen, um festzustellen, wie die Krankheit ohne Gegenmaßnahmen fortschritt – und sie nahm einen fürchterlichen Verlauf. Auch die Mediziner, die vor sechzig Jahren mit Juden experimentierten – ihnen Säure injizierten, die Luft abpumpten, bis ihre Gehirne explodierten, oder Kindern die Knochen brachen –, glaubten, ihre Untersuchungsobjekte seien weniger wichtig als die Menschen, die von ihren Forschungen profitieren würden. Ich habe das Argument gehört, dass heute alles anders sei: Wir wissen *mit Gewissheit,* dass die Lebewesen, mit denen wir experimentieren, nicht so wichtig sind wie wir. Unsere Methoden sind wissenschaftlich fortgeschrittener. Die Ergebnisse können denen, die sie brauchen, effizienter zugänglich gemacht werden. Aber das sind dieselben Vorwände, die von jeher vorgebracht werden, wenn es ökonomisch nützlich und moralisch zulässig ist, anderen zum Nutzen der Mächtigen Schaden zuzufügen.

Und dann ist da noch der grinsende Affe, mit dem man Waren verkauft. Der größte Teil der Öffentlichkeit ist sich des Umstands nicht bewusst, dass das »Lächeln« auf den Gesichtern von Affen in der Unterhaltungsbranche und der Werbung in Wirklichkeit eine Grimasse ist, die Furcht oder Stress ausdrückt. Wie die Trainer die Affen lehren, so zu reagieren, ist ihre Sache. Sie nehmen die Jungen ihren Eltern weg – die oft als schlecht behandeltes »Zuchtmaterial« in Lagerhäusern leben –, wenn sie noch ganz klein sind und die Liebe und die soziale Anleitung ihrer Mutter brauchen. Diese Affen werden zu ihren Auftritten gezwungen, bestraft und manchmal geschlagen, wenn sie älter werden und ihr Dominanzverhalten ausprobieren. Manche Trainer benutzen Elektroschockgürtel, die unter der Kleidung der Affen versteckt werden, um sie besser zu kontrollieren, und man hat schon gehört, dass sie zu Tode geprügelt wurden. Der Orang-Utan, der in dem Clint-Eastwood-Film *Der Mann aus San Fernando* mitspielt, wurde mit einem Rohr totgeschlagen, bevor der Film in die Kinos kam.

Schließlich schicken die Trainer die Affen »in Rente«, wenn sie ungefähr sieben Jahre alt sind, und verkaufen sie an die Forschung oder in die Zucht, wo sie eine neue Generation von Show-Affen zeugen.

*

Schnelle und einfache Lösungen existieren auf diesem Gebiet nicht.

Manche Menschen wollen sich, wie die Verfechter der Rückführung aus der Befreiungsbewegung des 19. Jahrhunderts, mit nichts weniger zufrieden geben als der Rückkehr aller gefangenen Affen nach Afrika. Meine Position, und auch die einiger meiner Freunde unter den Forschern, sieht so aus, dass wir bikulturelle Wesen geschaffen haben und es schwierig, wenn nicht unmöglich wäre, sie alle nach Afrika zurückzubringen und so zu tun, als hätten wir sie nicht zuerst von dort weggeholt. Abgesehen von den philosophischen Problemen, die sich aus einer Rückführung ergeben konnten, ist da die pragmatische Realität, dass es keinen Ort gibt, zu dem wir sie zurückführen könnten, selbst wenn wir wollten. Die existierenden Lebensräume werden vom Handel mit so genanntem Buschfleisch beherrscht, bei dem Affen geschlachtet und wegen ihres Fleisches verkauft werden – im Kongo kann man für zwanzig Dollar einen geräucherten Gorilla erwerben. Angesichts dieser Probleme sind die Menschenaffen dort ohnehin vom Aussterben bedroht. Ich bin auch der Meinung, dass Affenfamilien die richtige Umgebung haben sollten, um ihre Kinder großzuziehen, aber es liegt bei uns, dies in einem Umfeld zu gewährleisten, das für sie nicht den sicheren Untergang bedeutet.

Letzten Endes glaube ich, dass wir dafür verantwortlich sind, alle Menschenaffen in Gefangenschaft mit allem zu versorgen, das sie benötigen, um ihre Kultur zu erhalten und sich weiterzuentwickeln. Ich kann Menschen, die etwas für das Wohl der Affen – und in der Konsequenz aller lebenden Wesen – tun wollen, nur raten, sich eine Organisation zu suchen, die ihren speziellen Ansichten entspricht, und die Arbeit, die dort getan wird, zu unterstützen. Ich selbst unterstütze das Great-Ape-Projekt, das Jane-Goodall-Institut, den ChimpanZoo sowie das Primate-Freedom-Projekt.

Eine der visionärsten Unternehmungen, für die ich mich einsetze, wird gegenwärtig von Penny Patterson und Koko in Zusammenarbeit mit Lyn Miles und Chantek durchgeführt und soll irgendwann zahlreiche weitere in Gefangenschaft lebende Affen einbeziehen. Bei ihrem von der Gorillastiftung und ApeNet gesponserten Projekt sollen Affen aller Stämme, die gegenwärtig im ganzen Land an Sprachforschungsprojekten teilnehmen, in die Lage versetzt werden, über Life-Videoschaltungen miteinander zu sprechen. Zusätzlich arbeitet die Gorillastiftung daran, auf Maui ein weitläufiges Schutzgebiet zu errichten, wo die Affen leben könnten; sie würden in Realzeit miteinander und mit Menschen reden, sie hätten den Freiraum und die Ressourcen, ihre Kultur zu erhalten und weiterzuentwickeln, und würden die Art von Freiheit genießen, die ihnen erlaubt, ihr volles Potenzial auszuschöpfen und vielleicht sogar die Menschen etwas über ihre eigenen Möglichkeiten zu lehren. Derzeit wird daran gearbeitet, diesen erstaunlichen Schritt in der Kommunikation zwischen den Spezies zu tun, der Menschen, Affen und vielleicht auch andere Tiere durch Sprache zusammenbringen wird. Ich betrachte dieses Vorhaben als das gegenwärtig bedeutsamste Projekt, um fühlende Wesen miteinander in Verbindung zu bringen; doch noch fehlen die finanziellen Mittel dazu.

Ich hoffe, dass die Leser meiner Geschichte verstehen, welch großes Geschenk die Mitglieder der Völker der Affen sind: Nicht, weil sie etwas für uns tun können; nicht, weil sie viel für mich getan haben; sondern um ihrer selbst willen.

Nachwort

Mein Leben und meine Karriere haben sich auf eine Weise entwickelt, wie ich das vor vielen Jahren nicht zu träumen gewagt hätte. Ich weiß, wie ich anderen meine beste Seite zeige und ihnen meine Fähigkeiten mitteile, aber ich weiß auch, wo ich aufhören muss. Als ich mich an meiner Universität um die Stelle einer Assistenzprofessorin am Lehrstuhl für Anthropologie bewarb, gebrauchte ich eine Formel: Ein Drittel der Zeit redete ich über meine Fähigkeiten, ein weiteres Drittel über die Arbeit meiner Kollegen, wobei ich herausstellte, wo sich unsere Interessen trafen, und im letzten Drittel sprach ich über aktuelle Ereignisse und meine – etwas abgeschwächte – Meinung dazu. Ich vergaß nicht, auch nach den Interessen der anderen zu fragen.

Anders als andere Menschen denke ich oft bewusst daran, in einem Gespräch die Themen auf diese Weise aufzuteilen. Häufig zähle ich auch ab, wie viele Sekunden ich jemandem in die Augen sehe und wie viele ich wegschaue. Ich versuche alles aufzunehmen, was gesagt wird, und mich daran zu erinnern, während ich zugleich versuche, die Emotionen der anderen wahrzunehmen und auf eine Weise zu reagieren, dass sie ein gutes Gefühl haben. Diese Technik fällt mir mit der Zeit immer leichter. Ich habe sie eingesetzt, um mein Interesse an der Arbeit von Menschen zu zeigen, die ich sehr bewundere, und arbeite heute mit einigen der bekanntesten Forscher auf meinem Gebiet zusammen.

Ich habe zwar große Fortschritte dabei gemacht, meine Ängste und die Panik, die mich in manchen Situationen überfallen, zu bewältigen, aber immer noch gibt es Dinge, die es schaffen, mich völlig zu lähmen. Eines davon ist, die Funktion eines Automaten zu enträtseln. Für gewöhnlich bin ich ohnehin angespannt, weil ich mich an einem öffentlichen Ort aufhalte. Wenn ich das Gefühl habe, dass die Leute mich beobachten, bekomme ich den Tunnelblick, den so viele Autisten beschreiben. Heute zum Beispiel ging ich in einen Kopierladen in der Nähe, weil ich wusste, dass dort ein FedEx-Briefkasten steht, und ich ein paar Korrekturfahnen an einen Verlag schicken musste. Ich nahm meinen Sohn mit. Als wir durch die Tür traten, bemerkte ich, dass der Laden voll war. Heiliger Strohsack! Ich schaute mich nach dem Briefkasten um, obwohl ich ihn schon oft gesehen hatte.

»Wonach suchen wir, Mom?«, fragte mein Sohn.

»Nach einem Kasten mit einem Stapel Umschläge. Ich glaube, auf der Seite ist ein Adler abgebildet«, antwortete ich mit trockenem Mund.

»Ist es der?«, fragte mein Sohn, nahm mich an der Hand und führte mich zu dem Briefkasten. Ich dankte ihm. Dann standen wir minutenlang da, während ich versuchte, herauszubekommen, was ich tun musste. Ich bewegte den Kopf umher, um die Gebrauchsanweisung zu finden, aber mein Sichtfeld war auf die Größe eines Zehn-Cent-Stücks zusammengeschrumpft. Es gab Anweisungen für das Ausfüllen des Formulars, die Wahl des Umschlags und so weiter, aber nirgendwo stand etwas darüber, wie man bezahlen sollte. Ich suchte überall an der Box und spürte eine unglaubliche Panik in mir aufsteigen. Am Ende stand ich einfach wie betäubt da, während der Briefkasten praktisch vollkommen verschwunden war. Mein Sohn zupfte mich am Hosenbein. »Was machen wir hier?«, quengelte er. »Wir suchen einen Laden, der UPS hat«, sagte ich, hob ihn hoch und trat eilig den Rückzug zu meinem Wagen an, wo ich eine Minute brauchte, um wieder zu mir zu kommen.

Noch schlimmer ist es, wenn ich an einen Automaten gerate, der mein Geld einfach schluckt und ich die gefürchtete Entscheidung treffen muss, ob ich jemanden suchen soll, der es mir herausholt. Fast immer gehe ich dann weg, weil ich finde, dass es fünfzig Cent wert ist, mich nicht mit einem Fremden auseinander setzen zu müssen.

Auch andere Dinge, die für andere Menschen sogar amüsant sind, jagen mir Angst ein. Clowns zum Beispiel. Ein durchschnittliches menschliches Gesicht ist mir schon Herausforderung genug; vielen Autisten kommen die meisten sowieso schon überladen vor. Ich kann kaum ausdrücken, welchen Horror ich empfinde, wenn ich bei einer Parade oder auf einem Jahrmarkt bin – ohnehin bereits ein Albtraum – und einen Clown auf mich zukommen sehe. Das grellbunt geschminkte übertriebene Lächeln, die regenbogenfarbene Perücke, die elektrische Pfeile zu verschießen scheint, die übergroßen Hände und Füße, alles zusammen erweckt in mir den Wunsch, mit Höchstgeschwindigkeit zum nächsten Ausgang zu rennen. Wenn ich nicht wegkomme, möchte ich manchmal am liebsten auf den Clown losgehen. Natürlich ist das gesellschaftlich unmöglich.

Ich kann mir um alles in der Welt nicht vorstellen, was man tun soll, wenn ein Clown auf einen zukommt. Was ist so lustig an diesem Erlebnis? Soweit ich weiß, ist etwas so Grelles und Buntes im Plan der Natur nicht vorgesehen. Manche Dinge werde ich einfach nie verstehen.

Da ist noch etwas, das mir wirklich den Tag ruinieren kann; es scheint eine Kleinigkeit zu sein, doch ihre Wirkung ist groß. Auch so eine Sache, die die meisten Menschen angenehm finden: ein Freund, der einen anhupt, während man die Straße entlanggeht. Das macht mich jedes Mal zu einem nervösen Wrack. Wenn ich zu Fuß gehe, denke ich nach. Ich verliere mich auf fast hypnotische Weise in der langsam vorbeiziehenden Umgebung, bis ich mich ganz entspannt und glücklich fühle. Meine Gedanken steigen aus tiefster Tiefe auf, und ich folge ihnen, wo immer sie mich hinführen. Oft denke ich darüber nach, was ich als Nächstes schreiben will; für gewöhnlich formuliere ich einen Text vollständig im Kopf und redigiere ihn dort sogar, sodass ich ihn anschließend nur noch zu Papier bringen muss – wenn ich einmal etwas geschrieben habe, nehme ich nur selten noch Änderungen vor. Ich schmore also glücklich in meinen Überlegungen und schiebe meine Gedanken – meine Welt – hin und her, und dann .... *Tröööt!* Ein Blitz aus Glas und Metall rast auf mich zu, trifft mich, reißt mich aus meiner inneren Welt, und der Friede ist dahin. Oft lehnt sich als Zugabe noch die Person, die mich kennt, aus dem Auto und schreit Hallo. Eine Hand liegt auf dem Lenkrad, und die andere, an der noch eine unterschiedliche Menge Körperteile hängen, streckt sich aus dem Fenster und winkt mir hektisch zu. Ich liebe meine Freunde, und ich weiß, dass sie das tun, um nett zu sein, und sich darüber freuen, mich zu sehen. Ich habe gelernt, sofortiges Wiedererkennen zu simulieren und begeistert in die Richtung des Krawalls zurückzuwinken. Oft finde ich später heraus, wer es war, doch unterdessen bin ich aufgewühlt, mein Herz rast und mein Kopf ist vernebelt. Ich gehe weiter und versuche mich daran zu erinnern, wohin ich unterwegs war. Den ganzen Tag lang spiele ich die Abfolge von Ereignissen – den Lärm, die Farben, das Geschrei – wie ein Video immer wieder vor mir ab.

Ich finde Trost darin, Dinge zu sammeln: Spielzeugmonster und alte Horrorfilme, Fossilien, Gehirnmodelle und Trödel, der mich an meine Kindheit erinnert. Immer noch leide ich unter chronischer Schlaflosigkeit und Panikattacken. Oft muss ich meine Beine oder Füße ständig und energisch bewegen, damit ich mich intakt fühle.

Gern trage ich dieselbe Kleidung immer wieder und hasse es, meine Lieblingshosen zu waschen. Wie meine Mutter trockne ich meine Hosen nach dem Waschen oft über Nacht, damit ich sie gleich morgens aus dem Trockner holen kann. Ich kann richtig fühlen, wie die Anspannung in meinen Schultern nachlässt, wenn ich in die Hosen steige. Wenn ich in der Öffentlichkeit oder bei Konferenzen spreche, muss ich die Kleidung, die ich anziehen werde, immer die Nacht zuvor im Bett tragen und darin schlafen, um sie richtig vorzubereiten. Auch wenn ich nervös bin, schlafe in nachts in den Kleidern.

Ich kenne die körperlichen Empfindungen von Hunger oder Durst nicht. Im Ergebnis trinke ich oft zu wenig, was zu Kopfschmerzen und Schwindel führt. Manchmal muss ich mich in Gesellschaft zwanghaft räuspern. Ich kann immer noch keine Gesichter erkennen und muss mich vor Restaurants oder anderen Treffpunkten verabreden, damit der andere mich entdeckt, bevor ich versuchen muss, ihn zu finden. Wenn ich einen unbekannten Ort aufsuche, breche ich eine Stunde zu früh auf, weil ich weiß, dass ich mich verlaufen könnte. Nach gesellschaftlichen Ereignissen muss ich mich oft mit meiner Partnerin oder Freunden beraten, um sicherzugehen, dass ich die Dinge, die gesagt wurden oder geschehen sind, auf die richtige Weise verstanden habe.

Durch das Zusammenleben mit Tara habe ich eine Menge gelernt. Sie hat mich gelehrt, Veränderungen vertrauensvoll zu begegnen, und zu glauben, dass Flexibilität wichtig für die Kreativität ist. Zwar habe ich immer noch etwas gegen Chaos, aber was ich als Chaos empfinde, hat sich im Lauf der Zeit verändert. Statt in Panik zu verfallen, wenn zu Hause nicht alles perfekt organisiert ist, empfinde ich das Haus inzwischen als lebendes, atmendes Wesen, einen organischen Prozess, der unsere Familie einhüllt und sie spiegelt wie ein Netz aus Juwelen. Die schmutzigen Töpfe auf dem Herd werden zum Zeichen dafür, dass zufriedene Menschen mit der Gabe der Großzügigkeit etwas Nahrhaftes, Greifbares miteinander geteilt haben. Die Gartenwerkzeuge, die im Vorgarten verstreut liegen, sind Symbole eines heißen, vergänglichen Tages voll sprießender Dinge und eine Verheißung von Blumen und Erdbeeren. Ich sehe Teryks Spielzeug auf dem Boden herumliegen und denke daran, was es bedeuten würde, wenn sie nicht da wären. Während ich es früher brauchte, die Kontrolle über die Platzierung aller Gegenstände im Haus und ihre Pflege zu haben, habe ich mich jetzt entspannt und das Tara und unserem Sohn überlassen.

Ich habe gelernt, dass es vorübergeht, wenn Menschen ein Gefühl empfinden. Früher versetzten mich Meinungsverschiedenheiten, Zorn oder Trauer immer in Angst und Schrecken, weil ich mir einfach nicht vorstellen konnte, dass darauf etwas anderes folgen würde, weder bei mir noch bei anderen. Ich steckte in der Emotion fest wie in einem klebrigen Sumpf. Meine Gedanken kreisten ein ums andere Mal um sich selbst. Die Vorstellung, dass ich jetzt auf ewig zornig, traurig oder verwirrt bleiben würde, flößte mir immer große Furcht ein. Indem Tara mich zwang, mich auf den *Prozess* verschiedener Emotionen einzulassen, zeigte sie mir, dass ich mich beruhigen und darüber nachdenken konnte, wie ich Einfluss auf die nachfolgenden Ereignisse nehmen konnte. Ich begriff auch, dass ich Dinge für bare Münze nahm, vollkommen wörtlich. Früher ging ich dann in die Defensive und verhielt mich feindselig, doch dann erkannte ich, dass spielerisches Necken nicht als Kritik gemeint ist. Trotzdem habe ich immer noch Schwierigkeiten damit.

Als mir klar wurde, wie schwer ich Tara das Leben gemacht hatte, fühlte ich mich beschämt. Was würde Congo von mir denken? Ich habe als wichtige Kraft in meiner Familie versagt. Während ich in meinen Beziehungen zu Tara und anderen Menschen, die ich liebe, weiterhin wachse, versuche ich, mehr wie er zu sein. Weil ich ein gewisses Maß absoluter Regeln brauche, um mein Leben zu leben und das zu tun, von dem ich glaube, dass es moralisch korrekt ist, habe ich mir die Silberrückenethik und das Verantwortungsgefühl eines Gorillas zum Kodex erwählt. Ich versuche daran zu denken, dass meine Laune die Stimmung einer ganzen Gruppe von Menschen beeinflussen kann. Ich weiß, dass ich dafür verantwortlich bin, die Menschen in meiner Umgebung, insbesondere meine Familie, zu schützen und aufzubauen, damit sie ihr volles Potenzial erreichen können. Ich denke daran, freundlich zu sein, weil ich mir bewusst bin, dass mein interessantes und schwieriges Leben mir gewisse Macht geschenkt hat. Mein Handeln hat Auswirkungen auf andere.

Nirgendwo wird das so offensichtlich wie bei meinem Sohn.

In seiner grenzenlosen Offenheit und Liebe saugt er alles auf, was ich tue und sage. Manchmal bin ich ganz überwältigt davon. Er pendelt mit einer solchen Leichtigkeit zwischen der Wirklichkeit und den magischen Welten hin und her, die Kinder berühren können, indem sie nur die Hände ausstrecken. Er erinnert mich daran, wie in meiner Kindheit meine Welten zwar manchmal schwer zu bewältigen, aber ebenfalls magisch waren. Häufig kann ich ihm leichter in seine Welten folgen als andere Menschen. Es ist wunderbar, als Erwachsener einen Führer zu haben, um diese Welten zu betreten, und mein kleiner Sohn nimmt mich bei der Hand und zeigt mir, wo im Zimmer Farben tanzen, wo in den Bäumen mythische Vögel ruhen und wo Wassergeister lautlos Lilien weben, damit der Tag sie findet. Er lächelt zu mir auf und gibt mir einfache Antworten auf Probleme, die ich zerdenke. Er gibt mir Schönheit wie ein Geschenk, das er in eine Schachtel verpacken kann.

Als er geboren wurde, hielt ich seinen schlüpfrigen kleinen Körper in den Händen und fragte mich schluchzend, ob er sich an seine Geburt erinnern würde. Er sagt ja, und ich glaube ihm.

Andere Aspekte der Elternrolle sind nicht ganz so befriedigend. Zum Beispiel wird von mir erwartet, dass ich mit den Eltern der flüchtigen Freunde, die er auf dem Spielplatz trifft, ins Gespräch komme.

Fremder Elternteil: Da haben Sie wirklich einen netten Jungen.
Ich: Yeah, ich glaube, ich werde ihn behalten. (Das ist immer für einen Lacher gut, daher habe ich die Zeile fest in mein Drehbuch aufgenommen.)
Fremder Elternteil: Wie alt ist er?
Ich: Drei, und Ihrer? (Letzteres ist unbedingt erforderlich, also versuchen Sie bloß nicht, darum herumzukommen.)
Fremder Elternteil: Wirklich, ich wünschte, man könnte ihre Energie konservieren!
Ich: Ja, wir würden ein Vermögen machen. (Der/die Fremde schmunzelt, und dann folgt ein Schweigen, mit dem ich nie etwas anzufangen weiß.)

So läuft das Gespräch weiter, bis ich davongehe, um mit meinem Sohn zu spielen, was meist ziemlich rasch der Fall ist. Ich hasse diese Unterhaltungen. Ich brenne darauf, den Fremden oder die Fremde zu fragen, was sie von der Idee des gefalteten Raumes und der superluminalen Kommunikation halten, der Möglichkeit, dass ein gemeinsamer Vorfahre schon vor der Spaltung in Menschen und Affen auf zwei Beinen gegangen sein könnte, oder dem Phänomen der resonanten formativen Kausation. Manchmal denke ich, dass ich sterben werde, wenn ich noch einmal einen Vater oder eine Mutter erzählen höre, wie gern sich ihre Tochter als Prinzessin verkleidet.

Eine ebenso große Herausforderung ist es, wenn ich mit Teryks Lehrern umgehen muss. Glücklicherweise mag ich sie alle. Ich trete in die Vorschule, und augenblicklich überfallen mich laute Kinder, schreiende Farben und durchdringende Gerüche. Ich merke, wie mein Blickfeld sich verengt, und halte hektisch Ausschau nach dem Gesicht meines Sohnes. Ich bin immer so glücklich, ihn zu sehen. Wenn ich ihn in den Armen halte und ihn frage, wie sein Schultag war, öffnet sich mein Blickfeld. Dann weiß ich, dass ich mit seinen Lehrern reden muss – es nicht zu tun, würde als unhöflich betrachtet, und ich stünde wie eine Rabenmutter da. Jedes Mal von Neuem bin ich mir unsicher, welche Fragen ich stellen soll. Für gewöhnlich probiere ich es mit ein paar Standardfragen. Was hat er heute gemacht? Hat er etwas gemalt? Hatte er Spaß auf dem Spielplatz? War er kooperativ? Es ist ja nicht so, als wäre mir das egal. Ich würde es nur lieber von ihm hören, an einem ruhigeren Ort, an dem wir beide richtig denken können. Er kann bestimmt besser beurteilen, wie sein Tag war, was er getan hat – und was wichtig für ihn war. Seine Bedürfnisse stehen an erster Stelle, und seine Gedanken sind mir teuer, das ist das Wichtigste, was ich gelernt habe. Ich will in der Lage sein, wirklich zuzuhören. Ich glaube, dass ich ihm zuhören kann, er hat mich gelehrt, auf mich selbst zu hören.

Immer noch beginne ich viele meiner Gespräche mit einer Bemerkung wie: »Von einem primatologischen Standpunkt aus gesehen …« oder »Anthropologisch ausgedrückt …« Glücklicherweise habe ich in der Forschung eine Heimat gefunden. Sie hat mich mit Menschen zusammengebracht, die oft offen für das Intelligente und Exzentrische sind, für das Neue und Andere, die sich für neue Arten der Wahrnehmung und Erfahrung interessieren. Durch meine Arbeit an der Universität kann ich mich in einer Atmosphäre entfalten, in der das Denken – zumindest für viele Menschen – eine Grundlage des Lebens ist. Auf vielerlei Weise sind mein Autismus und meine einzigartige Lerngeschichte zu einer Bereicherung geworden.

Obwohl meine akademische Karriere sich deutlich von allen anderen unterscheidet, die ich kenne, reagieren manche Menschen fasziniert und neidisch auf den Umstand, dass ich eher allein und unter der Anleitung von Mentoren gearbeitet habe statt auf die traditionellere Weise, die für wirklich intelligente Studenten oft nicht funktioniert. Doch ich bin zwar glücklich und fülle meine Position als Forscherin und Autorin gut aus – eine Position, die es mir erlaubt, mich auf die Forschung zu konzentrieren und für einzelne Studenten als Mentorin zu fungieren –, aber ich bin mir auch bewusst, dass mein Autismus und der akademische Weg, den er bedingte, mich daran gehindert hat, einen festen Lehrstuhl und damit finanzielle Sicherheit zu erreichen.

Autisten, die nicht wissen, worunter sie leiden, sind oft in der Lage, Nischen zu finden, in denen sie ihre Talente einsetzen und ein gewisses Maß an Kontrolle behalten können, aber solche Jobs sind oft schlecht bezahlt, nicht richtig anerkannt und bieten nicht viel Sicherheit, da sie wenig Aufstiegsmöglichkeiten eröffnen. Das kann aus mehreren Gründen so sein. Beispielsweise verhalten sie sich auf Grund ihrer Ängste bei Bewerbungsgesprächen oft ungeschickt – ich hatte nur ein einziges, und das verlief nicht besonders gut. Sie sind nicht fähig, für eine schriftliche Bewerbung sachdienliche Informationen auszuwählen und der Priorität nach zu ordnen, und hegen eine Aversion gegen die sozialen Situationen, die sich durch den Job ergeben. In meinem Fall glaube ich, dass meine alternative Ausbildung die erste Hürde war – erst heute akzeptiert man Bewerber mit interdisziplinären Abschlüssen und sucht sogar nach ihnen. Ich kann zwar mein Unterrichtsmaterial ohne die geringsten Probleme auswählen und Prioritäten darin setzen, aber es fällt mir schwer, genau zu wissen, wonach ein Auswahlkomitee sucht. Es gibt so viele ungeschriebene Regeln für Bewerbungen und das obligatorische Anschreiben. Ein Autist würde vielleicht denken: So, aus meinem Lebenslauf geht ja hervor, dass ich qualifiziert bin und wie ich so weit gekommen bin. Jetzt wollen die Leute wahrscheinlich mehr darüber wissen, wer ich bin, da wir viele Jahre zusammenarbeiten werden, wenn ich eingestellt werde. Auf Grundlage dieses Gedankengangs verfasst der autistische Bewerber dann ein sehr persönliches – und unpassendes – Anschreiben, und deswegen kommt er nicht über die erste Auswahlrunde hinaus.

Ein Fehler, den ich zu machen pflegte, als ich aktiv nach einer Stelle an einer Universität suchte, bestand darin, dass ich potenziellen Arbeitgebern und Kollegen Arbeiten von mir schickte, die sich noch im Frühstadium befanden – manchmal sogar erste Notizen –, um meine Projekte mit ihnen zu teilen. Mein Argument war, dass ich mir, wenn ich jemanden achtete und bewunderte, ganz zu Beginn eines Projektes schon Anregungen von ihm oder ihr wünschte, damit wir selbst unsere praktischsten Thesen *als gemeinsamen Prozess* diskutieren konnten. Auf diese Art versuchte ich, wirklich tiefen Kontakt zu Menschen aufzunehmen. Ich glaubte, eine solche Offenheit würde einem Einstellungskomitee Aufschluss über meinen Stil als Forscherin und in meine Denkprozesse geben. Heute ist mir klar, dass so etwas als unprofessionell betrachtet wird. Dieser Zustand macht mich immer noch traurig, denn mir scheint das eine sehr enge Herangehensweise an kreative Arbeit und Wissen zu sein.

Trotz dieser Schwierigkeiten, die ich immer noch habe, fühle ich mich wie eine Brücke zwischen meinen Vorfahren und der nächsten Generation, zwischen Autisten und der »normalen« Welt, zwischen Affen und Menschen, zwischen dem, was zu ändern und was nicht zu ändern ist. Vielleicht fühlen sich alle Menschen so, die ihr volles Potenzial fast erreicht haben. Es ist, als kenne man ein Lied so gut, dass man beim Singen nicht nachzudenken braucht, und die ganze Zeit über hören andere Menschen es und finden es schön. So sind die Lieder des Gorillavolkes, und ich singe sie jeden Tag. Nie wieder werde ich sie allein singen müssen.

Meine Hoffnung ist, dass durch dieses Buch nicht nur Wissenschaftler, die sich mit Anthropologie und Autismus beschäftigen, sondern auch alle anderen Menschen die Gorillas als Lehrer sehen. Ich hoffe, dass wir alle die sanfte Fürsorge, den leidenschaftlichen Beschützerinstinkt, die Liebe und Toleranz der Gorillas studieren. Wenn auch die Menschen diese Dinge lernen, wenn wir diese Lektionen wirklich gemeinsam lernen, dann wird vielleicht die »Kultur eines Einzelnen« eine Kultur aller bedeuten.

Als Autorin, als Autistin und als Forscherin, die sich mit der Identität und Kultur von Primaten beschäftigt, haben die verbindende Realität elementarer Kräfte und die Einbeziehung unserer archaischen Ursprünge meine Ansichten über die Natur des Autismus stark beeinflusst. Obwohl ihre Arbeiten, wenn überhaupt, nur noch selten zitiert werden, stimme ich in diesem Punkt mit Elizabeth und Niko Tinbergen überein, den Autoren von *Autistic Children, New Hope for a Cure*. Sie sind der Ansicht, dass das moderne Leben mit seinen unnatürlichen Umweltbedingungen, Chemikalien, zerstörten Sozialsystemen und seinem chronischen Stress das Menschentier mit Reizen überflutet und malträtiert und dies dazu führt, dass einige Menschen das biologische und psychologische Schema entwickeln, das wir Autismus nennen.

Allerdings kennt man mindestens einen möglichen Fall von Autismus bei einem wilden Schimpansen. Viele Menschen werden sich an Flint und Flo aus Jane Goodalls bahnbrechender Studie erinnern. Flint zeigte stereotype Verhaltensweisen, verfügte über eine schlechte Impulskontrolle, war ungewöhnlich aggressiv, wies einen Mangel an sozialen Fähigkeiten auf und war Veränderungen gegenüber überempfindlich. Noch viele Jahre nachdem die meisten jungen Schimpansen entwöhnt und ziemlich autonom sind, trank er an der Brust seiner Mutter und ritt auf ihrem Rücken. Als sie starb, war er ohne sie als vermittelnde Instanz nicht in der Lage zu existieren und starb drei Wochen später an Kummer und Stress.

Elizabeth und Niko Tinbergen behaupten, dass wir in unserer tierischen Natur alle möglichen Verhaltensweisen aufweisen, die sich bei autistischen Menschen in so enge Kreisläufe verwandeln, dass es fast unmöglich ist, sie zu verlassen. *Dazu gehören der Widerstreit zwischen dem Wunsch nach Nähe und nach Distanz, Probleme mit Zielsetzungen sowie Bewegungshemmungen, Rituale, die sich um Ersatzbefriedigung und Selbstverletzung drehen, und natürlich eine Überempfindlichkeit gegenüber Reizen.* Zootiere, denen es an einem adäquaten Umfeld fehlt, zeigen all diese Symptome. Oft habe ich mich gefühlt wie sie – wie ein ängstliches Tier in einem Zoo.

Autismus ist eine Art, die Welt – die ganze Welt – zu spüren, kreativ zu sein und Wissen zu erwerben. Ich kann nur hoffen, dass mehr Autisten einen Ort finden, an dem sie etwas über sich selbst lernen und wachsen können; und wenn sie sich selbst und allen Menschen ihre Geschichte erzählen, werden sie auch einen Weg finden, ihre besonderen Talente mit der Welt zu teilen. Ich hoffe, man wird sie ebenso als Ganzes wahrnehmen wie die Welten, die sie empfinden.

Wie alle Menschen sind wir nicht nur ein Teil von allem, sondern selbst bereits ein Ganzes. Als ganze Kulturen in einem Wesen haben wir vieles, über das wir singen können.

Danksagung

An erster Stelle möchte ich Susan Arellano vom Verlag Yale University Press danken, die mich bat, dieses Buch zu schreiben, und es von Anfang an mit großem Engagement begleitet hat. Des Weiteren danke ich meiner Agentin Jenny Bent, die dieses Projekt wie ihr eigenes Kind behandelt hat, eine gute Freundin geworden ist und so viel mehr aus dem Buch gemacht hat, als es zu Beginn war. Dank auch an Shaye Areheart, meine Redakteurin, für all ihre Hilfe und Freundlichkeit.

Ein großer Dank geht an meine Familie: meine Mutter Joyce, meinen Vater Ron, meine Schwester Davina und meine Lebensgefährtin Tara. Auch viele andere Verwandte – Gregg, Holly, Darcy, Mom und Dad Hughes, Hud, Linda und Aris – haben eine Rolle bei der Entstehung dieses Buchs gespielt.

Zutiefst fühle ich mich meinen Freunden verbunden, die mir beim Schreiben mit Rat und Unterstützung zur Seite gestanden haben: John Jordy, Suzanne Paolo, Joyce und Susan, Stephanie, Kathy, Rhys und den Lovejoys sowie meinen Mentorinnen und Mentoren Jane Goodall, Billy Karesh, Ben Abe und Marilyn Smith.

Ich danke den Erfindern von *Raumschiff Enterprise* sowie Jeri Ryan dafür, dass sie der Gestalt der Seven of Nine Leben eingehaucht haben; so, wie die Gorillas mich gelehrt haben, meine Menschlichkeit anzunehmen, hat Seven mir gezeigt, wo ich die Grenze ziehen muss, und mich ständig daran erinnert, mich so anzunehmen, wie ich bin.

Dem Woodland Park Zoo in Seattle, der Universität von Western Washington und Random House schulde ich Dank für ihre fachliche Unterstützung.

Aber vor allem danke ich den Gorillas.

Literaturhinweise

Attwood, Tony: *Das Asperger-Syndrom: Ein Ratgeber für Eltern*, München, 2000.

Brauns, Axel: *Buntschatten und Fledermäuse*, Hamburg, 2002.

Frith, Uta: *Autismus: Ein kognitionspsychologisches Puzzle*, Heidelberg, 1992.

Grandin, Temple, und Margaret Scariano: *Emergence Labeled Autistic*, Tunbridge Wells, 1986.

Grandin, Temple: *Thinking in Pictures*, New York, 1995.

Jørgensen, Ole S.: *Asperger: Syndrom zwischen Autismus und Normalität*, Weinheim, 2002.

Remschmidt, Helmut: *Autismus: Erscheinungsformen, Ursachen, Hilfen,* München, 2000.

Tantam, Digby: *Eccentricity and Autism*, Unpublished Ph.D. Diss., University of London.

Tinbergen, Elizabeth und Niko: *Autistic Children, New Hope for a Cure*, London, 1984.